PROPAGATION DE LA FOI PAR LES BONS LIVRES

NOTRE-DAME
DE
MONT-ROLAND

PAR

LE P. MONTIAL

DE LA COMPAGNIE DE JÉSUS

LIBRAIRIE CATHOLIQUE DE PERISSE FRÈRES

(NOUVELLE MAISON)

RÉGIS RUFFET ET Cⁱᵉ, SUCCESSEURS

PARIS	BRUXELLES
38, RUE SAINT-SULPICE	PLACE Sᵗᵉ-GUDULE, 4

1866

A LA MÊME LIBRAIRIE

LA VIERGE DE SAINT LUC

Par l'abbé MILOCHAU

AVEC LE PORTRAIT AUTHENTIQUE DE LA SAINTE VIERGE
PEINT PAR SAINT LUC.

1 vol. in-8............... 1 fr.

LA VIERGE MARIE ET LE PETIT BERGER

OU

LES GLOIRES DE NOTRE-DAME DE BON-ENCONTRE

Histoire, miracles et bienfaits de N.-D. de Bon-Encontre (avec gravure)

Par un prêtre Mariste

Édition revue avec soin et augmentée

1 joli vol. in-12........ 2 fr.

NOTRE-DAME DU CARMEL ET D'ORIENT

MÉMOIRE

RELATIF A UN PROJET D'ÉRECTION
PAR SOUSCRIPTION PUBLIQUE

d'une

STATUE COLOSSALE DE LA Ste VIERGE

SUR LA MONTAGNE DU CARMEL

EN TERRE SAINTE

Par M. l'abbé COLLOT

1 vol. in-8..................... 1 fr.

CORBEIL, typ. et stér. de CRÉTÉ.

NOTRE-DAME

DE

MONT-ROLAND

A LA MÊME LIBRAIRIE

LA VIERGE DE SAINT LUC
Par l'abbé MILOCHAU

AVEC LE PORTRAIT AUTHENTIQUE DE LA SAINTE VIERGE
PEINT PAR SAINT LUC.

1 vol. in-8............... 1 fr.

LA VIERGE MARIE ET LE PETIT BERGER
OU
LES GLOIRES DE NOTRE-DAME DE BON-ENCONTRE

Histoire, miracles et bienfaits de N.-D. de Bon-Encontre (avec gravure)

Par un prêtre Mariste

Édition revue avec soin et augmentée

1 joli vol. in-12........ 2 fr.

NOTRE-DAME DU CARMEL ET D'ORIENT

MÉMOIRE
RELATIF A UN PROJET D'ÉRECTION
PAR SOUSCRIPTION PUBLIQUE
d'une

STATUE COLOSSALE DE LA S^{TE} VIERGE
SUR LA MONTAGNE DU CARMEL
EN TERRE SAINTE
Par M. l'abbé COLLOT

1 vol. in-8...................... 1 fr.

CORBEIL, typ. et stér. de CRÉTÉ.

NOTRE-DAME DE MONT-ROLAND

PAR

LE P. MONTIAL

DE LA COMPAGNIE DE JÉSUS

LIBRAIRIE CATHOLIQUE DE PERISSE FRÈRES

(NOUVELLE MAISON)

RÉGIS RUFFET ET Cⁱᵉ, SUCCESSEURS

PARIS | BRUXELLES
38, RUE SAINT-SULPICE | PLACE Sᵗᵉ-GUDULE, 4.

1866

A

MONSEIGNEUR JEAN-PIERRE MABILE

ÉVÊQUE DE VERSAILLES.

Son très-humble serviteur,

MONTIAL.

Monseigneur l'Évêque de Versailles ayant daigné accepter la dédicace de cet ouvrage, cette acceptation est la plus haute approbation que Sa Grandeur puisse donner.

PETITE PRIÈRE

A

NOTRE-DAME DE MONT-ROLAND (1)

« O Bonne Dame de Mont-Roland, obtenez-
« nous un grand amour pour le cœur de Jé-
« sus ! »

---

(1) Le mont auquel Roland a donné son nom est à quelques lieues de Dijon et près de Dôle.

A

NOTRE-DAME DE MONT-ROLAND

O BONNE DAME DE MONT-ROLAND !

Je voudrais parler de votre antique sanctuaire, du culte qui vous y fut rendu dans les temps les plus reculés; des bénédictions que votre sainte montagne fit descendre sur de vastes contrées; de cette source de grâces que vous avez fait jaillir de ce nouveau Liban; de ces eaux vives où les âmes pures vont se purifier encore, se désaltérer, puiser la force pour marcher avec constance dans la route de toutes les vertus, où le pécheur trouve sa première beauté, le juste des fleurs et des fruits de vie, d'abondantes richesses; de ce lieu béni où l'affligé va chercher la consolation, le secours qu'il n'espère pas en vain, où l'adversité apprend à ne pas se laisser abattre et la prospérité à mépriser toutes les choses d'ici-bas. — Je voudrais enfin parler de vous, ô Reine immaculée, ô Vierge des vierges, parée sur ces riants sommets d'un titre qui vous est cher et rappelle les saints et les héros qui vous ont visitée. — Je voudrais parler de votre ville bien-aimée, assise à vos pieds comme l'humble protégée aux pieds de sa puissante libératrice, dans le calme et le repos de la confiance, comme l'enfant plein de sécurité près de sa mère. — Je voudrais peindre la protection dont vous l'entourez, l'affection qu'elle vous a vouée, ces regards d'amour et de reconnaissance, ces prières qu'elle fait monter vers vous comme un encens d'agréable odeur.

Mais comment oser l'entreprendre? Devant un tel sujet je dois dire que je ne sais pas parler, *nescio loqui.* Des voix que je respecte me disent cependant de le faire. Ah! comment espérer y réussir si ce n'est par vous?

En vous seule je mets ma confiance. Bénissez mes efforts. Guidez tout ce travail, et, lorsqu'il sera achevé, bénissez-le encore. Bénissez tous ceux qui le verront. Puisse-t-il être comme une étincelle d'amour, vous faire aimer vous et votre divin Fils!

Bénissez enfin!

O bonne Mère!

Le plus petit de vos enfants,

E. A. S. MONTJAL,

s. s.

AU LECTEUR

Vous le savez, pieux lecteur, Notre-Dame de Mont-Roland s'est revêtue d'un nouvel éclat, et l'a fait rejaillir sur le sol qu'illustrèrent les Bourguignons de la Franche-Comté.

Dans un sanctuaire, construit à grands frais, l'art a déployé toute sa magnificence pour recevoir la reine de ces contrées. — Notre-Dame de Fourvière, par les mains des habiles ouvriers qu'elle protége, a préparé le manteau d'honneur de Notre-Dame de Mont-Roland. — Un pontife tendrement aimé, entouré d'une multitude innombrable de prêtres, au milieu du plus grand concours, sur la sainte montagne, parée comme par enchantement, a consacré à Notre-Dame un nouveau temple, un nouvel autel, l'a introduite dans sa nouvelle demeure, et le premier l'a saluée de sa parole affectueuse, lui a offert le premier tribut d'amour.

Un jour, peut-être, une fête plus grande encore

donnera à ce lieu béni une vie nouvelle et les échos de ces lieux privilégiés retentiront des accents d'une nouvelle allégresse. Un jour, il faut l'espérer, le Père commun de tous les fidèles couronnera l'image vénérée de Notre-Dame de Mont-Roland.

En attendant ce jour si beau, ce jour que Dieu seul peut connaître, je voudrais réunir les pierres les plus précieuses, tout ce que le diamant a de plus pur, gravir avec vous la sainte colline et déposer une couronne sur la tête de Notre-Dame.

Les pierres précieuses, le diamant, ne manquent pas. La gloire de Notre-Dame de Mont-Roland, *l'antiquité*, *l'efficacité* de son culte, les hommages que tant de siècles ont déposés à ses pieds, les bienfaits sans nombre qu'elle a répandus sur tant de contrées, sur les pieux ancêtres et sur vous-même, ont infiniment plus de prix que tout ce que la nature peut offrir de richesses.

Mais il faudrait enchâsser avec art tous ces diamants, disposer avec le goût le plus exquis toutes ces perles si variées ; avec le ciseau délicat du plus habile sculpteur fouiller en cet or si abondant, en faire sortir les fleurons si gracieux, les ornements si nombreux, leur donner en quelque sorte la vie.

Que ne suis-je cet ouvrier à jamais célèbre que Dieu remplit de son esprit ! *Implevi eum spiritu Dei, sapientia, et intelligentia, et scientia in omni opere, ad excogitandum quidquid fabrefieri potest ex auro, et argento, et gemmis.* Si la bonne volonté, si l'amour voué à Notre-Dame, si le désir des supérieurs pouvait suppléer à ce qui manque du côté de la nature, de l'art et du génie, quel beau travail je pourrais vous montrer ! et quel beau présent nous ferions ensemble à Notre-Dame de Mont-Roland !

Cependant ne perdez pas courage, la prière peut obtenir une partie de cet esprit de Dieu qui fut donné à Béséléel, sous l'ancienne loi, lorsqu'il s'agit de contribuer à la splendeur du culte de Dieu, et d'offrir à l'arche d'alliance les merveilles artistiques dont elle fut parée. Priez donc, mon cher lecteur. Prions ensemble afin que la couronne que nous voulons offrir à Notre-Dame ne soit pas tout à fait indigne d'elle. — Comme la piété de l'ouvrier se révèle jusque dans ses œuvres artistiques qu'elle anime, demandez pour moi la piété, cette touche si délicate qui la fait aimer. C'est le côté pieux de tout ce qui se rapporte à Notre-Dame de Mont-Roland que je veux saisir. C'est ce côté pieux, cette expression de piété que le moyen âge sut si bien trouver, et qui lui donna tant de charmes, quoiqu'il fût quelquefois, au point de vue humain, assez peu habile.

Plein de confiance en vos prières, je vous dirai simplement quel plan nous devons suivre en ce travail.

Puisque la gloire de Notre-Dame de Mont-Roland, *l'antiquité*, *l'efficacité* de son culte, les hommages que tant de siècles ont déposés à ses pieds, les bienfaits sans nombre qu'elle a répandus sur tant de contrées, sur les pieux ancêtres et sur vous-même, doivent nous fournir les riches matériaux d'une œuvre de piété filiale, nous devons nous fixer sur le choix du double sujet autour duquel tous les autres ornements viendront se grouper.

L'*antiquité* et l'*efficacité* du culte de Notre-Dame nous le fournissent et feront les deux parties principales de cet ouvrage. — Ne vous attendez pas cependant à une division si régulière qu'elle ne cède jamais, qu'elle ne fasse jamais aucun sacrifice à l'intérêt du récit.

NOTRE-DAME
DE MONT-ROLAND

CHAPITRE PREMIER

CONSIDÉRATIONS GÉNÉRALES SUR L'ANTIQUITÉ DU CULTE DE NOTRE-DAME.

Le fils d'une noble famille évoque volontiers les souvenirs des temps anciens, et, lorsque, dans les vieilles chroniques, ou dans l'histoire de son pays, remontant jusqu'aux âges les plus reculés, il voit ses ancêtres entourés d'estime, de nombreux hommages, il sent son cœur tressaillir d'une douce joie. Dans cette espèce de culte public rendu à la mémoire de ceux auxquels il doit l'existence, il ne trouve pas seulement la satisfaction légitime de sa piété filiale, mais encore la preuve du mérite, des vertus, de l'ascendant de ceux qui lui ont laissé, comme un précieux héritage, un nom respecté et de touchants exemples. — Il sait que de pareils hommages, libres de toute contrainte, supposent, attestent un vrai mérite en ceux qui en sont l'objet. Il admire, il bénit la Providence qui les a faits tels qu'il les voit et a bien voulu s'en servir pour le bien de toute une contrée.

De même le chrétien, dont la noblesse a son origine au ciel, se réjouit de voir Marie sa mère entourée d'honneurs dès la naissance du christianisme. — Il est heureux lorsqu'il sait que les premières Églises furent si souvent consacrées, en même temps, à la gloire du Fils de Dieu et de sa mère, confondus dans un même amour. — Il aime les sanctuaires de Notre-Dame lorsqu'ils sont parés de toutes les magnificences de l'antiquité.

Ce n'est pas seulement son cœur, mais son esprit qui est satisfait. Sa tendresse pour Marie sa mère s'épanouit sans doute à cette douce lumière qui la lui montre honorée dès les premiers âges, et aimée par les premiers fidèles, comme il veut l'aimer lui-même ; mais sa raison surtout est charmée, lorsqu'elle lui découvre dans l'antiquité de ce culte une preuve de divinité.

Comment pourrait-il ne pas être convaincu que Dieu veut ce culte lorsqu'il le voit remonter jusqu'aux premiers disciples du Sauveur, jusqu'au Sauveur lui-même; lorsqu'il en suit la trace jusque dans les catacombes, où la douce image de Marie va préparer des martyrs ; lorsqu'il remarque que ce culte entre aussitôt que l'Évangile dans les pays conquis à Jésus-Christ, et que les nouveaux conquérants, envoyés par le Fils de Dieu, préludent à leurs nobles travaux par les hommages qu'ils font rendre à sa Mère ? — Bâtir quelque petit oratoire en son honneur est en quelque sorte le premier acte qu'ils font pour fonder une chrétienté. Pourrait-il, à cette vue, ne pas jeter un regard de pitié sur des enfants ingrats, sur des novateurs suscités pour outrager en même temps et le Fils de Dieu et sa Mère ?

Pourrait-il ne pas comprendre que Dieu veut que nous ayons tout par Marie, *totum nos habere voluit per Mariam* (saint Bernard); qu'elle a été chargée de propager, de conserver la pure doctrine, la foi et les mœurs ? Pourrait-il ne pas admirer son intervention universelle dans l'œuvre de la Rédemption ?

Il se rappelle alors avec bonheur la pensée de saint Vincent de Lérins et se dit à lui-même avec saint Augustin et avec tant d'autres : « Ce qui a été « partout et toujours appartient à la foi; au con-« traire, toute nouveauté est suspecte, *ipsa novitate* « *perturbat.* »

Écoutons un peu Dom Simplicien Gody, le premier et si vénérable historien de Notre-Dame de Mont-Roland. « En matière de religion et des cho-« ses qui lui appartiennent, certainement l'anti-« quité l'emporte sur la nouveauté avec de si grands « avantages, que c'est quasi tout un d'appeler une « chose nouvelle ou suspecte, pour bonne qu'elle « paraisse. De manière que cette marque d'anti-« quité portant toujours avec elle de la vénération, « surtout en matières saintes et ecclésiastiques, de « là est que les peuples ont toujours tenu à grand

« honneur d'avoir chez eux quelques véritables
« monuments de l'ancienne piété de l'Église.

« On fait gloire d'avoir reçu les premières se-
« mences du Christianisme par le ministère des
« apôtres, ou de leurs disciples, d'avoir les anciens
« édifices consacrés à Dieu, des images révérées
« de fort longtemps, et autres monuments et reli-
« ques des âges qui nous ont devancés. Et cette
« gloire n'est point prétendue sans raison, puisque
« toutes ces choses ne sont pas de légères preuves
« de la vérité constante et invariable de notre foi ;
« et puisque ces anciens monuments, et restes des
« vieux siècles, sont des marques et des mémoires
« de cette primitive ferveur et piété, qui fait tant
« de honte et de reproche à la froideur et au relâ-
« chement de notre âge de fer. »

Toutes ces considérations générales doivent nous frapper toutes les fois que nous visitons quelque antique sanctuaire de Notre-Dame.

L'heureuse contrée qui le possède doit en être saintement fière et en avoir un soin, pour le moins, égal à celui que l'on prend de conserver les titres de la plus haute noblesse. Lorsque Marie a choisi sa demeure en ce lieu, lorsque son culte s'y conserve intact, y opère d'éclatants prodiges, ce culte est un monument de la piété des ancêtres, de l'amour et de la puissance de Notre-Dame.

Cette piété des ancêtres et la gloire de cette incomparable Mère sont comme un héritage, qu'il faut conserver.

CHAPITRE II

CULTE DE NOTRE-DAME DE MONT-ROLAND AU PREMIER AGE DE L'ÉGLISE.

Raphaël Volaterran, le cardinal de Vitry, le père Canisius, de la société de Jésus, rapportent que saint Pierre, allant de Jérusalem à Antioche, avait élevé, près de cette ville, un oratoire sous l'invocation de la sainte Vierge. — La Mère de Dieu vivait encore.

Bon nombre d'excellents auteurs rapportent que saint Jacques lui construisit une chapelle près de la ville de Saragosse. Elle fut nommée Notre-Dame du Pilier.

Saint Potentien, disciple de saint Pierre, en fit autant dans une de nos anciennes provinces de France : en Gâtinais. L'insigne abbaye de Ferrières regardait cette chapelle comme un de ses plus précieux trésors. — Le même saint consacra en l'honneur de Marie la grotte de l'église de Chartres.

Le chef des apôtres avait donné l'exemple ; les premiers prédicateurs de la foi ne devaient pas hésiter. Saint Irénée le fit à Lyon.

Le père Lanssélius, prêtre de la compagnie de Jésus, dans sa dissertation sur saint Denis l'Aréopagite, semble se plaire à nous rappeler que le culte de Notre-Dame entrait aussitôt que l'Évangile dans les pays conquis à Jésus-Christ.

Ce docte auteur cite Démocharès et nous dit que saint Martial, l'un des soixante et douze disciples du Sauveur, en l'an quarante-sept de l'ère chrétienne, dédia à Dieu et à la Vierge Marie les quatre églises cathédrales du Puy, de Rhodez, de Clermont et de Mende, comme le rapporte la tradition ; que saint Materne, disciple de saint Pierre et évêque de Tongres, en l'année cent un, consacra un sanctuaire à Notre-Dame, au pays qu'occupent maintenant la Hollande et la Belgique, *apud Trajectenses et Tungros*. Le même saint lui en dédia un autre sur les bords de la Meuse. Il partit ensuite pour Dinant (Dionantum), où il trouva saint Memmius, évêque de Châlons-sur-Marne, et consacra encore une église à Marie, tandis que saint Memmius en dédiait une à saint Étienne. Saint Materne enfin, à Namur, renversa une idole et consacra encore un nouveau sanctuaire à la Mère de Dieu, ce qu'il fit en beaucoup d'autres lieux, selon la tradition. — Le père Lansséllus nous apprend encore que le bienheureux Régulus, formé par saint Jean l'évangéliste, vint à Arles, et que, avant d'aller à Senlis, dont il fut le premier évêque, il brisa une idole de Mercure et construisit une basilique en l'honneur de la Mère de Dieu ; qu'il en fit autant à Senlis. — On trouve enfin dans la même dissertation du père Lansséllus une lettre d'un docteur de Sorbonne adressée à ce Père. Le docteur lui parle des trois plus anciennes églises fondées par saint Denis l'Aréopagite. L'église de Notre-Dame des Champs est une des trois : *Altera ecclesia B. Mariæ Matris Dei quæ vulgo Nostra Domina de Campis.*

Après cela il ne nous sera pas difficile d'admettre que le culte de Notre-Dame de Mont-Roland remonte au premier siècle de l'Église, que la chapelle primitive de Mont-Roland a été bâtie peu de temps après la résurrection du Sauveur, comme l'affirme une pièce, dont nous examinerons plus tard la valeur; et, si saint Lin, disciple de saint Pierre, a été envoyé par lui en Franche-Comté, que l'on nommait alors la Séquanie, il ne sera pas hors de toute vraisemblance qu'il ait élevé à Notre-Dame un petit oratoire sur la montagne appelée depuis Mont-Roland. Saint-Pierre avait préludé à son apostolat en dressant un autel à Marie; il ne saurait être invraisemblable que son disciple l'eût imité, qu'il eût voulu prendre ainsi possession du pays qu'il devait évangéliser, que le sanctuaire de Notre-Dame de Mont-Roland lui dût son origine.

On comprendrait même qu'avant d'aller à Besançon saint Lin, suivant les voies romaines, fût arrivé à Dôle, eût jeté là le fondement d'une petite chrétienté et lui eût donné le mont Roland pour lieu de réunion. Tout semble indiquer qu'un poste militaire s'y trouvait et l'armée devait déjà compter quelques chrétiens. A Lons-le-Saunier, le plus ancien monument de la prédication de l'Évangile est sur une montagne voisine de cette ville; près du camp de Coldres.

Il ne convient pas plus de supprimer une tradition que de l'exagérer. Or une tradition que ce petit ouvrage prend telle qu'elle est, sans la discuter, attribue à saint Lin, successeur de saint Pierre, l'origine du culte de Notre-Dame à Mont-Roland.

L'auteur de la statistique de l'arrondissement de Dôle constate cette tradition et ne fait aucune réclamation. Il ajoute en note : « Saint Lin, évêque
« de Besançon, fut envoyé par saint Pierre pour
« prêcher l'Évangile aux Gaulois (1). Monsieur le
« président Lecourbe, auteur d'une histoire manuscrite de Lons-le-Saunier, rapporte que saint
« Lin trouva déjà dans cette ville une chapelle et
« un baptistère, au lieu où est maintenant l'église
« de Saint-Désiré, au-devant de laquelle on remarque encore une fontaine appelée Fontaine-
« de-Rome. »

Il n'est peut-être pas un seul des nombreux auteurs qui ont parlé de Notre-Dame de Mont-Roland qui ait omis de mentionner cette tradition. Ceux mêmes qu'une critique peut-être trop sévère empêche de l'admettre nous la transmettent.

Nous trouvons dans Simplicien Gody des raisons bien propres à l'appuyer. Simplicien était bien éloigné de donner dans l'illusion, ou de trop ac-

---

(1) Envoyé par saint Pierre, il fut plus tard son successeur, à Rome. L'Église n'honore qu'un saint Lin, le successeur de saint Pierre. La critique incrédule elle-même ne l'ignorait pas. C'est bien saint Lin, successeur de saint Pierre, qu'elle a voulu rayer de l'*Histoire des Bourguignons de Franche-Comté*.

corder à la crédulité. Ce savant Bénédictin, recommandable par sa piété, par son zèle pour l'observance régulière, et par ses ouvrages, dans son livre de l'oraison mentale, même avant la naissance du quiétisme, avait réfuté d'avance cette grossière erreur. Nous l'écouterons avec respect.

« Nous ne voyons point, dit-il, de lieu célèbre en
« matière de religion, et de culte divin, dont on
« n'assigne quelque commencement, et dont on
« n'attribue les principes à quelque fondateur,
« comme il est facile de le voir en parcourant tous
« les lieux fameux et célèbres de l'Église. Que si
« cela manque, et si nul fondateur, nul auteur ne
« paraît, j'estime qu'il est besoin de faire en ce
« point, comme en matière de tradition; qu'il faut
« recourir au plus haut qu'il se peut, prendre de
« la main des saints apôtres, ou de leurs disciples,
« les coutumes, cérémonies, usages et autres cho-
« ses appartenantes à la religion et au culte divin,
« qui n'ont point d'auteurs assignés et remarqués
« dans la mémoire des peuples, ou dans les mo-
« numents des écritures. Il n'est point de ruisseau
« sans source : et où la diligence des écrivains a
« manqué, la fidèle mémoire des hommes a servi
« d'archives et d'écritures ; et a marqué et consti-
« tué les temps et les origines qui n'ont point eu
« de lieux parmi les œuvres des historiens ou des
« annalistes. »

Ces archives vivantes ont bien pu nous conserver le souvenir de saint Lin, de sa présence à Mont-

Roland. Même sans ce secours le raisonnement de Simplicien nous engagerait à remonter jusqu'à ce disciple de l'apôtre saint Pierre, pour *prendre de sa main l'usage* d'honorer Marie à Mont-Roland.

Cette tradition prouve au moins que l'origine du culte que Notre-Dame y reçoit remonte au premier âge de l'Église, comme l'affirme la chronique que nous étudierons dans le cours de cet ouvrage.

Prise en ce sens, cette tradition possède. Elle a pour elle tous les avantages de la prescription. Pour la rejeter, il faudrait des preuves claires, décisives.

Simplicien nous fait remarquer que saint Martin, comme nous le verrons, en 380, trouva le sanctuaire de Notre-Dame de Mont-Roland entouré de vénération et que cette célébrité attestait déjà son antiquité. Ce saint consacra en effet une église près de Dôle, à Sayens, et il ne le fit qu'après avoir célébré le saint sacrifice en la *sainte chapelle de Mont-Roland*, comme le rapporte l'historien de la Franche-Comté (1).

Cette sainte chapelle était regardée dans toute la contrée, de temps immémorial, comme l'Église mère. Elle avait, à ce titre, le pas même sur celle de Sayens. Ce fait seul suffirait pour lui assurer la plus haute antiquité et justifier le titre de ce chapitre.

Monsieur Léon Dusillet dit que saint Lin avait

---

(1) *Mémoires des Bourguignons de FrancheComté*, p. 267.

sculpté de ses mains la statue qui fut si vénérée en cet antique sanctuaire. — S'il en était ainsi, Notre-Dame de Mont-Roland aurait un trait de ressemblance avec la Vierge d'Oropa. Sa statue a été sculptée sur bois par saint Luc et apportée de Palestine par saint Eusèbe de Verceil, comme une tradition fort respectable et encore vivante au delà des Alpes nous l'apprend.

Arrêtons-nous maintenant pour contempler la montagne privilégiée que Notre-Dame a choisie.

« Au nord-ouest de la ville de Dôle, à une heure
« environ de chemin, est un mont qui s'élève de
« trois cents mètres au-dessus du niveau de la mer,
« et dont la surface peut avoir mille pas de circon-
« férence. Celui de ses versants qui regarde le
« midi est roide et couvert d'une pelouse hérissée
« de quelques buissons et d'une multitude de
« pierres blanches et pointues que les pluies ont
« lavées ; mais la pente occidentale, plus douce et
« plus fertile, s'incline, chargée de vignes et de bois
« taillis, vers le village de Sampans, connu par ses
« carrières de marbre granitelle (1). » — Tel est le mont Roland. Monsieur Marquiset prétend qu'il était autrefois garni de grands arbres et que la charpente de l'église de Dôle y a été prise. Il ajoute qu'on le croit généralement ; mais que l'on s'est trompé lorsqu'on a cru que le bois dont se compose cette charpente était celui du châtaignier

(1) M. Dusillet.

« Buffon, dit-il, constata qu'une espèce de chêne
« (quercus pedunculata) prenait, en vieillissant, le
« coup d'œil et le grain du châtaignier. Daubenton
« prouva aussi que les belles charpentes du Lou-
« vre, que l'on croyait être de châtaignier, étaient
« composées de fortes pièces de chêne blanc. »

Jetons un dernier regard du haut de la sainte colline. L'auteur de la statistique va nous découvrir un des plus vastes et des plus gracieux horizons qu'il soit donné de contempler. « La partie la plus éle-
« vée de la montagne offre une espèce de plate-forme
« d'où le panorama le plus étendu et le plus varié
« se déroule à vos yeux : à l'orient, ce sont les ci-
« mes gigantesques des Alpes, exhaussées, comme
« des dômes de cristal, au-dessus des sombres
« coupoles du Jura ; au couchant, ce sont les tours
« gothiques et les aiguilles légères des églises de
« Dijon, qui dessinent leurs profils d'un noir foncé
« sur les vignobles verdoyants de la Côte-d'Or. En
« ramenant ses regards sur des points plus rappro-
« chés, l'observateur distingue Auxonne avec ses
« blanches casernes et ses vastes bâtiments mili-
« taires. Sur les flancs de la montagne on voit em-
« preints sur le rocher des espèces de degrés na-
« turels, que le peuple nomme *les pas de Roland*. »

Écoutons maintenant monsieur Louis de Vaulchier. « Quel que soit, dit-il, le côté par où le voya-
« geur aborde la jolie ville qui était notre capitale
« avant la conquête de Louis XIV, qu'il vienne de
« la Bourgogne ou de la Bresse, des fertiles vallées

« du Doubs, des riants vallons de la Loue ou de la
« profonde et sévère forêt de Chaux, le point cul-
« minant du paysage est toujours pour lui le mont
« Roland qui s'élève doucement au-dessus des
« plaines, ou se dégage, solitaire, des montagnes,
« même plus hautes, qui l'entourent. »

Tel est, si l'on peut parler ainsi, le trône de Notre-Dame. C'est de là qu'elle semble appeler à elle toutes ces contrées assises à ses pieds. Là, de nombreux pèlerins se sont pressés autour d'elle. Plus que jamais ils viendront vénérer son autel.

CHAPITRE III

CONTINUATION DU MÊME SUJET. APOSTOLAT DE SAINT LIN.

Le souvenir de saint Lin doit nous charmer. Notre satisfaction ne serait pas complète, si, avant de le quitter, nous ne considérions ensemble quelques détails historiques qui se rapportent à son apostolat.

Écoutons le président Boyvin, dont le nom seul rappelle la gloire de la cité Doloise. « Dès que la
« Franche-Comté de Bourgogne a reçu dans son
« sein la semence de la foi chrétienne, comme
« elle a fait la première entre toutes les provinces
« des Gaules, elle l'a cultivée avec tant de soin
« et de pureté, qu'elle a continuellement sarclé
« et arraché les pernicieuses herbes des hérésies

« et des sectes qui la pouvaient étouffer, et a ex-
« terminé les novateurs et leurs partisans avec
« une rigueur *imploiable*, qu'on pourrait nommer
« cruauté, si ce n'était une piété sainte et salutaire
« d'être cruel en ce point d'état divin et humain. »

Ouvrons maintenant les mémoires des Bourguignons de Franche-Comté et écoutons l'auteur dont la ville de Dôle se glorifie à si juste titre. « De bonne
« heure, dit-il, nous reçumes la sainte prédication
« des apôtres, et nous l'avons (Dieu grâce) con-
« tinuellement entretenue jusques à notre temps,
« sans infection d'erreurs hérétiques. — Saint Lin,
« qui fut l'un des septante disciples de Jésus-
« Christ (1), l'an de l'incarnation 54, le huitième
« an du pontificat de saint Pierre à Rome, au
« temps de l'empire de Claude, successeur de Ca-
« ligula, en la dix-huitième ou dix-neuvième année,
« passa en la Gaule Séquanoise, entra et prêcha à
« Besançon, commandée en particulier par Onna-
« sius, tribun de guerre, duquel il impétra un petit
« lieu pour y dresser une église qui fut dédiée à la
« glorieuse résurrection de notre Sauveur, à la
« sainte Vierge, et à saint Étienne premier martyr.
« Et là il fit des fonts baptismaux pour régénérer
« les bien-avisés, sur la source d'une fontaine
« vive qui était où présentement est une chapelle,
« en l'église de Saint Jean le Grand, où l'on voit au

---

(1) S'il n'était pas disciple du Sauveur, il l'était au moins de saint Pierre.

« milieu la place de ces fonts, et où l'on fit con-
« struire un autel, ainsi que l'on avait coutume
« entre les chrétiens de les bâtir au milieu des ora-
« toires. — En quoi le saint Père travailla jusques
« à ce qu'ayant su que les idoles étaient adorées
« au Panthéon, qui était sur le mont que l'on
« dit maintenant de Saint-Étienne, et posées sur
« hautes colonnes, et ayant, par ses prières à Dieu,
« obtenu une miraculeuse ruine d'icelles, il fut
« chassé de la cité et contraint de repasser les
« monts... Et demeura cependant l'église Séqua-
« noise et les chrétiens du pays couverts et incon-
« nus, parce qu'à raison des persécutions que firent
« Claude, Néron, Domitien, Trajan, Antonin et
« autres empereurs romains, ils faisaient leurs de-
« voirs ecclésiastiques et s'instruisaient en la sainte
« parole au milieu des bois, ou dans les caves et
« cavernes, avec l'assistance des saints personnages
« que saint Lin avait déjà promus et avancés. »
— Le même auteur nous rappelle que saint Lin
fut choisi par l'Église pour souverain évêque de
Rome et que Saturnin le fit décapiter. Puis il
ajoute : « Après la retraite hors des Gaules faite
« par Linus plusieurs saints personnages envoyés
« par lui vinrent à Besançon, mais avec peu de
« profit, pour la grande crainte de laquelle les
« bien affectionnés étaient atteints, à cause de la
« cruauté des empereurs romains (1). »

(1) Gollut, auteur de ces mémoires, est né en 1535. Ses
talents naturels, ses études, ses voyages à Rome et dan

Nous nous trouvons maintenant en présence de deux autres historiens : Chiflet et Dunod. Le premier est un ardent défenseur de l'apostolat de saint Lin en Franche-Comté, il n'a d'autre reproche à se faire que d'être un peu trop ardent peut-être ; le second, effrayé sans doute par les clameurs de la critique incrédule et moderne, affirme aussi, mais à sa façon, l'apostolat du même saint ; il l'affirme par l'embarras dans lequel il se trouve en le discutant, en cherchant à le combattre.

« Saint Pierre, dit-il, après avoir établi son siége
« à Rome, y laissa saint Lin pour prendre soin de
« cette église, pendant les absences auxquelles
« le bien de l'église universelle l'engageait. » Sans aller plus loin, remarquons, en passant, qu'il est au moins aussi concevable que saint Pierre ait travaillé au bien de l'église universelle par saint Lin, en l'envoyant en Séquanie, qu'il ne l'est qu'il en soit sorti si souvent pour y travailler par lui-même. — On ne veut pas dire, je pense, qu'il soit venu fixer son siége à Rome et qu'il ait aussitôt quitté cette ville ; car il serait difficile de comprendre cette manière d'agir.

les principales villes d'Italie et en Espagne, ses recherches savantes, le soin de se livrer à la culture des lettres, lui donnèrent tant de lumières, que sa réputation de savoir et d'habileté passa jusqu'à la cour de Madrid pour attirer sur lui les regards et les faveurs de Philippe II. Cet auteur fut en rapport avec ce que Dole et son université renfermait de plus distingué.

« Ce ministère, ajoute-t-on, demandait la résidence. » — Mais saint Lin n'était pas alors évêque de Rome. Saint Pierre a-t-il été toujours absent? est-ce qu'il n'a pas pu, à une certaine époque, envoyer saint Lin, dont il pouvait se passer ? Si saint Pierre a eu des raisons pour se dispenser de résider à Rome, il a pu en avoir pour en dispenser saint Lin. Est-on bien sûr qu'à une époque où il fallait créer sans cesse de nouvelles églises, l'obligation de la résidence ait été ce qu'elle est maintenant. — D'ailleurs, si saint Lin a été co-évêque de Rome (1), il faudrait au moins établir qu'il l'était avant sa venue en Franche-Comté. Dom Simplicien, et du Saussay, avant lui, placent l'apostolat de ce saint avant cette époque ; a-t-on des raisons péremptoires à leur opposer ? — Toute cette façon de raisonner n'est qu'une pétition de principe. Quand on a devant soi une tradition qui a pour elle tous les avantages de la prescription, qui, de temps immémorial, jusqu'à la venue des critiques récents, était paisiblement en possession de s'attirer le respect de tous, il faut démontrer clairement les faits qu'on

---

(1) *Sic igitur videas, ait Baronius, post Petrum sedisse Linum continuantem sedem suam. Addit Linum sic sedisse, dum Petrus vixit, ut non æquale Petro pontificium nactus fuerit, sed coadjutor tantummodo illius extiterit, et, eo absente, munere pontificio sit functus.* Ce titre de co-évêque de Rome, que l'on donne à saint Lin, ne signifie donc pas qu'il était évêque de Rome, comme saint Pierre, mais qu'il était co-adjuteur de saint Pierre, évêque de Rome.

allègue. Tant qu'on ne l'a pas fait, cette tradition reste inébranlable.

« L'histoire de saint Lin ne dit pas qu'il soit venu. » — Mais l'histoire de Notre-Seigneur dit-elle tout ce qu'il a fait? « L'église de Besançon ne le regarde pas comme son fondateur. » — Cette preuve est purement négative. Si cette église ne le regarde pas comme son fondateur, c'est parce que, ce grand saint ayant été chassé par la persécution, la foi ne fit pas alors de grands progrès. — D'ailleurs, il faut dire, au contraire, que tous les catalogues anciens le regardent comme le fondateur de cette église, puisqu'ils le mettent toujours à la tête de tous les archevêques de Besançon.

« S'il avait été évêque de Besançon, il aurait laissé des successeurs. » — Le récit de Gollut, la tradition, l'expulsion de saint Lin, fournissent à ce sujet une réponse claire. Il est inutile de la répéter.

Dunod dit dans le même ouvrage que l'église de Besançon savait par la tradition qu'elle était une des plus anciennes des Gaules et que, par émulation, elle a supposé la venue de saint Lin pour ne pas être inférieure à certaines églises. — Cette imputation est grave. Un mensonge, en pareille matière, ne peut pas, sans preuves concluantes, être prêté à une église aussi respectable. — L'église de Besançon est une des plus anciennes de la Gaule ; mais si saint Lin ne l'a pas évangélisée, son antiquité ne remonte pas beaucoup plus haut que le troisième siècle ; et nous voyons, quoi qu'on ait dit la critique incrédule, que saint Denis l'Aréopagite évangélise Paris, et que, pour citer un fait qui n'est pas le seul, saint Martial, en l'an 47, consacre à la Mère de Dieu quatre églises cathédrales.

Dunod embarrassé de saint Lin, après l'avoir ôté du premier rang, est bien forcé de le placer quelque part. Il le relègue au troisième siècle, en fait le successeur de saint Ferréol, et prétend, ce qui est nécessaire à sa thèse, que les monuments de Besançon, que la tradition constante, qui affirment la présence de saint Lin, se rapportent à un évêque du même nom qui n'a pas été canonisé. Parlant ensuite de cet évêque, il ajoute : « On « trouve dans nos manuscrits qu'Onnasius, tribun « militaire, lui donna une place pour faire un bap- « tistère ; » c'est ce que les mémoires des Bourguignons et la tradition disent de saint Lin ; et tout ce récit indique clairement le premier baptistère de Besançon. — « L'un de nos catalogues, « ajoute Dunod, porte qu'il a établi la première « église de Besançon (1) ; c'est celle qui est appelée « l'église du Baptistère. Notre église du Baptis- « tère, dans de vieux actes, est nommée la cha- « pelle primitive. » — On peut bien dire qu'il faut vouloir, à tout prix, écarter la tradition qui concerne saint Lin pour attribuer le premier baptis-

(1) Du Saussay l'affirme aussi, comme on peut le voir dans une note, à la fin de cette histoire.

tèra, la chapelle primitive, à un successeur de saint Ferréol. Il semble évident que ce premier baptistère, que cet oratoire primitif, si on ne veut pas remonter jusqu'à saint Lin, doit au moins remonter jusqu'à saint Ferréol. Quoi ! saint Ferréol a, le premier, dit-on, évangélisé Besançon, et ce n'est pas lui qui a laissé à Besançon le premier baptistère, dont le souvenir, quoi qu'on fasse, est étroitement lié à celui de la chapelle primitive !

Évidemment il faut faire violence aux manuscrits, à tous les vieux actes, aux monuments, à tous les anciens catalogues des évêques de Besançon, pour inventer, au nom de la critique, un évêque du même nom que saint Lin et le placer au troisième siècle, sans qu'aucun monument autorise à le placer à cette époque. — Toute l'argumentation de Dunod se résume en ces quelques lignes, qu'il a tracées lui-même. « Puisque, dit-il, notre évêque
« Lin n'est pas d'un côté le même qui a succédé
« à saint Pierre, et que, d'autre part, nos actes
« lui donnent le premier rang parmi nos prélats;
« *je crois* qu'on doit le placer immédiatement après
« nos apôtres. C'est pourquoi *je l'ai supposé* le se-
« cond évêque de Besançon. » La première partie de cette argumentation suppose ce qu'il faut prouver, la seconde fait violence aux monuments. On n'est pas étonné, après cela, si l'auteur conclut en disant : « *Je crois* qu'on doit le placer immédiate-
« ment après nos apôtres ; c'est pourquoi *je l'ai*

supposé le second évêque de Besançon. » Les ots *je crois, j'ai supposé* rendent exactement toute la force du raisonnement.

Il faut en convenir, l'embarras d'une telle discussion est une véritable affirmation de la tradition qui nous est si chère. — Il faut ajouter que la timidité de notre auteur, que sa modestie l'excuse en partie. Mais on a peine à concevoir que l'auteur des notes sur les mémoires des Bourguignons, avec le plus grand sang-froid, sans aucune preuve, ait eu le courage de tracer ces lignes : « Saint Lin se « trouve par erreur en tête de tous les anciens ca- « talogues des archevêques de Besançon. » Ces paroles contiennent, en effet, leur propre réfutation ; puisque cette affirmation constante, unanime de tous les anciens catalogues de cette contrée est une des preuves les plus fortes que l'on puisse donner de la vérité qu'ils affirment.

Quoi ! l'apôtre saint Paul félicite les fidèles de ce que leur foi est annoncée dans tout l'univers ; saint Jean Chrysostome nous dit que, dès les premières années qui suivirent la mort de Notre-Seigneur, la foi se répandit de toutes parts comme un incendie dans tout l'empire romain, et même au delà ; les voies romaines sillonnent la Gaule en tout sens, passent à Dôle, à Besançon ; Rome a été suscitée par la Providence pour aplanir toutes les routes ; ses armées ouvrent tous les passages ; Dieu veut que les apôtres ou leurs disciples s'élancent à la conquête du monde avec la rapidité du géant, et près de deux siècles s'écoulent sans que la belle province de Séquanie, sans que les villes importantes de Dôle et de Besançon soient évangélisées ! . Personne ne leur porte la bonne nouvelle ! A une époque de froideur, nos missionnaires franchissent les mers, il n'est pas un pays connu qu'ils n'abordent, quelque sauvage qu'il soit, et, à l'époque de l'église primitive, personne n'a franchi une distance incomparablement moins grande ! — Les saints Pères nous apprennent que la Gaule a été évangélisée de bonne heure ; saint Épiphane en particulier met saint Luc et saint Crescent au nombre de ses premiers apôtres ; pour ne rappeler qu'un fait, saint Martial, à lui seul, a déjà dédié à la Mère de Dieu quatre églises cathédrales ; et la Séquanie si florissante, au dire de Strabon, n'a pas encore le plus petit oratoire ! — Non ! ce n'est pas possible ! — Il est vrai que la religion n'eut pas alors, en cette contrée, ces progrès éclatants qui firent ailleurs tant de martyrs, et c'est le sens d'un passage de Sulpice-Sévère ; mais à coup sûr quelqu'un est venu de la part du Sauveur ! Le nom de cet apôtre ne doit pas être entièrement oublié.

Or, celui de saint Lin est le seul que la tradition nous ait conservé. Comment pourrions-nous ne pas saluer cette noble et sainte figure ? Dans le disciple de saint Pierre vénérons le père et le pasteur de ces premiers chrétiens, qui, obligés de se cacher dans les forêts, se réunirent sans doute si souvent auprès de Notre-Dame de Mont-Roland (1).

Quelques mots sur la ville de Dôle, à l'époque romaine, seront comme le dernier trait de ce tableau de l'apostolat de saint Lin.

Dôle est l'ancienne ville des Séquanais, appelée Didatium par Ptolémée. Cet auteur l'a nommée la première des quatre grandes cités de Séquanie. Il sera presque impossible d'en douter quand on aura lu les savantes dissertations de M. Normand et de M. de Persan.

« Si ce sentiment, nous dit M. de Persan, n'avait
« pour lui que Gollut, Normand et l'abbé Monnier
« lui-même, leur amour pour leur ville pourrait
« faire suspecter leur témoignage. Mais cette opi-
« nion ne leur est pas particulière, et elle compte
« pour elle des noms respectables, tels que ceux
« d'Ortelius, de Merula, de La Martinière, de Dom
« Bouquet, et autres savants. »

« Les preuves incontestables de l'antiquité d'une
« ville, nous dit le Père Dunod, Jésuite, sont les
« monuments qu'on y trouve, parmi lesquels les
« médailles romaines tiennent le premier rang.
« Les débris des bâtiments, les statues, les autels,
« les temples, les colonnes, les restes de bains pu-
« blics, les amphithéâtres, les canaux, les aque-

(1) Du Saussay, évêque de Toul en 1017, dans son *Martyrologe* (édition de Paris, 1037, deux volumes in-folio), ouvrage d'une profonde érudition, nous a laissé un fort beau résumé de l'apostolat et de la vie de saint Lin. On trouvera ce résumé à la fin de cette histoire.

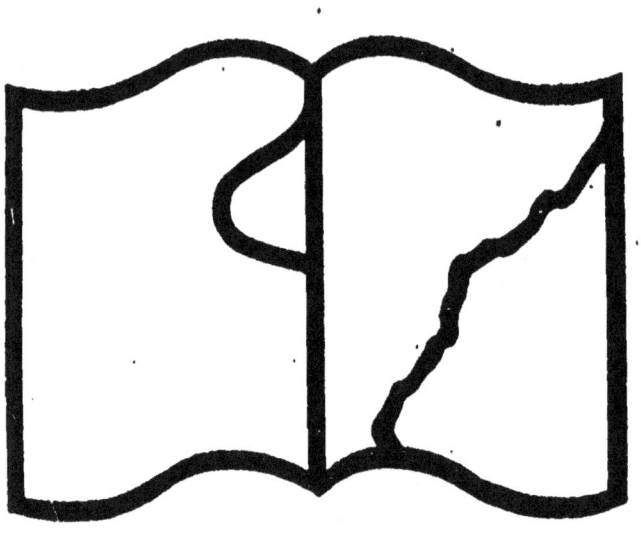

Texte détérioré — reliure défectueuse
NF Z 43-120-11

VALABLE POUR TOUT OU PARTIE DU DOCUMENT REPRODUIT

« ducs, etc., sont d'autres preuves invincibles de
« l'antiquité d'une ville, qui se réunissent toutes
« pour prouver celle de Dôle, où l'on a toujours
« trouvé de tout temps, dans la ville et aux envi-
« rons, ces sortes de monuments. »

La fontaine et la rue d'Arans, ou des arènes, ont conservé le souvenir de l'amphithéâtre de Dôle. On peut penser que des chrétiens y furent martyrisés.

M. Normand nous dit que le nombre des médailles d'or, d'argent, de bronze trouvées très-fréquemment près de Dôle, était si considérable, que le médaillier des jésuites de Besançon en était composé en partie, que plusieurs autres personnes en possédaient un grand nombre, et que lui-même, ayant eu la curiosité d'en rassembler, il en avait réuni près d'un cent dans l'espace de trois mois.

La ville de Dôle était autrefois d'une grande étendue. « La tradition du pays est certaine sur cette vérité, nous dit M. Normand : les gens âgés disent tous constamment qu'ils ont ouï dire à leurs pères et leurs pères à leurs ancêtres, que la ville de Dôle s'étendait autrefois jusqu'à Saint-Martin, qu'elle a été d'une grandeur prodigieuse. Le grand nombre de médaillons qu'on a trouvés à Dôle, a comme réveillé cette tradition. Tous les idolâtres travaillant, sur cela, plus que jamais, et ne doutant pas de la vérité. — La belle église de Saint-Martin ayant été bâtie sous le nom de

Ditatium, a été le siége d'un évêque ; et M. Normand nous fait remarquer avec raison que c'[était] sans doute à l'époque que les évêques n'avaient point encore de siége fixe.

Le *castrum*, que l'on retrouve dans toutes les villes fondées ou reconstruites par les légions romaines, était entouré d'épaisses murailles ; à Dôle on en reconnaît encore les traces (1).

Telle fut dans l'antiquité la ville bien-aimée de Notre-Dame de Mont-Roland. Un commerce important, au dire de Strabon, suivait le cours du Rhône, de la Saône, du Doubs, et donnait sans doute à cette grande ville un trait de ressemblance de plus avec la ville bien-aimée de Notre-Dame de Fourvière. Elle avait aussi son *forum vetus*.

Plus tard Charles-Quint la fit fortifier, les états de Franche-Comté s'y assemblèrent ; elle eut [son] parlement, sa chambre des comptes, son u[ni]versité que les souverains pontifes enrichi[rent de] priviléges nombreux. Son université jouit [d'une] si grande réputation, qu'elle excita la jalou[sie des] universités de Paris, d'Orléans, d'Avi[gnon ;] cette université elle eut ses é[col]es de thé[ologie,] philosophie, d'éloquence, d[e droit] civil et de médecine.

Mais une de ses plus [belles gloires fut et sera] ou toujours pour Notr[e-Dame de Mont-Roland une] tendresse toute filial[e.]

(1) Tout semble ind[iquer que Dôle date de] l'époque romaine,

CHAPITRE IV

NOTRE-DAME DE MONT-ROLAND AU QUATRIÈME SIÈCLE.

En ce temps-là vivait saint Martin. A la porte d'Amiens, il avait donné à Jésus-Christ, en la personne d'un pauvre transi de froid, la moitié de son manteau. Il avait bâti le premier monastère qui ait été établi dans les Gaules et opérait les plus éclatants miracles.

Ordonné évêque de Tours en 371, plein de zèle pour l'extirpation de l'idolâtrie, il gagnait à Jésus-Christ une multitude innombrable d'infidèles. « Dans ses courses apostoliques, nous dit le Père « Longueval, en son histoire de l'Église Gallicane, « saint Martin travaillait lui-même avec joie à « démolir les temples des idoles, à couper les « arbres que la superstition leur avait consacrés.

— Un jour qu'il voulait abattre un vieux pin, objet d'idolâtrie, les païens s'y opposèrent, et voulurent consentir qu'à condition qu'il se ait du côté que penchait l'arbre, et qu'il dans ses bras. Martin, plein de foi, on bizarre et se laissa lier du ait naturellement tomber. aillèrent avec plaisir à qu'il ne dût écraser le les. Mais, dans l'instant fait le signe de la

« croix, le fit renverser de l'autre côté, au grand
« étonnement des idolâtres qui demandèrent avec
« empressement le baptême. » — Partout saint
Martin érigeait des églises au vrai Dieu, à la place
des autels consacrés au démon.

Son extérieur était pauvre, sa parole familière,
son visage serein.

Dans ses courses apostoliques, que sa simplicité
rendait si fructueuses, saint Martin est venu aux
pieds du Mont-Roland, à Sayens. — Avant 1636,
Sayens possédait une église regardée, dans toute
la contrée, de temps immémorial, comme l'Église
mère, après celle de Mont-Roland. Elle portait le
nom de Saint-Martin. Le village de Sayens lui-
même, les vignes qui en occupent l'emplacement,
une rue, un faubourg de Dôle et une porte de la
ville, qui y conduisaient, ont eu le même honneur, ont pris le même nom. Saint Martin a consacré cette église.

A Mont-Roland il a consacré un des autels de
l'ancien sanctuaire : telle est la tradition.

Le nom de saint Martin est particulièrement populaire en Franche-Comté. Un nombre incalcul-
lable d'églises lui sont dédiées : mais aucune
d'elles ne revendique pour elle-même les traditions qui se rattachent à celles de Sayens et de
Mont-Roland. Ce seul fait suffirait pour prouver
la vérité qu'elles énoncent.

Le souvenir d'un si grand serviteur de Marie est
bien capable d'exciter notre amour pour Notre-

Dame. A ses pieds, nos prières monteront avec d'autant plus de ferveur qu'il nous sera plus permis de penser qu'elles sont en quelque sorte unies à celles d'un si grand saint.

Mais quelles données historiques avons-nous sur ce point?

César, Ammien-Marcellin, Procope, Strabon, etc., nous apprennent que les Éduens et les Séquanes étaient séparés généralement par la Saône, que ces peuples, que nous nommons maintenant Bourguignons et Francs-Comtois, avaient cependant chacun quelques quartiers en deçà et au delà de la limite générale. — Strabon parle en effet d'une tribu des Éduens qui habitait entre la Saône et le Doubs, *inter Dubidem et Ararim Heduorum gens inhabitat*. Il s'agit d'une simple tribu : car il a dit lui-même un peu plus haut, au livre quatrième, que le territoire placé entre la Saône et les Alpes est habité par les Séquanes.

Sulpice-Sévère, qui a écrit la vie de saint Martin, dont il a été le disciple, rapporte que saint Martin a parcouru plusieurs fois la Gaule, qu'il est allé plusieurs fois de Tours à Trèves, à Milan et ailleurs, qu'il est venu évangéliser les Éduens, dont une tribu, comme nous venons de le voir, était presque aux portes de Dôle. — Ce fut lorsqu'il évangélisait ce peuple, qu'il montra tout l'héroïsme de sa vertu. « Un jour, nous dit Sulpice-Sévère, comme
« il démolissait un temple, au pays des Éduens,
« une troupe de paysans idolâtres accoururent

« pour l'en empêcher; et l'un d'eux plus furieux
« s'avança l'épée nue pour le percer. Le saint
« évêque jeta son manteau, et se présenta pour
« recevoir le coup; mais l'idolâtre, levant le bras
« pour le frapper, tomba à la renverse, et ne
« songea plus qu'à lui demander pardon de sa
« fureur. » — De cette contrée des Éduens à Dôle
et à Mont-Roland il n'y avait en quelque sorte
qu'un pas.

De plus la grande voie romaine qui conduisait
à Trèves et au Rhin passait près de Dôle et de
Mont-Roland (1). Saint-Martin venant de Tours
ou du pays des Éduens, pour aller à Trèves, n'avait
pas d'autre route à suivre. — Nous le voyons à
Trèves une fois sous Valentinien; deux fois sous
Maxime, qui tint constamment sa cour en cette
ville.

« La tradition nous apprend aussi qu'en reve-
« nant de Rome, il s'arrêta à Dôle et à Mont-Ro-
« land (2). »

Après cela, il est par trop clair que nous ne
devons pas être surpris de le voir consacrer une
église à Sayens, près de Dôle, et un autel à Mont-
Roland. — Du reste, selon la pensée de Dom Simplicien, pour supposer que saint Martin n'a pas
eu mission d'étendre le royaume de Jésus-Christ
au delà de la Touraine, il faudrait ignorer tout à

---

(1) Voir sur ce point le *Dictionnaire historique du Jura*.
(2) *Dictionnaire historique du Jura*.

fait l'histoire ecclésiastique, et ne pas savoir que ce saint a été un des plus grands prédicateurs de la foi, qu'il a parcouru presque toute l'Europe, et que de bons et saints auteurs le comparent aux apôtres eux-mêmes.

Mais à quoi bon établir des vraisemblances, lorsque les faits ont leurs preuves toutes faites?

Ouvrons les Mémoires des Bourguignons de Franche-Comté. Dans sa description de Dôle, le savant auteur des Mémoires parle de l'ancien village de Mars. Il nous dit qu'il n'est demeuré de ce village que le nom d'une place qui est à main droite en allant à Saint-Martin, par le vieux chemin d'Auxonne. Il nous apprend que l'église de Saint-Martin et les vignes circonvoisines appartenaient à cet ancien village de Mars, appelé depuis Sayens, et il ajoute : « L'idolâtrie étant passée, saint
« Martin consacra ladite église après avoir célébré
« le saint sacrifice de la messe en l'église *sainte* de
« Mont-Roland, comme disent les anciens titres de
« Joue. »

Le Père Dunod affirme, de son côté, que saint Martin consacra un autel à Mont-Roland.

Monsieur Normand parle du même autel et ajoute : «Monsieur de la Barre, évêque d'Andreville,
« suffragant de l'archevêque de Besançon, qui a
« fait un assez long séjour chez les RR. PP. Corde-
« liers de Dôle, faisant la cérémonie de la transla-
« tion d'un autel de l'église de Mont-Roland, trouva
« dans le sépulcre (ou secret) de cet autel, une

« petite membrane sur laquelle on lisait : *Martinus*
« *Episcopus Turenensis me consecravit*, Martin Évê-
« que de Tours m'a consacré. » Ce n'était pas sans
raison que cet autel était nommé autel de Saint-
Martin. Cette translation eut lieu avant le siége
de 1636. Cet autel, avant qu'il fût transféré, était au
milieu de l'église, et les Bénédictins avaient le
dessein de la décorer et d'y mettre plus d'ordre.

Écoutons maintenant Dom Simplicien Gody.
Nous verrons ensuite quelle est la force de son
témoignage. Après nous avoir rappelé l'autel consacré par saint Martin, il raconte aussi la découverte faite dans le sépulcre ou secret de cet autel.
« Monsieur l'évêque d'Androville, nous dit-il, ad-
« mirant alors et vénérant l'antiquité et la sainteté
« de l'autel, y remit le même billet avec un autre
« qui témoignait que l'autel avait été remué et
« béni de nouveau, comme il est nécessaire en ce
« cas de transposition. Mais les soldats ennemis,
« que l'affection de l'or et de l'argent possède bien
« plus que celle de l'honneur et de la victoire,
« s'imaginant qu'ils pourraient trouver des riches-
« ses où il n'y avait que de la sainteté, portèrent
« leurs mains sacriléges jusque dans ce sépulcre
« qu'ils brisèrent et profanèrent pendant ces der-
« nières désolations du pays; de manière que le
« billet ancien, qui valait mieux que tous les titres
« des plus vieilles archives, fut alors perdu. »

Il disparut avec l'autel sous les décombres qu'en-
tassèrent à Mont-Roland les Suédois luthériens.

L'autel fut par eux renversé et mis en pièces.

Si ce monument fut perdu, il fut remplacé par une nouvelle preuve du fait dont il s'agit.

Simplicien, qui n'écrivait pas à la légère, avait demandé à M. de Broissia, procureur général de Sa Majesté catholique, copie d'une pièce déposée à la Chambre des Comptes, et relative à l'origine du sanctuaire de Notre-Dame de Mont-Roland. Cette pièce, comme nous le verrons plus tard, attestait que saint Martin, évêque de Tours, avait dédié et béni ce sanctuaire en l'honneur de Notre-Seigneur Jésus-Christ et de sa glorieuse Mère. — En lui communiquant cette pièce, M. de Broissia assura à Simplicien que Monseigneur d'Androville avait lu et touché le précieux parchemin sur lequel on lisait : *Martin, évêque de Tours, m'a consacré*, qu'il l'avait replacé dans le secret de l'autel, que Monseigneur d'Androville le lui avait dit à lui-même.

Comme le raconte Simplicien, M. de Broissia ne se contenta pas de l'assurance qu'il lui donnait. Il mit au bas de la copie, dont nous avons parlé, l'attestation suivante.

« Révérendissime seigneur Claude de la Barre,
« évêque d'Androville, et suffragant de Besançon,
« ayant été requis d'ouvrir le secret du susdit au-
« tel, consacré par saint Martin, et posé au milieu
« de la nef de l'église de Mont-Roland, avec une
« balustrade de bois de chêne à l'entour, pour le
« transférer contre un pilier voisin, ainsi qu'il a

« été fait, trouva dans icelui secret un billet jus-
« tifiant que le prédit autel avait été consacré par
« le sieur saint Martin, lequel billet avec un autre
« significatif de la nouvelle consécration de l'autel
« transféré le susdit Révérendissime seigneur évê-
« que mit dans le secret ou sépulcre du nouvel
« autel ; comme il a depuis dit au sieur de Broissia,
« juge pour Sa Majesté catholique en la cité impé-
« riale de Besançon. »

Cette attestation est aux archives du Jura. L'auteur du Dictionnaire historique de ce département affirme *qu'il l'a vue*. Tous ceux qui ont fait des recherches sérieuses dans ces précieuses archives, comme il est nécessaire de le faire lorsqu'on traite un semblable sujet, peuvent dire aussi : *Je l'ai vue*.

De plus Simplicien parlait publiquement à ses contemporains qui avaient vu cet autel. Il parlait aux contemporains de Monseigneur d'Andreville et de M. de Broissia. Il était impossible de les tromper, et Dom Simplicien du reste était incapable de le faire.

Après cela pouvons-nous chercher des preuves plus fortes ? et n'est-ce pas avec raison que M. de Vaulchier, dans ses articles sur Mont-Roland, dit avec l'accent de la plus profonde conviction : *Je crois à la visite de saint Martin ?* — Tous ceux qui voudront réfléchir feront, si l'on peut parler ainsi, la même profession de foi.

Et maintenant, si l'on veut voir comment les traditions populaires se conservent, et comprendre qu'elles ont plus de poids qu'on ne le suppose communément, qu'il est facile à des vandales de détruire, comme ils l'ont fait en 1793, le monument le plus respectable, mais qu'il n'est pas aussi facile d'anéantir une tradition, il suffit de considérer comment le souvenir de saint Martin est sorti en quelque sorte des débris de son autel et du sanctuaire de Notre-Dame. — Lorsque M. Marquiset écrivait, la chapelle de Mont-Roland n'était pas encore relevée. Il parle du passage de saint Martin. « Ce fait remarquable, dit-il, a laissé des traces « dans la mémoire des hommes, car le peuple « désigne, sous le nom de *Loge de Saint-Martin*, « une pauvre maisonnette construite sur les ruines « de l'église, et qui sert de refuge aux pâtres contre « l'intempérie des saisons. »

Saint Martin avait formé un monastère à Marmoutier, près de Tours. C'était alors un désert, enfermé d'un côté par une roche haute et escarpée, de l'autre par la Loire. On n'y entrait que par un chemin fort étroit. Le saint évêque y avait une cellule de bois. Plusieurs des frères en avaient une semblable. La plupart s'étaient logés dans des trous qu'ils avaient creusés dans le rocher; et l'on en montre un encore, que l'on dit avoir été habité par saint Martin. Il avait là quatre-vingts disciples. Ils ignoraient l'usage du vin. « La plupart, dit « Sulpice-Sévère, étaient vêtus de poil de chameau « (c'est-à-dire de gros camelot). C'était un crime « d'être habillé plus mollement. Ce qui est d'au-

« tant plus digne d'admiration qu'il y avait parmi
« eux plusieurs nobles, élevés d'une manière bien
« différente. Plusieurs d'entre eux furent promus
« à l'épiscopat. Car il n'y avait point d'église qui
« ne désirât un pasteur tiré du monastère de Saint-
« Martin. »

Les légendaires ajoutent que saint Martin, dans ses courses apostoliques, était suivi d'un certain nombre de ses religieux, qu'il laissait dans les pays convertis à la foi.

On peut penser pieusement qu'il en laissa quelques-uns à Mont-Roland, qu'ils y vécurent comme on vivait à Marmoutier, dans les rochers et les bois voisins du Sanctuaire de Notre-Dame, et qu'enfin les enfants de Saint-Benoît recueillirent la succession de ces pieux solitaires.

Ce fut peut-être pour leur donner la facilité d'offrir le saint sacrifice que saint Martin consacra un autel, qui n'était point celui de Notre-Dame.

S'il en est ainsi, Notre-Dame de Mont-Roland eut toujours près d'Elle des âmes pures bien capables de l'aimer, et, lorsque la foule des pèlerins avait quitté la sainte montagne, Elle entendait encore des voix occupées à la bénir.

Puissions-nous l'aimer nous-mêmes et la bénir sans cesse ! Puisse notre recours à Notre-Dame être comme la respiration habituelle de notre âme ! Comme le corps périt lorsque la respiration vient à lui manquer, de même notre âme perd la vie véritable, la vie spirituelle, la vie d'union avec le

Fils de Dieu, lorsque nous oublions de recourir à sa Mère. Au contraire, par une dévotion constante, par le soin d'invoquer Notre-Dame, les saints font la conquête du ciel. Nous la ferons nous-mêmes. Nous verrons Marie, notre mère, et près d'elle saint Martin et tous ceux qui, à son exemple, lui auront voué une éternelle tendresse.

CHAPITRE V

NOTRE-DAME DE MONT-ROLAND AU HUITIÈME SIÈCLE.

A cette époque apparaît Roland dont le nom a toujours été si populaire, dont le souvenir n'a jamais pu périr. En lui vient en quelque sorte se personnifier le chevalier et le héros chrétien.

Roland accompagna Charlemagne en Italie. Désiré (*Desideratus*), roi des Lombards, faisait la guerre au Souverain-Pontife.

« Lors, nous dit un historien fort remarquable (1),
« le Pape appella les Français à son secours. Pour
« travailler le roi des Lombards et les gardes qu'il
« avait mises sur le sommet des montagnes, les
« Français marchèrent par trois divers endroits.
« Charles passa le mont Cenis, Roland alla par le
« Pas de l'Agneau, et Olivier de Vienne par le mar-

(1) Gollut : *Mémoires des Bourguignons de la Franche-Comté*, p. 320.

« quisat de Scève. — Après la victoire, Roland et
« Olivier campèrent à Pavie et Charlemagne passa
« outre à la réduction des places. »¹

Anquetil et le père Longueval nous ont conservé
le souvenir du dernier fait d'armes de notre héros.
« Comme Charlemagne, dit Anquetil, revenait
« triomphant de son expédition de Navarre, et ap-
« paremment avec quelque négligence, son arrière-
« garde fut attaquée par les Gascons qui habitaient
« les Pyrénées. Roland son neveu, fils de sa sœur,
« périt dans l'action avec beaucoup de paladins
« qui l'accompagnaient. On dit qu'on voit encore
« à Roncevaux des tombes d'une dimension gigan-
« tesque sous lesquelles gisent ces héros. — On
« montre encore, ajoute le père Longueval, une
« chapelle qu'on prétend avoir été bâtie par Char-
« lemagne dans le champ de bataille; afin qu'on
« priât Dieu pour les âmes des soldats qui y furent
« tués : et l'on voit en effet autour de cette chapelle
« plusieurs tombeaux qu'on croit être ceux des sei-
« gneurs qui perdirent la vie en cette rencontre. »

La poésie, avec ses brillantes fictions, s'est em-
parée de la noble figure de Roland. Au jugement
du père Longueval, de tous les traits qu'elle nous
a laissés, les plus dignes de respect sont ceux qui
ont rapport à sa mort si chrétienne. Voici comme
elle est dépeinte dans un ouvrage du douzième
siècle.

« Roland était exténué d'un si grand combat et
du nombre de Sarrasins qu'il avait occis; il était

en outre dolent de la mort de ses chrétiens et gravement blessé. Il rencontra un arbre au milieu d'une prairie, et dessous, un banc de marbre qui était là au pré, tout droit au bas de Roncevaux. Il descendit de cheval, ayant encore son épée. Il la tira du fourreau et la tint en la main fort longuement en la regardant; puis il dit : O douce épée, belle, avenante, nette et bien tranchante, la plus ferme de toutes et la meilleure ! O douce épée à la poignée d'or et à la croix dorée, si j'eusse pu vivre, la gent sarrasine eût été par toi détruite, et la foi de la chrétienté exhaussée, ainsi que les louanges de Dieu et sa gloire.

« Roland prit ensuite sa trompe et se mit à sonner fortement, afin de savoir si le bois renfermait quelque chrétien caché là de peur des Sarrasins, pour qu'averti par ce signal il pût venir à lui et assister à sa mort (1).

« Cependant Roland ne pouvait se soutenir. Il s'étendit à terre, désirant vivement de l'eau pour éteindre la soif qui le dévorait... Puis Roland le martyr regarda vers le ciel et fit cette prière : — Beau sire Dieu Jésus-Christ, pour l'amour duquel

(1) Nous lisons dans *Paris, Versailles et les provinces* : « La famille Lafayette possédait autrefois le cor d'ivoire, « ou cornet du paladin Roland, dont elle prouvait sa glo- « rieuse descendance. Elle l'avait déposé aux archives du « chapitre de Lyon, où il était conservé avec soin. La ré- « volution a confondu ce monument précieux avec tous « les objets de sa fureur, et on l'a vu depuis dans les mains « d'un pâtre. Ce cor s'appelait Olifant. »

je laissai mon pays et vins ici, afin d'exhausser la sainte chrétienté en cette terre sauvage où j'ai livré maintes batailles aux Sarrasins, où je les ai vaincus avec ton aide ; Sire, pour qui j'ai souffert à maintes reprises la faim et la soif, et maintes angoisses que je ne puis conter ; beau Sire, je te recommande mon âme. Je te supplie de l'arracher de la mort éternelle. Sire, pardonne-moi mes péchés, et accorde-moi la vie et le repos sans fin. Je crois en toi de tout mon cœur ; je te confesse de ma bouche, et je te conjure, puisque tu veux enlever mon âme à ce chétif corps, de la faire vivre d'une vie meilleure.

« Il joignit les mains et dit encore : — Beau sire Dieu, je te prie d'avoir merci de tes fils qui sont morts pour l'amour de toi en la bataille. Beau sire Dieu, toi qui es doux et plein de miséricorde, pardonne-leur les péchés qu'ils ont commis, et sauve leurs âmes des peines de l'enfer. Envoie vers eux tes archanges pour garder leurs âmes, afin qu'elles ne tombent pas dans les ténèbres de l'enfer, et soient conduites au royaume céleste pour y être sans fin et ensemble avec toi et les saints martyrs.

« Après cette prière, l'âme du bienheureux martyr Roland prit congé de son corps et se sépara de lui ; et les anges l'emportèrent au royaume de Dieu en la joie éternelle. »

On trouve son nom dans le martyrologe d'Usuard. Ce n'est cependant pas une raison suffisante pour conclure que l'Église l'a mis au nombre des saints.

— Quoi qu'il en soit, Roland fut un ardent serviteur de Marie.

Mais vint-il à Mont-Roland? — Il semble que le nom seul de Mont-Roland devrait faire retrancher cette question. Cependant il faut la poser.

La critique moderne a entrepris de nous priver de ce pieux souvenir.

Sans le vouloir peut-être, elle admet, en histoire, le principe protestant. Elle ne veut entendre parler que de ce qui est écrit. Elle ne voit pas qu'une tradition revêtue de tous les caractères qui la rendent respectable a plus de force encore qu'un écrit, et que la parole écrite, sujette à interprétation, doit être jugée en dernier ressort par la tradition.

« Je ne sais, dit M. Désiré Monnier, membre de
« plusieurs sociétés savantes, je ne sais d'où sort
« cette espèce d'écrivains sceptiques qui s'ingé-
« nient à faire passer pour fabuleuses des illustra-
« tions nationales, dont des plumes contemporaines
« ont pourtant constaté l'existence. A force d'esprit
« on a fini par douter de Jeanne d'Arc, comme de
« Pharamond. Roland n'est pas moins leur point
« de mire; mais la tradition va son train, sans s'in-
« quiéter le moins du monde de ces désenchan-
« teurs; et le brave des braves, Roland n'est pas
« fait pour périr sous la main de pareils mécréants. »

Pour ôter à ceux qui visitent le sanctuaire de Notre-Dame la satisfaction de marcher sur les traces d'un si grand serviteur de la mère de Dieu, et ravir à Roland lui-même la gloire d'avoir donné son nom à la sainte montagne, sans jamais pouvoir s'entendre entre eux, ils torturent le nom qu'elle porte, et finissent par découvrir les significations les plus bizarres et les plus opposées.

Aux étymologistes une réponse semblable à celle de M. Dusillet suffit. « Chevalier, dit-il, savant un « peu lourd, soutient que Mont-Roland signifie « *Mont des mûres*; c'est ignoble ! » — Si la politesse ne nous permet pas de dire à tous : *c'est ignoble!* nous pouvons dire au moins : *c'est puéril!*

M. Désiré Monnier rappelle les divers changements qu'a subis le nom de Roland et du sanctuaire de Notre-Dame. Puis il se fait un plaisir un peu malin de l'embarras des étymologistes. « Voilà, « dit-il, bien des étymologies à tirer du celtique. — « Quant à la différence, dit-il encore, que l'on a « remarquée entre le nom de Roland, comme nous « l'écrivons, et ceux que les chartes donnent à « notre monastère (de Mont-Roland), il faut n'avoir « point lu de romans de chevalerie, pour ignorer « que cette différence n'existe pas entre ces noms, « tels qu'ils s'écrivaient autrefois. »

Mais à quoi bon chercher l'étymologie d'un mot lorsqu'on sait quel sens on a toujours attaché à ce mot ? — Lorsqu'un étymologiste aura fait un tour de force pour donner à un nom un sens de son invention, fera-t-il que la tradition ne lui ait pas donné une autre signification ? Lorsqu'il aura trouvé que Roland signifie : *Terre rouge*, fera-t-il que le peuple, à la vue des degrés naturels qui se trouvent à Mont-Roland, ait voulu parler des pas de la terre rouge, lorsqu'il nommait les pas de Roland?

La question n'est pas : quel sens, plus ou moins arbitraire, donnez-vous à ce mot? mais, quel sens la tradition lui a-t-elle donné? Qu'on l'ait écrit ou prononcé de bien des manières, comme nous voyons encore de nos jours celui de Mont-Roland prononcé de trois ou quatre manières différentes, dans un rayon de deux ou trois lieues, qu'importe? C'est le sens que la tradition a attaché à ce mot qu'il faut chercher.

La tradition populaire a plus de force qu'on ne lui en suppose. Je voudrais bien savoir comment on s'y prendrait pour implanter dans une contrée tout entière une tradition sur un fait remarquable que l'on dirait avoir été vu de tout le monde et dont les anciens n'auraient jamais parlé. Je voudrais bien savoir surtout ce que l'on pourrait faire pour perpétuer une telle tradition. — Avec quelle sûreté celle de Mont-Roland, quinze cents ans après l'événement, a fait sortir, des ruines du sanctuaire de Notre-Dame, le souvenir de saint Martin.

Elle n'est ni moins sûre ni moins ingénieuse, lorsqu'elle nous rappelle le brave des braves, le fidèle serviteur de Marie. Ce qu'elle a si bien nommé *Pas de Roland,* nous remet en quelque sorte sous les yeux la facilité avec laquelle ce héros gravissait la sainte montagne.

Ce n'est pas seulement le simple peuple qui nous

en conserve le souvenir. — M. Dusillet parle de la visite faite par Roland au sanctuaire de Notre-Dame et ajoute : « Le montprivilégié que la reine du ciel « avait choisi fut appelé depuis Mont-Roland. » — L'auteur du *Dictionnaire historique du Jura* (III° vol.) parle de Roland et du monastère qu'il a en quelque sorte constitué gardien de Notre-Dame et il ajoute : « Pourquoi nier la fondation de Ro- « land attestée par une tradition constante ? L'excès « de scepticisme, en histoire, est aussi dangereux « que l'excès de crédulité. » — Parmi les nombreux auteurs qui ont parlé un peu au long de Mont-Roland, quel est celui qui n'ait pas relaté le passage de Roland ? Ceux mêmes que la critique incrédule du dernier siècle effraye constatent cette tradition en cherchant à en détourner le cours.

Encore une fois, cette tradition possède. Pendant dix siècles jusqu'à l'apparition de la critique moderne elle a été paisiblement en possession de se concilier le respect, elle a pour elle tous les avantages de la prescription. Pour l'écarter, il faut des preuves claires, décisives. Tant qu'on ne les a pas données, elle reste inébranlable.

Lorsqu'on dit que la statue de Roland est *un ouvrage moderne,* on dit ce que tout le monde sait. Les Bénédictins n'ont pas laissé ignorer l'époque de cet *ouvrage.* Dans un chronogramme bien connu, ils ont assez clairement indiqué 1719. Mais on devrait ajouter qu'une ancienne statue de Roland existait avant cet *ouvrage moderne,* que Simplicien l'a décrite en 1851, que les mots *ex veteri novus* du chronogramme déjà cité le disent assez.

De quel droit, lorsqu'une statue a toujours été regardée comme celle de Roland, lorsque l'Histoire l'a donnée comme celle de Roland, lorsque ce monument public porte le nom de Roland, vient-on s'inscrire en faux contre un fait qui n'a jamais eu de contradicteur? De quel droit vient-on infliger un démenti à tant de siècles, à tant de témoins, qui n'ont jamais soupçonné que l'on pourrait jamais entreprendre de mettre à la place du nom de Roland, celui de Jean de Vienne? Encore une fois, pour une telle entreprise il faut des preuves claires, décisives.

Il ne suffit pas de montrer que l'on aurait pu élever une statue à Jean de Vienne, à cause de ses hauts faits, de sa piété; et qu'on aurait pu mettre en sa main le modèle du monastère de Mont-Roland, à cause de la libéralité des sires de Vienne. Cette possibilité ne fera jamais dire à la tradition ce qu'elle n'a pas dit. Elle n'a jamais dit que la statue élevée à Mont-Roland était la statue de Jean de Vienne. Elle a toujours affirmé, au contraire, que cette statue était celle de Roland. — Jamais Jean de Vienne n'a été appelé Roland. Jean de Vienne est son nom. — On aurait pu dire peut-être : Jean de Vienne, seigneur de Mont-Roland, comme nous disons : Roland, neveu de Charlemagne; mais il n'est jamais venu à l'esprit de personne de le nommer simplement Roland.

Les statues de ceux qui ne sont pas au nombre des saints, lorsqu'elles paraissent dans nos sanctuaires, doivent avoir une attitude humble, semblable à celle des statues priantes. Pourquoi la statue placée autrefois dans l'église de Mont-Roland n'avait-elle pas cette attitude? — Roland se trouvait dans le martyrologe d'Usuard, quelques contrées l'ont vénéré comme un saint (1). Son attitude n'a pas besoin d'autre explication. Plus tard, dans le sanctuaire de 1719, le concile de Trente ayant déclaré que l'on ne devait honorer que les saints dont le nom était au martyrologe romain, la statue de Roland fut mise à l'écart, au-dessus de la sacristie. Elle ne fut point replacée sur sa base en forme d'autel. Pour la statue de Jean de Vienne cette explication ne serait pas possible. Jean de Vienne n'a nulle part été vénéré comme un saint.

Un seigneur prend le nom du territoire sur lequel il exerce ses droits seigneuriaux. Il n'appartient qu'à un homme célèbre de laisser son nom à une montagne, à un monument. — Le peuple, frappé de la gloire de Jean de Vienne, aurait pu donner son nom à Mont-Roland. Mais aurait-on vu par hasard, quelque part, le nom d'un homme illustre

---

(1) « Roland a été honoré comme un saint dans cette
« province, comme Olivier qui commandait avec lui
« l'arrière-garde à Roncevaux. Leurs noms se lisent encore dans les calendriers imprimés en ce pays : celui
« d'Olivier le 16, et celui de Roland le 17 juin. (Notes manuscrites fort savantes, sans nom d'auteur.)

donné à quelque lieu, même avant sa naissance ? Jean de Vienne aurait-il seul un tel honneur ? Et, si l'on veut à tout prix écarter le souvenir de Roland, ne faudra-t-il pas faire subir au brave amiral, bien malgré lui, l'honneur d'avoir donné son nom à la sainte montagne, même avant qu'il fût né ? Il le faudra bien. Lorsque nous aurons en main non plus seulement les cartulaires de la bibliothèque de Dôle, mais les parchemins, les vieux titres de fondations, conservés aux archives du Jura, il nous sera bien facile de lui prouver que, même avant sa naissance, à cause de sa célébrité, future, la sainte montagne portait déjà son nom.

Ce n'est pas tout d'un coup qu'un changement de dénomination s'opère et passe même dans les actes publics. — Cependant en 1324, soixante et douze ans avant que Jean de Vienne périt glorieusement à la bataille de Nicopolis, Jeanne reine de France et de Navarre, « portée de dévotion envers la sainte Vierge qu'on vénère en la chapelle de *Mont-Roland,* » comme le diront les vieux actes, fonde trois messes qui devront être chantées chaque semaine. — Si Roland est le nom du célèbre amiral ; c'est clair, il est bien obligé de subir un honneur inouï.

Nous pourrions parcourir encore ces précieux parchemins ; mais à quoi bon ?

Si au commencement du quinzième siècle on a érigé une statue à Jean de Vienne, dans l'église de Mont-Roland, si ce digne amiral a pu tenir en sa main le modèle du monastère gardien de la Vierge, si au moins les sires de Vienne, de temps immémorial, ont été regardés comme les fondateurs de Mont-Roland, Philippe le Bon, duc de Bourgogne, ceux qui l'entourent, doivent le savoir. Dijon, résidence du duc, n'est pas à mille lieues de Dôle. La population doloise, les sires de Vienne ont vu élever cette statue, ils ne doivent pas ignorer pourquoi Jean de Vienne tient en sa main le modèle du monastère de Mont-Roland. En 1440 tous ces faits sont des faits publics et récents. — Comment se fait-il alors qu'à cette époque Philippe le Bon, faisant droit à une requête qui concerne la chapelle de Mont-Roland, affirme que le monastère de Mont-Roland a été fondé « *depuis longtemps par feu Roland, jadis pair de France.* »

Philippe le Bon est donc tombé dans l'enfance ? et ceux qui, sans doute sous ses ordres, rédigent, expédient cet acte, sont d'une ignorance phénoménale.

L'arrêt de Philippe le Bon, lorsqu'il affirme la fondation faite par Roland, rapporte, comme il est dit, « *l'humble supplication* » de Jean de Coigney prieur de Jouhe, et les conseillers du duc ne saisissent pas cette occasion de relever l'imposture de l'un de ces pauvres moines que l'on aime tant à trouver en défaut ! — Les sires de Vienne restent muets! Personne à Dôle, dans cette ville si célèbre par la culture des lettres et des sciences, personne dans les environs ne fait la moindre réclamation!

Non ! ce n'est pas possible ! — La statue et la fondation sont de Roland et non de Jean de Vienne.

Jean de Coigney, prieur de 1400 à 1450, aurait vu élever la statue de Jean de Vienne ; il n'aurait pas pu au moins manquer d'avoir connaissance de ce fait. Eût-il été capable d'une imposture, il ne se serait pas exposé à un démenti public.

Mais enfin ces pauvres moines auraient donc perdu de vue la notion la plus vulgaire de la reconnaissance et oublié leur propre intérêt ? Ils ont à leur porte une famille qui les protége, qui, dit-on, a fondé leur monastère, et ils lui font l'outrage de la méconnaître ! Non ! ce n'est pas possible ! et Simplicien a raison de se plaindre, il a raison lorsqu'il dit : « La première fondation vient de Roland ; jamais on n'a parlé d'autre fondateur ; et, s'il y en avait eu quelque autre, l'apparence que les religieux l'eussent oublié si lâchement, et que par leur ingratitude et stupidité les siècles suivants en eussent ignoré le nom même ! »

Roland a combattu en Italie avec Olivier de Vienne. Si l'on avait fait attention à cette circonstance, son union avec la sœur d'Olivier, sa présence, au dire des anciens, dans la maison qui a été possédée depuis par les sires de Vienne et où Jean de Vienne est né, n'auraient pas été traitées si légèrement, et l'on aurait vu dans le titre de seigneurs de Mont-Roland, que prenaient, dit-on, les sires de Vienne, une espèce de succession du preux Roland. On aurait compris que cette famille avait dû s'affectionner à l'œuvre de Roland et ambitionner une chapelle en l'église de Notre-Dame. Quel que soit le sens de ce mot chapelle, l'église de Mont-Roland n'était pas la chapelle des sires de Vienne.

Le mot chapelle a plusieurs acceptions. On désigne assez souvent par ce mot un bénéfice qui impose à celui qui le possède l'obligation de dire tous les jours la messe dans un oratoire ou sanctuaire indiqué. Créer ce bénéfice, en donnant les fonds nécessaires pour cela, c'est fonder une chapelle. Dans ce sens, pour fonder une ou plusieurs chapelles à Mond-Roland et y avoir un ou plusieurs chapelains, il suffisait de créer un revenu capable de fournir à l'entretien d'un ou de plusieurs chapelains obligés de dire tous les jours la messe, selon l'intention du fondateur, à un autel indiqué. — Jean de Châlons, le 15 mars 1405, comme on le voit aux archives du Jura, donne les fonds nécessaires pour faire célébrer chaque semaine une messe pour le repos de l'âme de monseigneur Hugues de Châlons, jusqu'à ce que l'on ait trouvé une rente de 300 francs pour *une chapelle* en l'église de Mont-Roland. — Le 1ᵉʳ février 1353, Marguerite, fille du roi de France, fonde une chapelle à Mont-Roland, comme on le voit aux archives du Jura, et charge le prieur de Jouhe de lui trouver un chapelain qui dira chaque jour la messe, à son intention, au grand autel de l'église de Mont-Roland. — Personne sans doute ne prétendra que l'église de Mont-Roland était la chapelle de la fille du roi de France ou de Jean de Châlons.

Et maintenant, que nous reste-t-il à faire ? A remercier Dieu de nous avoir donné, en la personne de Roland, un si beau, un si touchant exemple, à marcher sur les traces du héros chrétien, à imiter sa tendresse pour Notre-Dame.

Les anciens disent, comme le rapporte l'auteur des Mémoires, que Roland ayant épousé la fille de Régnier de Vienne, comte de Bourgogne, et sœur d'Olivier, pair de France, avait une maison en la rue de Mont-Roland, et qu'il posséda la tour qui servait au seizième siècle à assembler le conseil de la ville de Dôle. Quelques notes trouvées dans les archives du Jura nous apprennent de plus que Roland, après la mort de Carloman, fut choisi par Charlemagne pour gouverner la Franche-Comté, et qu'il fixa son siége à Dôle (1).

S'il en est ainsi, comme tout porte à le croire, il visita souvent Notre-Dame. Nous-mêmes nous irons souvent offrir nos très-affectueux hommages à Notre-Dame de Mont-Roland. Si nous lui sommes fidèles pendant la vie, elle ne nous abandonnera pas au moment de la mort.

(1) Ce fait sans doute n'est pas incontestable : ce petit ouvrage le donne tel qu'il l'a trouvé.

CHAPITRE VI

NOTRE-DAME DU HUITIÈME AU DOUZIÈME SIÈCLE. — LES BÉNÉDICTINS A MONT-ROLAND.

Saint Benoît, d'une noble extraction, reçut à Rome l'éducation qui convenait à sa naissance. — Pour se donner entièrement à Jésus-Christ, il s'enfonça dans une profonde caverne à *Sublac*, et y passa trois ans, connu seulement d'un religieux qui lui fournissait ce qui était nécessaire à la vie. Un jour que l'ennemi du salut s'efforçait de lui faire sentir les atteintes du feu impur, il se roula dans les épines et se déchira lui-même jusqu'à ce que la tentation eût été vaincue par la douleur. — L'odeur de ses vertus s'étant répandue au loin, il ne put se refuser à ceux qui venaient chercher auprès de lui des leçons de sainteté. Il bâtit pour eux douze monastères, leur donna une règle, et se retira au Mont-Cassin. Il y brisa la statue d'Apollon, renversa son autel, brûla les bois sacrés, et convertit au Christianisme les habitants de cette contrée. — Il avait une sœur nommée Scholastique, et consacrée à Dieu dès sa plus tendre enfance. L'Église l'a aussi placée sur ses autels. Quel que fût son amour pour la retraite, saint Benoît la recevait chaque année près du monastère qu'il dirigeait. Un jour elle vint le voir selon sa coutume, et le saint homme, accompagné de quelques-uns de ses disciples, passa toute la journée à louer Dieu et à se livrer avec elle à de pieux entretiens. Sainte Scholastique, que ses discours avaient charmée, le pria de continuer à s'entretenir avec elle des joies de la vie céleste. Comme le saint le lui refusait, elle baissa la tête, la mit entre ses mains pour obtenir de Dieu ce qu'elle regardait comme une faveur. Sa prière était à peine achevée que le temps, jusque-là parfaitement serein, changea subitement. Des torrents de pluie contraignirent le saint à rester près d'elle. C'était pour la dernière fois qu'elle venait le visiter. Trois jours après, il la vit sous la forme d'une colombe s'envoler vers le ciel.

Tel fut saint Benoît revêtu par Dieu lui-même de l'esprit de prophétie et des dons les plus admirables. Tel fut, en quelque sorte, le père de la vie monastique en Occident, et le fondateur des religieux qui portent son nom : des Bénédictins.

Les Bénédictins se livraient à l'étude, au travail des mains, à la contemplation, aux austérités de la pénitence. Ils ont défriché le sol de l'Europe, donné la plus vive impulsion à la civilisation moderne, nous ont conservé les monuments de la science profane elle-même et nous ont légué une multitude innombrable de livres qu'ils ont reproduits ou composés. — Après une existence de plus de douze siècles et des vicissitudes sans nombre, ils accomplissent encore de nos jours leur sainte mission et combattent pour la cause de la religion et de la civilisation.

Ils furent les gardiens de Notre-Dame. — Roland les plaça près de son sanctuaire. Leur tendresse pour la Mère de Dieu les rendait dignes de cet honneur.

Des notes trouvées aux archives du Jura affirment que ces premiers religieux furent tirés de l'abbaye de Luxeuil. Ce fut à cette époque que les vêtements noirs devinrent leur habit ordinaire. Cette couleur de leur costume les fit appeler moines noirs.

Longtemps ils endurèrent plus d'une privation sur le sommet du Mont-Roland. Le sol était stérile et ils ne pouvaient plus suffire au travail nécessaire pour le rendre assez productif. Il fallait aller chercher au loin l'eau nécessaire à la communauté (1).

Cet état de choses leur fit désirer un changement qui adoucît un peu leur position, sans ôter à Notre-Dame sa garde d'honneur, et sans ravir aux nombreux pèlerins de Mont-Roland le secours spirituel qu'ils trouvaient dans une maison de religieux toujours prêts à leur faire entendre la parole de Dieu

---

(1) « Il est à présumer que les privations auxquelles ils « furent soumis provinrent de la cessation de la culture « des fonds de ladite montagne. Les miracles continuels « qui se faisaient en leur église ayant attiré les peuples de « toutes parts, ils furent obligés, à cause du grand abord « des fidèles en ce saint lieu, de vaquer plus exactement « aux confessions, à la prédication, et à un service plus « régulier et plus solennel, et ne purent continuer avec « assez d'assiduité le travail des mains. » (Notes trouvées aux archives du Jura.)

et à leur administrer le sacrement de pénitence.

Au pied de la sainte montagne, à Jouhe, se trouvaient de belles sources et une terre plus fertile. — Si le monastère avait pu être transporté en ce lieu, il eût été facile de laisser quelques religieux à Mont-Roland pour le service ordinaire du sanctuaire de Notre-Dame, et d'en envoyer un plus grand nombre aux jours de grand concours; mais une seconde fondation était nécessaire pour un tel arrangement.

Dieu, pour accomplir cette œuvre, suscita Béatrix, comtesse de Bourgogne. — Roland, le premier fondateur du monastère de Notre-Dame, avait soutenu, les armes à la main, la cause du Souverain Pontife. Béatrix ne montra pas moins de zèle pour le successeur de saint Pierre. Devenue épouse de l'empereur Frédéric Barberousse, elle le détermina à se réconcilier avec le Saint-Siége. — Les bonnes œuvres et le soin de fonder des maisons religieuses étaient, en ces temps de foi, comme un des priviléges attachés à une haute naissance. Roland avait usé de ce privilége et suivi l'exemple de Charlemagne et de l'impératrice Hildegarde sa tante, lorsqu'il avait placé près de Notre-Dame les enfants de saint Benoît. Béatrix marcha sur les traces de son père, de Rainaud III, comte de Bourgogne, lorsqu'elle entreprit de fonder en quelque sorte de nouveau le monastère des gardiens de Notre-Dame.

Elle possédait la baronnie et terre de Jouhe. Les

archives du Jura nous apprennent qu'elle en disposa en faveur des Bénédictins de Mont-Roland, se préparant ainsi une couronne infiniment plus précieuse que la couronne impériale qu'elle portait déjà à cette époque. Aux yeux de la foi, un des plus beaux titres de l'impératrice Béatrix, c'est celui de fondatrice du prieuré de Jouhe (1).

Mais ce titre de fondatrice lui appartient-il vraiment ?

Le titre de fondateur ou de fondatrice n'est pas donné seulement à ceux qui forment un premier établissement, mais encore à ceux qui font à un établissement ancien des largesses si considérables, que cet établissement reçoive comme une vie nouvelle. — Dans l'arrêt rendu en 1440 par Philippe le-Bon et relatif à Mont-Roland, il est dit que « la chapelle et église de Mont-Roland a été fondée par Roland, » quoique cette Église ait existé avant lui et que saint Martin l'ait dédiée. — De même en 1634, comme on peut le voir aux archives du Jura, dame Claude-Françoise de Santans, épouse de messire Claude-François Lullier, conseiller au parlement de Dôle, contribue par ses largesses à l'in-

---

(1) Pour cette fondation elle donna aux religieux de Mont-Roland, une maison à Jouhe, et des dépendances de seize arpents. Elle leur assigna de plus des rentes dans la châtellenie de Dôle et leur conféra droit de haute justice. Le Dictionnaire historique et les archives du Jura nous fournissent tous ces détails. Voyez une note sur Béatrix.

troduction de la réforme dans la maison des Bénédictins à Mont-Roland, à la condition expresse qu'elle aura le titre de fondatrice et les privilèges dont jouissent ordinairement et doivent jouir les fondateurs d'une maison religieuse.

Ce fut de la même manière que Béatrix acquit le titre de fondatrice du prieuré de Jouhe. — Même avant la naissance de cette princesse, ce prieuré existait. De 1089 à 1153 une série d'actes authentiques en font mention, et la donation faite par Béatrix n'eut pas lieu avant 1156. Mais ses largesses en faveur des Bénédictins de Mont-Roland donnèrent au prieuré une vie nouvelle. Les religieux de Notre-Dame unis aux Bénédictins de Jouhe purent avec ce secours bâtir une nouvelle église, un nouveau monastère ; et Béatrix eut droit au titre de fondatrice.

Les fondateurs d'une maison religieuse jouissaient du privilège d'avoir leur sépulture dans l'église des religieux dont ils avaient favorisé l'établissement. Ce droit est formellement exprimé dans l'acte de fondation de madame Lullier ; — Béatrix avait le même droit ; mais elle mourut à Spire, en 1185, après avoir donné à l'empereur Frédéric une postérité nombreuse, et fut inhumée dans cette ville.

Une partie de son corps fut-elle transportée à Jouhe? voulut-elle que son cœur fût au milieu des religieux qu'elle avait protégés? Nul ne saurait le dire avec certitude; mais il est certain qu'elle eut au moins à Jouhe un de ces monuments que la reconnaissance élève à d'insignes bienfaiteurs. La forme et l'inscription de cette sorte de monuments ne diffèrent en rien de celles du tombeau sous lequel le corps de ceux qu'on a perdus repose véritablement.

L'existence de ce monument est prouvée par un récit, conservé aux archives du Jura. Ce récit nous a été laissé par Dom Fraichot, religieux de Mont-Roland.

« Les religieux, dit-il, qui habitaient le monas-
« tère de Jouhe en l'année 1585, interrogés sur le
« fait dont il s'agit par les gens du roi du parlement
« de Dôle, à l'occasion d'une visite juridique faite
« au prieuré, répondirent que l'église et les bâti-
« ments réguliers ayant été consumés par un in-
« cendie arrivé sur la fin du quatorzième siècle,
« dans les incursions faites par les Anglais dans
« toute la France et en particulier dans le comté
« de Bourgogne, le mausolée de Béatrix fut enve-
« loppé dans cette ruine. — Le peu qui en resta,
« dirent-ils, fut transporté dans le préau du cloître
« et ne put tenir contre les rigueurs du temps qui
« achevèrent de le détruire. — L'un de ces reli-
« gieux, Catherin Mairot, déclara de plus qu'il avait
« vu lui-même ces restes avant leur totale destruc-
« tion. »

A la fin du quatorzième siècle, peu de temps après l'invasion des Anglais, messire Jean de Neuchâtel, cardinal et prieur de Jouhe, entreprit le promier la réparation de l'église et fit entièrement reconstruire le sanctuaire. Il fit aussi construire la chapelle de la sainte Vierge et celle de Saint-Antoine. Pour conserver le souvenir du monument élevé à Béatrix, il suppléa au mausolée de pierre par une peinture et une inscription. Les figures qui composaient ce mausolée furent représentées sur du plâtre très-blanc. Dom Fraichot, de qui nous tenons encore ce récit, ajoute qu'il a vu lui-même quelques restes de cette peinture du côté de l'Évangile, sur la muraille de la chapelle de la sainte Vierge et que tout a disparu en 1683, lorsqu'on a fait reblanchir l'église.

La lettre à M. Léon Dusillet, imprimée à Dôle en 1816, parle de la tombe moderne que l'on voit encore à Jouhe et qui rappelle Béatrix. La lettre ajoute que cette tombe est une imposture, dont le temps a fait justice. — Si l'auteur, du reste si digne de respect, d'affection, et même de reconnaissance, puisqu'il nous a ouvert avec tant d'empressement tous les trésors de la bibliothèque de Dôle, si l'auteur, dis-je, avait parcouru avec nous nos précieuses archives, il aurait retranché ce passage. Il aurait jugé qu'une imposture était impossible. Cette tombe en effet n'est une imposture qu'autant qu'on a voulu la faire passer pour ancienne. Mais, pour faire ajouter foi à l'antiquité de ce tombeau, il aurait au moins fallu détruire tous les exemplaires de l'histoire de Dom Simplicien et en effacer complétement le souvenir ; car Simplicien affirme qu'aucune tombe de ce genre n'existait à Jouhe de son temps, en 1651. — Le style, l'orthographe, la forme des lettres, tout est moderne dans l'inscription dont il s'agit ; car cette tombe est une simple inscription. Pour accréditer une imposture, il aurait au moins fallu donner à cette inscription quelque air d'antiquité, et des Bénédictins avaient assez de savoir pour y réussir, s'ils avaient pu le vouloir.

Si l'auteur de la lettre à M. Dusillet avait bien considéré toutes ces impossibilités, il aurait compris sans peine que l'inscription moderne était tout simplement destinée à rappeler un monument ancien qui a réellement existé et a disparu sous des ruines.

Le même auteur ajoute que l'acte de la fondation de Jouhe par Béatrix ne se trouve pas dans les cartulaires de la bibliothèque de Dôle (1), et il faut ajouter de plus que ces cartulaires ne font aucune mention de la fondation de ce prieuré. — On peut bien conclure de l'absence de cet acte, ou qu'il était perdu, lorsque les Bénédictins ont rédigé le cartulaire dont il s'agit ; ou qu'il se trouvait dans un autre cartulaire qui a péri, comme tant d'autres monuments, sous la main des vandales de nos derniers siècles. Mais on ne peut pas en conclure que Béatrix n'a pas fondé le prieuré de Jouhe ; car il faudrait conclure aussi de l'absence

(1) C'est au moins le sens d'un passage de la lettre, p. 2.

de tout acte de ce genre que ce prieuré n'a été fondé par personne.

Béatrix possède donc à bon droit le titre de fondatrice du prieuré de Jouhe. La tradition le lui a donné. Simplicien et tant d'autres n'ont fait que nous transmettre ce qui a toujours été affirmé.

Cette tradition se trouve confirmée par quelques traits de l'histoire de Frédéric lui-même. Frédéric obtint la couronne impériale en 1152 et par son union avec Béatrix il réunit le comté de Bourgogne à ses États. Le château bâti à Dôle par les comtes de Bourgogne lui paraissant peu digne d'un empereur, il en fit construire un nouveau de toute beauté, *palatium miræ amplitudinis*. Il séjourna à Dôle, et Béatrix deux ans avant sa mort avait encore fait un séjour dans ses anciens États. Or Dunod et l'auteur des Mémoires des Bourguignons de Franche-Comté nous apprennent que Frédéric, lorsqu'il séjournait en Bourgogne, s'occupait avec Béatrix son épouse à faire du bien aux monastères, et cette bonne œuvre ne fut pas sans doute la seule à laquelle il se livra. — Dom Fraichot de son côté ne tarissait pas lorsqu'il parlait des libéralités de Béatrix.

Que de tels exemples ne soient pas perdus pour nous. Béatrix trouva sans doute aux pieds de Notre-Dame cette générosité que nous devons admirer. Nous n'oublierons pas nous-mêmes que le véritable amour de Notre-Dame a les bonnes œuvres pour compagnes. Dans les pauvres nous aimerons les enfants de Marie notre mère, et nous saurons au moins compatir à leurs souffrances, si nous ne pouvons les adoucir par l'aumône.

CHAPITRE VII

CHRONIQUE DE MONT-ROLAND OU RÉSUMÉ DE L'HISTOIRE DE NOTRE-DAME PENDANT LES DOUZE PREMIERS SIÈCLES DE L'ÈRE CHRÉTIENNE.

Une pièce qui a pour titre *Chronique ou origine de Mont-Roland* se trouve assez souvent reproduite dans les archives du Jura. Le soin que l'on a pris d'en faire de nombreuses copies prouve le prix que l'on y a toujours attaché. Cette pièce était gardée à la Chambre des Comptes de la ville de Dôle.

Si les archives de Mont-Roland et de Jouhe, quoique très-riches, ne nous fournissent pas toutes les richesses que nous voudrions y trouver, nous ne devons pas en être surpris. Les incursions des Normands au neuvième siècle, des Anglais au quatorzième, la fureur des Suédois en 1636, l'incendie des églises et des bâtiments réguliers de Jouhe et de Mont-Roland, nous expliquent l'absence d'actes, de titres que nous voudrions retrouver. — La chronique dont il s'agit nous tiendra lieu de toutes ces pièces et sera comme une nouvelle preuve de tous les faits que nous avons eus sous les yeux.

4

On lisait cette chronique dans un tableau qui a été exposé pendant plusieurs siècles dans l'église de Mont-Roland et qui subsistait encore en 1585. — « Selon toute apparence, nous dit Dom Fraichot, « les anciens religieux avaient voulu suppléer par « cet écrit aux titres de la fondation des monas- « tères de Mont-Roland et de Jouhe, qui avaient « été incendiés avec les églises et les lieux régu- « liers. »

On remarque quelques légères différences dans les copies de ce manuscrit. Nous nous attacherons à celle de Simplicien Gody. Elle a été tirée de la Chambre des Comptes de Dôle, et lui a été remise par M. de Broissia, procureur général pour Sa Majesté catholique.

Cette copie cependant est celle qui présente le plus grand nombre de fautes, ce qui ne doit pas étonner. « Chaque nouveau copiste était exposé à « en commettre de nouvelles et ne croyait pas « avoir le droit de corriger celles qu'il recon- « naissait avoir été commises par ses prédéces- « seurs (1). »

En reproduisant cette pièce, on peut faire disparaître quelques tournures et quelques expressions trop anciennes; mais à condition que le sens ne sera pas changé et que les erreurs de ceux qui ont copié seront conservées.

Il n'est cependant pas nécessaire de les multi-

(1) Notes fort judicieuses, mais sans nom d'auteur.

plier. Cette chronique, par exemple, affirme que les Bénédictins placés par Roland sur la sainte montagne furent *des* premiers qui s'établirent en Bourgogne, et toutes les copies disent qu'ils furent *des* premiers. Quelques critiques ont lu qu'ils furent *les* premiers et ont relevé ces paroles comme contraires à la vérité. Ils nous ont ainsi prouvé que des copistes peuvent errer, puisque des critiques eux-mêmes se trompent en lisant de vieux écrits.

La copie tirée de la Chambre des Comptes dit que, après la fondation de Roland, nul changement ne survint au prieuré pendant cent ans environ, et semble indiquer ainsi que Béatrix le fonda de nouveau après cent ans environ, ce qui serait loin d'être exact. — La chronique, au contraire, comme le montre une ancienne copie, ne voulant pas fixer l'espace qui s'écoula entre ces deux fondations, s'était contentée de dire que pendant *cent ans et plus*... rien n'avait été changé au monastère de Mont-Roland. Ces expressions fort usitées dans les vieilles chroniques n'affirmeront rien de faux, quoique plusieurs siècles séparent Roland de Béatrix. Il convient de les rétablir.

A cela près nous allons lire la copie tirée de la Chambre des Comptes avec toutes les fautes qui s'y sont glissées.

La voici :

« Comme on le trouve dans les écritures et dits
« des anciens, la chapelle de Mont-Roland, peu de
« temps après la résurrection de Notre-Seigneur

« Jésus-Christ, fut fondée et édifiée en l'honneur
« du Sauveur Jésus-Christ et de la glorieuse Vierge
« sa Mère par des gens du pays, dont on ne se rap-
« pelle pas les noms. Elle demeura longtemps en
« cet état. Il y avait alors peu d'églises en Bour-
« gogne.

« L'an de Notre-Seigneur CCCC et XXX (430),
« saint Martin alla à Rome où il fut nommé évêque
« de Tours en Touraine et légat du Saint-Siége.
« Lorsqu'il se rendait de Rome à Tours, il passa
« par la Bourgogne et arriva à Mont-Roland, qui
« avait alors un autre nom dont on ne se souvient
« plus. En sa qualité de légat du Saint-Père, il y
« dédia et bénit ladite chapelle en l'honneur de
« Notre-Seigneur Jésus-Christ et de sa glorieuse
« Mère. — Elle fut longtemps simple chapelle,
« quoique, depuis qu'elle eût été dédiée par saint
« Martin, il y eût grand pèlerinage et grand con-
« cours à cause des miracles qui s'y faisaient et s'y
« font encore chaque jour.

« Puis, l'an de Notre-Seigneur VIICX (710), Ro-
« land le preux, allant de France à Rome, et mû
« de dévotion, vint en ladite chapelle, par amour
« des beaux miracles qui s'y opéraient et aussi
« parce que le glorieux saint Martin l'avait dédiée.
« Touché de tout ce qu'il voyait dans cette cha-
« pelle, le noble et preux chevalier y fonda un
« prieuré de moines noirs et le renta suffisam-
« ment. Ils furent des premiers moines noirs qui
« s'établirent en Bourgogne. — Ils demeurèrent en

« icelle chapelle l'espace de cent ans et plus. Leurs
« maisons étaient au plus haut de la montagne,
« près de ladite chapelle. — Par honneur et révé-
« rence, en signe et mémoire perpétuelle de noble
« Roland qui fonda ce prieuré, on appelle ce lieu
« Mont-Roland, et on ne lui donne plus son an-
« cien nom, dont personne ne se souvient plus.

« Mais parce que le prieur et les religieux ne
« pouvaient que difficilement se procurer les choses
« nécessaires, comme eau, bois, farine, etc. (ce
« qui arrive encore maintenant), et que les pèle-
« rins et passants leur consommaient les provi-
« sions qu'ils avaient beaucoup de peine à amas-
« ser, détournés qu'ils étaient du travail des mains
« leur ressource ordinaire (1), ils se déterminèrent
« à recourir à dame Béatrix, comtesse de Bourgo-
« gne, femme de Lothaire, empereur.

« Cette dame, qui menait une bonne et sainte
« vie... accueillit avec empressement leurs sup-
« plications et requêtes, et, mue de dévotion, du
« consentement de Lothaire, son mari, transféra
« ledit prieuré à Jouhe, lieu plus fertile et plus
« à la convenance desdits religieux. — Elle y fit
« bâtir ledit prieuré, donna sa maison, tous les
« biens et revenus qu'elle avait à Jouhe, retenant
« seulement pour elle et ses héritiers, comtes et
« comtesses de Bourgogne, les droits de souverai-

---

(1) Ce sens nous est fourni par des notes trouvées aux archives du Jura.

4.

« neté. — Elle construisit à ses dépens l'église et
« les bâtiments réguliers du prieuré, et le prieur
« et les religieux vinrent y demeurer et servir Dieu,
« comme eux et leurs successeurs l'ont fait jusqu'à
« ce jour. »

« Quand tout fut fait, cette dame, voyant le beau
« service divin que ces religieux faisaient audit
« prieuré, ordonna sa sépulture en ladite église,
« en la chapelle Notre-Dame, laquelle est à l'en-
« droit où l'on dit l'Évangile, du côté du grand
« autel; en laquelle place le corps d'icelle noble
« dame repose. Que son âme soit au royaume du
« Paradis. Amen. ».

Trois fautes se sont glissées dans cette copie. —
La première place la venue de saint Martin cinquante ans trop tard. Comme cette date est en chiffres romains, on comprend sans peine que le caractère qui représente cinquante, se trouvant mal
fait, quelque copiste ait pu lire cent au lieu de cinquante. — Une autre date, celle de la visite de Roland, n'est pas exacte, et Simplicien nous fait remarquer, avec raison, qu'en des écrits copiés il
n'est pas de fautes plus faciles à commettre que
celles qui se rapportent à des chiffres. — Enfin, le
nom de Lothaire est substitué à celui de Frédéric ;
mais, ajoute Dom Simplicien Gody, « il ne serait
« presque point d'histoire recevable, si on devait
« répudier un écrit aussitôt qu'on y trouve quel-
« que fait accessoire ou quelque parole qui n'aura
« pas été bien pesée au trébuchet de la vérité. »

« Ces erreurs cependant ont fourni texte pour
« traiter fort durement la chronique de Mont-
« Roland. L'auteur de l'article Dom Gody, dans la
« Biographie universelle, va jusqu'à l'appeler *un
« titre évidemment fabriqué dans ces temps d'ignorance.*
« Ce qu'il y a de plus évident dans cette critique,
« c'est le mauvais ton. — Que les personnes qui
« n'ont jamais lu de vieux titres s'étonnent quand
« elles trouvent de telles irrégularités, c'est une
« chose toute simple; mais ce qui surprend, à bon
« droit, c'est que ceux qui en ont lu seulement
« quelques-uns, et qui ont eu occasion de compa-
« rer entre elles des copies diverses de la même
« pièce, n'aient pas appris par leur expérience à
« faire la part du rédacteur et celle du copiste (1). »

Hugues de Châlon, par exemple, assigne une rente pour fournir l'huile qui doit brûler devant l'image de Notre-Dame de Mont-Roland. Personne ne doute de ce fait. Cependant M. Jeannez donne pour date à ce fait le 17 janvier 1379, et l'auteur de la lettre à M. Dusillet l'indique sous la date du 17 janvier 1370. Tous deux avaient en mains des pièces, des actes écrits; mais une de ces pièces au moins était une copie : cela suffit amplement pour expliquer ces deux dates. — La bibliothèque de Dôle possède deux copies qui consignent cet acte de libéralité de Hugues de Châlon et ces deux copies ont une date différente; et ce qu'il y a de

---

(1) Notes sans nom d'auteur.

plus curieux, c'est que l'une d'elles porte pour date 1300 : Hugues de Châlon n'était pas né. — Voilà bien des erreurs de copistes qui certainement ne feront pas rejeter le fait principal.

Ces explications nous disent assez que quelques erreurs du même genre laissent subsister les faits principaux rapportés par la chronique de Mont-Roland.

Empruntons maintenant à Don Fraichot quelques raisons qui donnent à cette chronique une grande autorité. — « Ce monument, dit-il, est res-
« pectable, et on peut aisément apaiser les doutes
« qu'on a formés sur son authenticité, en faisant
« attention au lieu où il a été trouvé et d'où on l'a
« tiré, à la qualité de ceux qui l'ont communiqué,
« au sujet qu'ils ont eu d'en faire usage, à la cir-
« constance du temps où il a paru, à l'estime qu'on
« en a fait. » — 1° Par rapport au lieu où il a été trouvé, Dom Fraichot nous fait remarquer qu'il a été exposé pendant plusieurs siècles dans l'église de Mont-Roland, et qu'il subsistait encore en 1585. Il fallait bien compter sur la vérité des faits principaux qu'il relatait pour l'exposer ainsi publiquement. Sans cette assurance, c'eût été faire preuve d'une hardiesse et d'une témérité insupportable et vouloir en imposer à la crédulité humaine : Dom Fraichot le dit avec raison. Si on avait pu convaincre ce monument d'être contraire à la vérité sur des points essentiels, il ne serait pas resté si longtemps en cette église. — 2° Par rap-

port aux personnes qui l'ont communiqué, « ce « sont les gens du Roi. Ils dressèrent un procès-« verbal en date du 14 juillet de l'année 1585, en « rapportant mot pour mot cette chronique, telle « qu'on la lisait dans un tableau de l'église de « Mont-Roland. Ces gens du Roi étaient maître « Anatole Galiot, avocat général du parlement de « Dôle, et conseiller; messire Henri Camus, aussi « conseiller et procureur général de ladite cour. « Ils avaient été députés et choisis commissaires « pour faire la visite du prieuré de Jouhe et de l'é-« glise de Mont-Roland. Ayant vu et lu ce tableau, « ils en firent faire le transumpt authentique par « Nicolas Toitot, clerc juré, appelé pour scribe, et « mirent cette copie parmi les papiers de la Cham-« bre des Comptes. » — 3° Par rapport au sujet que les gens du roi avaient d'en faire usage, Dom Fratchot ajoute : « Ils étaient envoyés pour reconnaître le droit qu'avait le roi d'Espagne de nomination audit prieuré. Il était donc de leur honneur et de leur exactitude d'examiner l'origine de ce bénéfice et de ne rien rapporter qui n'eût un fondement solide. » — 4° Comme le fait remarquer encore Dom Fratchot, ce monument a dû être exposé en l'église de Mont-Roland au treizième siècle, voisi du douzième et de la fondation faite par Béatrix. Si ce dernier fait n'avait pas été exact, il eût été bien facile à cette époque d'en relever la fausseté. — 5° Enfin le R. P. Dom Alphonse Doresmieux, abbé de Faverney, en fit grand cas et l'inséra comme une pièce hors d'atteinte, dans le procès-verbal qu'il rédigea en 1629.

Nous jugerons nous-mêmes qu'elle est en effet hors d'atteinte et nous considérerons encore la charité que Notre-Dame inspire. Les religieux de Notre-Dame avaient exercé l'hospitalité avec tant de générosité, qu'ils s'étaient ruinés, comme nous l'apprend la chronique de Mont-Roland.

CHAPITRE VIII

NOTRE-DAME DE MONT-ROLAND DE 1302 A 6106.

Cette époque va mettre sous nos yeux le plus ravissant spectacle. Les dons offerts à Notre-Dame, de nombreuses fondations, de longues processions venues d'endroits éloignés, nous feront comprendre un peu la tendresse dont Notre-Dame était l'objet. — Groupons une multitude de faits, nous pourrons ensuite étudier quelques-uns des détails d'un si beau tableau.

M. Roussel, dans son Dictionnaire historique, jette un regard sur l'ensemble de ce tableau. « Le « pèlerinage de Mont-Roland, nous dit-il, fut pen-« dant tout le cours du moyen âge le plus célèbre « de la province. Les souverains du pays, les plus « grands seigneurs venaient souvent s'incliner de-« vant la Madone. On parlait chaque jour de nou-

« veaux miracles opérés par son intercession.
« Jeanne de France, Marguerite de France, Phi-
« lippe le Hardi, Philippe le Bon, les princes des
« maisons de Châlon et de Vienne, ornaient la
« chapelle des plus riches offrandes, y fondaient
« des messes quotidiennes hautes et basses, leurs
« anniversaires et des offices particuliers. Des
« guerriers célèbres, des magistrats illustres, des
« prélats distingués, tels que Hugues de Châlon,
« Guyot de Doubs, Guillaume d'Estrabonne, Jean
« d'Occors, chevalier, seigneur de Chay, le pré-
« sident Lullier, élisaient leurs sépultures dans
« cette chapelle, et ordonnaient à leurs héritiers
« d'ériger sur leurs tombes de magnifiques mau-
« solées en marbre sur lesquels ils devaient être
« représentés. Les pèlerinages se succédaient sans
« interruption. Les villes, les corps ecclésiatiques
« et judiciaires venaient à chaque instant deman-
« der à la Vierge la préservation des calamités qui
« les menaçaient. Les voûtes du temple étaient
« décorées de drapeaux de guerre, de cornettes, de
« bannières. Les murs étaient tapissés de tableaux
« sur bois, sur toile, sur tissus, en paille, représen-
« tant des guérisons miraculeuses. On voyait sus-
« pendus de toutes parts des armes, des lances, des
« chaînes de prisonniers, des bougies longues
« comme des enceintes de villes (1), des personnages

(1) Dôle, Dijon, Saint-Jean-de-Losne, Auxonne, Seurre ou Bellegarde étaient ainsi représentées à Mont-Roland.

« en cire, des bras, des jambes, des têtes, des cœurs
« en or ou en argent. Des lampes ardentes, conti-
« nuellement allumées, inondaient la nef de lu-
« mière. Les chapelles particulières, surtout celle
« de la maison de Châlon, étaient éblouissantes.
« L'or brillait partout sur un fond d'azur. Des
« reliques précieuses, rapportées de Rome, d'Espa-
« gne ou de la Palestine y recevaient toutes un
« culte particulier. La Madone, haute de deux pieds,
« reposait sur un trône et tenait l'Enfant Jésus
« donnant la bénédiction. Les couronnes d'or et de
« perles, les robes en velours, en drap d'or ou d'ar-
« gent, en satin, les voiles de dentelles, destinés à
« la couvrir, étaient si nombreux, qu'on pouvait,
« à chacune de ses fêtes, lui mettre un ornement
« nouveau. Les vêtements ecclésiastiques prove-
« naient de dons et étaient de la plus grande ri-
« chesse. Le samedi de chaque semaine, et à toutes
« les fêtes de la Vierge, les moines de Jouhe assis-
« taient en corps à l'office. Le service était toujours
« grave et majestueux. »

Quelques-uns des traits de ce tableau vont maintenant attirer notre attention (1).

Une série de dons, de fondations s'offre à nos
regards. A leur tête doit se trouver un fait qui
aurait échappé à nos recherches. Nous en sommes

---

(1) Ils nous seront fournis par les archives du Jura. Nous
aurons cependant recours quelquefois aux notes historiques
de M. Jeannez et à la lettre de M. Pallu.

redevables à un passage de Dom Grappin. — Il s'agit d'Othon, successeur de la princesse Alix, comtesse palatine de Bourgogne. Cette princesse avait donné à la ville de Dôle de continuelles preuves de son affection, et plus d'une fois sans doute elle gravit la sainte montagne pour y visiter Notre-Dame de Mont-Roland. Othon, son fils, par son testament du 13 septembre 1302, fit offrir au sanctuaire de Notre-Dame deux calices d'argent. Ce don était l'expression de la pieuse confiance qu'il avait en elle. Cette confiance surtout lui donnait une grande valeur.

Les archives du Jura conservent un monument non moins précieux; c'est celui de la piété de Jeanne, Reine de France et de Navarre, comtesse Palatine de Bourgogne et dame de Salins. Par une charte, visée à Poligny le jeudi saint de l'année 1324, cette princesse fonda trois messes qui devaient être chantées chaque semaine à Mont-Roland. Dans cet acte, qui fut revêtu de son sceau, elle dit elle-même qu'elle est poussée « par la bonne et spéciale « affection qu'elle a pour la chapelle de Mont-Ro-« land, fondée et construite en l'honneur de la « Mère de Dieu, Reine du Paradis. »

En 1342, Orbe de Grammont, sire de Pesmes et Jeanne, dame de Pesmes, son épouse, établissent à perpétuité, à Mont-Roland deux lampes ardentes. — En 1354 c'est Jean II de Châlon, comte d'Auxerre, sire de Rochefort, conseiller de France, qui veut que la lampe de la chapelle de Notre-Dame brûle nuit et jour ; et commande à son receveur de Rochefort de fournir à cette dépense. — En 1362 le sire de Granson donne les fonds nécessaires pour que deux autres lampes brûlent aussi nuit et jour.

Le 1er février 1363, Marguerite, fille du roi de France, comtesse Palatine de Bourgogne, comtesse de Flandres et d'Artois, dame de Salins, se trouvait à Dôle. Ce jour-là par des lettres datées de cette ville, elle donna à Notre-Dame un témoignage de sa tendre affection. « Nous faisons savoir à tous, « dit-elle, que, mûe de dévotion, et pour le salut « de nos âmes, aussi bien que de celles que nous « avons en vue, nous instituons, établissons, or- « donnons, et fondons en l'honneur de Dieu notre « créateur, de la glorieuse Vierge Marie et de tous « les saints une messe chaque jour au grand autel de « Notre-Dame de Mont-Roland. » — Elle demande ensuite qu'une collecte soit dite pour elle pendant sa vie et après sa mort ; mais elle a bien soin d'excepter les jours de fête double : la rubrique ne le permettait pas plus alors que maintenant. Elle recommande que cette messe soit dite entre Prime et Tierce lorsqu'on verra qu'il y aura un plus grand nombre de pèlerins, et entre enfin dans le détail de ce qu'elle donne pour cette fondation. — Ces lettres sont encore aux archives ; mais le sceau est perdu. Dans ces vieux actes le sceau n'était point appliqué au parchemin que l'on employait ; il y était attaché par un lien qui faisait corps avec la matière destinée à en recevoir l'empreinte.

D'autres lettres patentes du 12 février de la même année contiennent de nouvelles libéralités, par lesquelles Marguerite de France voulut contribuer à donner plus d'éclat au service divin à Jouhe et à Mont-Roland. — En 1357 elle avait déjà fondé une messe qui devait être dite au grand autel de Notre-Dame. Cette princesse, fille de Philippe le Long, roi de France, et de Jeanne comtesse Palatine de Bourgogne était bonne, affable, généreuse, et joignait aux talents de l'esprit une éminente vertu. Préférant l'avantage de ses sujets à celui du fisc, elle mit un frein à la rapacité, aux usures des juifs, et eut le bonheur de contribuer à en faire entrer plusieurs dans le sein de l'Église, comme le rapporte l'auteur des mémoires des Bourguignons ; « d'où il est arrivé, dit-il, que plusieurs bonnes « maisons de Bourgogne ont été *christianisées.* » — Elle fut inhumée à Saint-Denis.

En 1364 Tristan de Châlon, sire de Rochefort, fait un don à l'église de Mont-Roland pour trois anniversaires. — En 1366 Jacqua de Granson, dame de d'Orbey fonde une messe quotidienne ; et, en 1372 son fils Jean de Montfaucon, sire de Vuillafans, ajoute encore à cette fondation. — En 1379 Hugues de Châlon veut qu'une lampe brûle nuit et jour dans le sanctuaire de Notre-Dame. — « Ces « lampes ardentes, dit M. Jeanney, étaient très-mul- « tipliées à Mont-Roland, et la fondation en était « ordinairement faite par les personnages les plus « distingués. » Parmi ceux qui contribuèrent à cet hommage rendu à la Mère de Dieu, en sa sainte chapelle on voit figurer le nom de Philippe-le-Hardi. Il approuve une donation faite pour le luminaire perpétuel d'une lampe devant l'image de Notre-Dame. Plus tard, Jean de Neuchâtel, jadis seigneur de Montagu et d'Amance, fit un don du même genre. — Le 26 février 1389, Jean de Châlon, sire d'Arlay et prince d'Orange, pourvoit à l'entretien de deux nouvelles lampes ardentes et, le 26 mars, il fait exécuter le testament de Hugues de Châlon son oncle. Hugues de Châlon par ce testament avait donné trois cents florins d'or pour fonder une chapelle à Mont-Roland et dire une messe quotidienne. — En 1395, Guy de Pontailler, maréchal de Bourgogne, et Jean de Vienne, le célèbre amiral de France, font une fondation toute semblable à celle de Hugues de Châlon. Jean de Vienne, créateur de la marine française, dut sans doute à sa tendresse pour Notre-Dame sa glorieuse et sainte mort. Il périt à la bataille de Nicopolis, le 26 septembre 1396, tenant entre ses mains l'étendard de Notre-Dame de Mont-Roland.

Une messe devait être dite chaque année à perpétuité, au grand autel de Notre-Dame de Mont-Roland, « pour le remède des âmes de tous les « trépassés de la ville d'Auxonne. » Cette ville devait y être représentée par un ou deux bourgeois ou échevins, comme nous l'apprend une pièce de 1388, conservée aux archives d'Auxonne.

Le 16 octobre 1433 nous donne un monument

de la protection que Notre-Dame a accordée à Philippe le Bon, duc et comte de Bourgogne. Ce sont des lettres dans lesquelles règne la foi la plus vive. Voici comment il s'exprime. — « Philippe,
« par la grâce de Dieu, duc de Bourgogne, à tous
« savoir faisons que, pressés par la grande et fer-
« vente dévotion que nous avons et devons avoir
« à la glorieuse vierge Marie, mère de notre béni
« créateur et rédempteur, par l'intercession de
« laquelle, comme nous le croyons fermement,
« nous avons été aidés maintes fois et nouvellement
« lorsque nous avons recouvré la ville d'Avallon,
« en signe de reconnaissance, et afin qu'il plaise
« à Notre-Seigneur, par les prières et mérites de
« la glorieuse vierge Marie, de continuer à nous
« faire prospérer en nos affaires, et d'être miséri-
« cordieux pour les âmes de nos prédécesseurs, la
« nôtre, après notre décès, et celles de nos succes-
« seurs, avons fondé et fondons une messe quoti-
« dienne et perpétuelle, en l'honneur de Dieu et
« de Notre-Dame, en l'église et chapelle de Mont-
« Roland pour laquelle nous avons une singulière
« affection. » — La messe, dont il est parlé dans cet acte, devait être chantée et annoncée *par vingt-quatre coups de l'une des plus grosses cloches.* Les jours de samedi et de fêtes de la sainte Vierge elle devait être célébrée avec beaucoup de solennité ; tous les religieux de Jouhe devaient y assister, et, après les vêpres du jour, chanter à genoux le *Salve regina*. — Philippe le Bon pourvut de plus

aux frais de deux lampes ardentes et promit d'en offrir une d'argent. — Vingt ans plus tard il offrit encore à Notre-Dame une lampe d'or avec cent écus d'or pour l'huile qui devait y être consumée. A cette dernière époque, entouré d'une nombreuse et vaillante noblesse, il fit vœu avec elle d'aller en personne combattre les infidèles, quoiqu'il eût près de soixante ans. On peut bien espérer que sa tendresse pour la Vierge de Mont-Roland et son dévouement pour les lieux sanctifiés par le Sauveur ont trouvé dans le ciel une ample récompense. — Ce prince avait épousé Isabelle de Portugal, et ce fut lors de ce mariage qu'il institua l'ordre de la Toison-d'Or.

En 1450 deux nobles dames fondent à Mont-Roland, l'une une messe et l'autre un anniversaire. La première est Guye, femme de Jean de la Laverne demeurant à Authume, la seconde Anne, femme de Jean de Lanthène. — En 1548 c'est Daumont, seigneur d'Estrabonne, qui fonde, en la même chapelle, une messe quotidienne. Guillaume d'Estrabonne, quelques années auparavant, avait fait une fondation semblable. — En 1578 noble Marc Perrot, sieur d'Annoire et natif de Dôle, par son testament du 2 septembre, ordonna à ses héritiers, en exécution d'un vœu qu'il avait fait, de faire célébrer toutes les semaines, à perpétuité, deux messes basses, en l'église de Notre-Dame de Mont-Roland.

Cette énumération est longue sans doute, et cependant, pour ne point la prolonger, il a fallu choisir et renoncer à tout décrire.

Le nombre des cierges donnés à Mont-Roland, les offrandes que l'on y faisait étaient si considérables, que le Pape Eugène avait exigé que la moitié de ce qui était offert fût employée à soutenir la chrétienté contre les Turcs et autres ennemis de la foi, et que Philippe le Bon fut obligé de faire acte de souverain pour réprimer la cupidité des marchands qui mettaient à profit la piété des fidèles.

Parmi les personnages illustres qui visitèrent le sanctuaire de Notre-Dame, nous voyons quatre princesses filles de Jean-sans-Peur duc de Bourgogne. « En 1407, nous dit M. Marquiset, Jean-sans-
« Peur envoya de Flandre au château de Rochefort,
« pour y rétablir leur santé chancelante, le comte
« de Charolais, son fils, avec ses quatre sœurs
« Catherine, Isabelle, Anne et Agnès; les princesses
« demeurèrent avec lui depuis le 1er janvier au
« mois d'avril suivant, dans ce lieu solitaire, mais
« entouré de toutes parts par un paysage délicieux.
« Elles allaient assez souvent à pied faire leurs
« dévotions à Mont-Roland où les plus illustres
« dames du voisinage ne manquaient jamais de les
« accompagner. » — Les lettres annuelles du collége de l'Arc, de 1605, nous ont aussi conservé le souvenir du pèlerinage de Monseigneur l'évêque de Verdun. Il était allé à pied à Saint-Claude pour se recommander au Patron de cette ville. Il vint aussi à Mont-Roland et laissa au collége de l'Arc,

qui l'avait reçu, de touchants exemples de piété et d'humilité. — Que de pèlerins non moins célèbres ont édifié la foule des fidèles qui encombraient, surtout à certaines époques, la chapelle de Notre-Dame !

Que de processions venues d'endroits éloignés pour représenter aux pieds de la Vierge de Mont-Roland des villes entières ! Bornons-nous à recueillir quelques dates. La vénération des peuples pour Notre-Dame de Mont-Roland est un fait avéré. Une foule de pèlerinages en donnent un témoignage incontestable. — Un registre des archives d'Auxonne fait longuement mention des processions générales qui se transportèrent à Mont-Roland aux quinzième, seizième et dix-septième siècles. Les recherches faites en d'autres localités confirment cette attestation. Telle fut, en ce qui concerne Auxonne, la procession du samedi avant la fête de la Nativité de Notre-Dame, de l'an 1438, mentionnée au folio 698 du registre précité. — En 1578, le premier mai, le village de Villers-les-Pots, au canton d'Auxonne, se rendit aussi processionnellement à Mont-Roland. — En 1583, le troisième jour de mai, la paroisse Saint-Jean de Dijon arriva à Auxonne se rendant au même sanctuaire pour demander de la pluie. Il y a dix lieues. — En 1588, la paroisse d'Auxonne se porta de nouveau à Notre-Dame de Mont-Roland pour rendre grâces à Dieu de la belle apparence des biens de la terre. — En 1599 et en 1603 elle s'y rendit encore.

Plus tard, en 1615 et 1624, la ville d'Auxonne viendra de nouveau se recommander à Notre-Dame. — En 1629 on la verra gravir encore la sainte montagne pour être préservée d'une maladie contagieuse qui faisait alors les plus affreux ravages. — Enfin, pour ne pas revenir trop souvent sur des faits du même genre, nous citerons un pèlerinage de 1633. Le 13 décembre, ceux d'Auxonne virent arriver dans leurs murs les habitants de la ville de Bellegarde (Seurre). Ils en partirent le lendemain pour aller à Mont-Roland remercier Notre-Dame de les avoir délivrés de la contagion qui avait régné en leur ville. — Ces pèlerinages continuèrent jusqu'à la révolution de 1789.

Remarquons en passant que les communications à cette époque reculée étaient bien moins faciles que maintenant. Que la foi était vive ! hommes, femmes, vieillards, enfants ne craignaient pas de se rendre ainsi en dévotion souvent à plusieurs lieues de leur domicile.

Dans le cours de cette histoire, nous ne pourrons pas considérer à loisir tous les pieux pèlerinages, toutes les fondations, tous les dons capables de prouver l'affection dont Notre-Dame était entourée. Le souvenir de ce que nous venons de voir suppléera à des détails sans nombre et nous portera à recourir souvent à Notre-Dame de Mont-Roland.

CHAPITRE IX

NOTRE-DAME DE MONT-ROLAND EN 1600.

« A Dôle, nous dit un vieux manuscrit, vivait un
« Jésuite d'une vertu éminente. Une familiarité
« extraordinaire avec Dieu le faisait éclater par-des-
« sus le commun, quelques soins qu'il prît de se te-
« nir comme en un désert, loin des yeux des hom-
« mes, dans une grande retraite. La charité qu'il
« avait pour les malades pauvres et misérables était
« la seule raison qui l'obligeât à sortir. Dans cet
« exercice il y avait peu de jours qu'il ne passât de-
« vant une maison dont un riche propriétaire faisait
« un lieu de plaisir. Or, autant de fois qu'il se pré-
« sentait devant la porte de ce logis, il se découvrait
« et faisait un grand salut. Le frère qui l'accompa-
« gnait crut au commencement qu'il saluait quel-
« qu'un de sa connaissance. Mais enfin, voyant qu'il
« ne manquait jamais de faire une révérence très-
« profonde, et ayant pris garde que personne ne
« paraissait ni aux fenêtres ni à la porte : *Je m'é-
tonne, dit-il à ce bon père, que vous rendiez autant
d'honneur à une retraite de débauche, que vous en fe-
riez à une église où l'on adore Jésus-Christ. — L'u-
sage que l'on fait de cette maison, répondit cet homme de
Dieu, me donne de la douleur, mais les choses change-
ront bien de face, et si maintenant elle est une école
et une retraite de débauche, elle sera dans quelque temps*

une école de religion et de piété. Vous ne voyez que des dissolus qui entrent dans cette maison; mais je vois une troupe de saintes personnes qui les suivent et qui y viennent après eux pour y user leur vie à inspirer à tout le monde la retenue et l'amour de Jésus-Christ. Je les salue, quelque éloignées qu'elles soient, et ce qui se fera dans cette maison sera si saint et me charme si fort que je n'y vois point ce qui s'y fait. »

A la même époque une jeune personne d'une haute naissance entrait en l'église de Notre-Dame à Dijon. La grâce la pressait intérieurement d'établir une société de filles qui s'employassent avec elle à instruire les jeunes personnes de son sexe. Son zèle s'était enflammé à la vue de la gloire que les religieux de la compagnie de Jésus procuraient à Dieu en se livrant à l'éducation des jeunes gens; elle désirait suivre leur exemple. De célestes lumières lui avaient fait connaître l'excellence d'une telle vocation; et c'était à Dijon qu'elle voulait mettre à exécution un si vaste et si beau projet. Son respectable père lui offrait la maison paternelle elle-même pour commencer son œuvre. Mais une secrète inspiration la détournait de suivre sa propre inclination et lui montrait Dôle au lieu de Dijon. Elle était entrée en l'église de Notre-Dame pour plaider devant Jésus-Christ la cause de Dijon où la prudence et la piété semblaient la vouloir.

« Dès qu'elle fut en cette église, poursuit notre vieux manuscrit, elle se plaça dans un endroit où elle était assurée qu'elle ne serait interrompue par

personne dans l'entretien qu'elle voulait avoir avec son divin directeur, et, s'y étant mise à genoux, elle dit de cœur à Jésus-Christ : « de quoi, mon di-
« vin maître, serai-je capable à Dôle? Vous voulez
« que j'assemble des filles qui avec moi se dévouent
« à travailler en votre vigne ; le pourrai-je faire
« dans un lieu où, étant française (1), je serai en
« horreur à tous ceux du pays? Loin de seconder
« mes desseins, ils les combattront et me feront la
« guerre pour se venger de celle que les Français
« leur ont faite. Mon Dieu, quelle retraite y aurai-je?
« y aurai-je une maison comme celle que mon
« père m'offre? Trouverai-je en ce lieu des cœurs
« disposés à suivre mes mouvements comme vous
« avez eu la bonté d'en disposer ici? »

Elle faisait valoir d'autres raisons encore en faveur de Dijon lorsque ses forces s'évanouirent tout à coup, de façon qu'elle n'aurait pu, quand elle l'aurait entrepris, non-seulement s'en retourner au logis ou se tenir sur ses jambes, mais même remuer les bras. Ainsi dans un instant elle devint une statue, excepté qu'elle avait les opérations de l'âme libres. Cette soudaine métamorphose fut accompagnée d'une lumière intérieure par laquelle Dieu lui fit connaître qu'il donnait et ôtait les forces quand il lui plaisait, que celles qu'il venait de lui ravir étaient une assurance qu'il lui donnait qu'elle ne ferait rien à Dijon, parce qu'elle n'y recevrait

---

(1) Dôle n'appartenait pas encore à la France.

aucun appui de sa part, qu'enfin tous les secours, dont elle se flattait et qui lui représentaient l'exécution de son dessein comme assurée en ce lieu, lui seraient inutiles et s'évanouiraient de même que sa vigueur et ses forces, lorsque, au mépris de la voix de Dieu, suivant ses inclinations et ses vues elle préférerait Dijon à Dôle.

Cette jeune personne, c'était Anne de Xaintonge, née de Jean de Xaintonge conseiller du parlement de Dijon. « Très-souple à toutes les volontés de Dieu, elle ne sut pas plutôt par cette mystérieuse paralysie ce qu'il demandait d'elle que, se prosternant de cœur encore plus profondément qu'elle ne l'avait fait de corps, elle dit mille fois au fond de son âme : « Je veux Dôle, mon Dieu, j'accepte Dôle « et vous prie par l'obéissance de Jésus-Christ que « j'adore de me pardonner. »

« Elle répandait son cœur en humbles acceptations de Dôle, où son âme était déjà, et en de grands regrets de s'être tenue à Dijon par la volonté d'y demeurer, lorsque Dieu lui ordonnait d'en sortir, quand une pauvre, qui par son air n'avait rien que de riche et de grand, s'approcha d'elle, en ce lieu où jamais pauvre ne s'était avisé d'aller demander l'aumône, et d'une voix douce et grave, la pria de la lui faire.

« Anne fut étonnée de ce qu'on l'avait pu trouver ; mais, lorsqu'elle eut tourné la tête pour voir celle qui l'avait pu découvrir, elle aperçut, dans son visage et dans son extérieur, une majesté, qui la surprit si fort qu'elle fut encore plus interdite qu'elle ne l'avait été auparavant. Aussi serait-elle demeurée immobile, ne croyant pouvoir porter les mains à sa poche, ni les en retirer pour donner l'aumône, si ses bras, en se soulevant, ne l'eussent avertie que ses forces y étaient revenues, bien que partout ailleurs elle fût encore immobile. Elle prit donc tout l'airain monnayé qu'elle avait et le donna très-respectueusement à cette pauvre dont elle était charmée. Mais cette pauvre lui fit une aumône bien plus signalée. Au moment où sa jeune bienfaitrice lui tendit la main, elle la lui serra, comme pour lui donner une marque d'amour et de reconnaissance, et au même instant, Anne sentit son âme se répandre par tout son corps et lui rapporter et ses forces et sa vie. Elle s'en allait servir pour remercier celle qui l'avait ressuscitée, si Jésus-Christ ne l'en eût détournée, en lui parlant au cœur. Il lui dit que la vigueur qui lui avait été donnée, au moment où elle s'était rendue à Dôle par l'humble acceptation d'y aller, serait comme les arrhes de l'appui qu'il lui donnerait en cette ville pour y établir sa congrégation.

« Lorsqu'elle crut avoir satisfait à son devoir envers Jésus-Christ, elle se tourna vers l'endroit où la pauvre l'avait abordée et ne l'y trouva plus. »

Elle s'empressa fort de la chercher pour la remercier. Mais elle avait l'esprit si rempli de la pensée d'exécuter promptement les ordres de Dieu, qu'elle aurait passé devant elle sans la voir si cette merveilleuse personne, s'approchant d'elle, ne l'eût saluée, et si, en la félicitant pour l'acceptation qu'elle avait faite de Dôle, elle ne lui eût promis que son entreprise y aurait un succès heureux.

« Au premier son de sa voix, Anne leva les yeux pour la voir et fut encore plus éblouie de sa majesté et de son éclat qu'elle ne l'avait été dans son église. Cet éblouissement fut suivi d'un étonnement extrême. » Voyant que cette pauvre avait pénétré dans le plus intime secret de ses intentions et lui donnait l'assurance d'une fin heureuse, elle ne pouvait revenir de sa surprise, et, pendant qu'elle était comme hors d'elle-même, sans pouvoir rien dire, la pauvre disparut. »

Anne de Xaintonge fut bien persuadée que la Sainte Vierge, en cette rencontre, faisant la fonction de mère du salut, était venue contribuer à sa perfection et à la première formation de son ordre qui devait être consacré au salut des âmes. — Elle se hâta de partir pour Dôle.

A peine arrivée en cette ville, « elle alla à l'église des Jésuites pour y entendre la messe, et commencer, par une offrande générale, le long et pénible sacrifice qu'elle devait faire en ce lieu. »

« La messe étant finie, elle demanda à parler au recteur du collége, dans le dessein de lui déclarer pourquoi elle était venue à Dôle et de le prier de la conseiller et de la conduire. — Ce père étant allé à une chapelle où elle l'attendait, après quelques honnêtetés réciproques, elle lui fit la déclaration et la prière qu'elle avait résolu de lui faire, et, pour le mieux engager à la secourir et le convaincre de sa vocation, elle lui donna des preuves si certaines, par le narré qu'elle lui fit de sa vie, que dès lors il saisit son entreprise comme une belle occasion d'amplifier la gloire de Dieu. Non-seulement il ne pouvait pas lui refuser ses soins, sans manquer à son institut, mais encore Dieu l'avait déjà disposé à regarder comme son ouvrage le projet de notre nouvelle missionnaire. » Dans le moment qu'Anne lui déclara son dessein, Dieu lui ouvrit les yeux, lui fit comprendre comment il l'avait préparé à faire ce qu'elle exigeait de lui et il ne put s'empêcher de s'écrier : *ô Mont-Roland !*

« Anne connut qu'il y avait quelque chose de bien grand dans ce mot qu'elle n'avait jamais ouï. La sagesse de ce père ne lui permettait pas de penser qu'il eût parlé sans raison, et elle ne voyait ni ne savait ce que voulait dire ce mot Mont-Roland.

— Après avoir essayé de pénétrer ce secret, et ne l'ayant pu, elle lui dit :

« Je ne vois point que ce mot de Mont-Roland
« soit une réponse au conseil que je vous demande
« ou aux choses que je vous ai proposées ; si vous
« n'avez pas d'autres éclaircissements à me donner,
« il faut sans doute que ce mot renferme ce que je
« cherche; je ne l'y trouve cependant point, et je
« ne l'y trouverai jamais, si vous n'avez la bonté de
« me le découvrir.

« Le père étonné et ravi, élevant les yeux, dit encore deux fois : *ô Mont-Roland ! ô Mont-Roland !* Étant ensuite revenu d'où son admiration l'avait mis, il lui dit : « Il est juste que je vous développe un mystère qui s'accomplit en vous aujourd'hui. » — Anne, à ce mot de mystère qui s'accomplissait en elle, ne douta point que ce qu'elle allait ouïr ne fût quelque parole que Dieu lui faisait porter. Aussi donna-t-elle à son âme une posture de soumission, disant intérieurement à Dieu : « Parlez, Seigneur, « votre servante écoute. »

« Mont-Roland, continua ce père, est un village
« assez rapproché de cette ville et célèbre par les
« merveilles que la Sainte Vierge y fait en faveur
« de ceux qui vont implorer son assistance dans
« l'église qui lui est dédiée. Il y a quelque
« temps que des demoiselles très-pieuses se plai-
« gnaient à moi de ce qu'aucune fille ou femme
« n'avait reçu de Dieu l'esprit de travailler au sa-
« lut des personnes de leur sexe, en se dévouant à
« l'instruction des jeunes filles, comme les Jésuites
« à celle des jeunes gens. Elles ajoutèrent qu'elles se
« sentaient sollicitées à faire un vœu à la Mère de
« Dieu, pour obtenir par son intercession le secours
« dont elles manquaient ; et elles me dirent que la
« même voix intérieure qui les pressait de s'adres-
« ser à la sainte Vierge pour cela les avait assurées
« qu'elles seraient exaucées. Je les écoutai sans les
« condamner et sans faire grand fondement sur
« leurs discours, plutôt pour les contenter en une
« chose qui en elle-même était sainte, que dans

« l'espérance qu'elles obtiendraient ce qu'elles sou-
« haitaient. Je convins avec elles qu'elles iraient
« ensemble, un certain nombre de jours, en l'é-
« glise de Mont-Roland, prier la sainte Vierge de
« donner à leur sexe un secours semblable à celui
« qu'elle avait donné aux hommes par l'instruction
« de notre compagnie, dont les commencements et
« les progrès, comme nous le reconnaissons, sont
« dus à la Mère de Dieu. — Vous arrivez justement
« le jour que finissent leurs saints pèlerinages.
« Ainsi vous êtes l'accomplissement des vœux of-
« ferts à la sainte Vierge dans son église de Mont-
« Roland. Soyez la bienvenue! nous penserons aux
« voies qu'il faut prendre pour achever ce grand
« ouvrage. »

Ce ne fut qu'en 1606, après de longues épreuves, que cette œuvre, que nous pouvons bien appeler l'œuvre de Notre-Dame de Mont-Roland, s'accomplit en la maison que le saint religieux, dont nous avons parlé, avait si souvent saluée.

Cette maison fut comme le berceau des Ursulines de Dôle. Cet ordre protégé par Notre-Dame s'établit à Besançon et à Saint-Hippolyte en 1616, à Arbois en 1617, à Porentruy, à Gray en 1622. — La colonie de Besançon en fonda deux autres, à Pontarlier et à Ornans; celle de Porentruy, à Fribourg et à Lucerne; celle de Saint-Hippolyte fonda le couvent de Clerval sur le Doubs.

Depuis la révolution, les Ursulines de Dôle occupent un nouveau monastère et l'établissement de la Providence les a remplacées dans celui qui fut vendu nationalement en 1793.

A la vue d'une telle fondation et d'une congrégation destinée à faire tant de bien, qui ne louerait Notre-Dame de Mont-Roland? Qui pourrait ne pas la remercier des heureux résultats de sa si douce et si puissante protection?

CHAPITRE X

NOTRE DE MONT-ROLAND 1629.

Comme le corps peu à peu s'affaiblit, et, sous le poids des années, perd sa première vigueur; ainsi quelquefois les corps religieux semblent subir l'influence des années et perdre leur première ferveur. Mais Dieu suscite alors des religieux selon son cœur. Il les remplit de l'esprit de leur fondateur, et leur donne un ascendant puissant pour ramener à la stricte observance de la règle ceux qui commençaient à s'en écarter, et former selon l'esprit primitif ceux qui sont au commencement de la carrière de la vie religieuse.

Depuis plus de dix siècles l'ordre de Saint-Benoît s'était dépensé au service de l'Église et de la société. Sa vigueur spirituelle, au moins en quelques contrées, parut s'être émoussée. Après avoir défriché le sol et créé autour d'eux des centres de population, ces religieux ne sentaient plus assez les rigueurs de la pauvreté. — Les dépendances de leurs monastères, pauvres d'abord, étaient devenues de riches bénéfices. Bien capables d'exciter la convoitise, ces bénéfices passèrent entre les mains d'abbés ou de prieurs séculiers (1). — Il était naturel que ces nouveaux prieurs fussent peu préoccupés de la vie religieuse dont ils n'avaient pas contracté les engagements, et qu'à leur suite l'esprit du monde s'efforçât de pénétrer au sein des monastères. — La question des revenus, de la part dont chacun devait jouir, tendait à attirer à elle l'énergie nécessaire au maintien des vertus religieuses, et à susciter des contestations sans fin peu favorables au recueillement et à la charité.

Les religieux de Jouhe, à l'époque à laquelle nous sommes arrivés, étaient au nombre de six. Sous le nouveau régime dont nous venons de parler, l'administration de leurs biens ainsi que les deux tiers de leurs revenus étaient depuis longtemps en des mains étrangères, lorsque, vers la fin du seizième siècle, le collége de l'Arc, à Dôle, fut fondé.

« Le parlement, l'université, le magistrat, dési-
« raient également un collége dirigé par la société
« nouvellement formée par saint Ignace, lorsqu'un
« de ses premiers et de ses plus célèbres disciples,
« le père Edmond Auger, vint à Dôle en 1570. On
« s'adressa à lui avec d'autant plus de confiance

---

(1) Il s'agit ici des abbés et des prieurs commendataires.

« qu'il avait déjà établi les colléges de Tournon,
« de Toulouse, de Lyon et de Bordeaux. Le père
« Edmond ayant répondu avec empressement au
« désir qu'on lui témoignait, le magistrat sollicita
« le consentement du gouverneur de la province
« et de l'archevêque : il chercha ensuite à se
« procurer l'agrément du roi d'Espagne et du géné-
« ral des Jésuites, et en même temps les moyens
« d'avoir une maison pour les pères, et des revenus
« suffisants pour les faire susbister (1). »

Le bien que le père Edmond a fait en France est connu. Il eut la gloire d'être pour les ennemis de l'Église un objet de haine. Lorsque le baron des Adrets s'empara de Valence, le père Edmond fut condamné à mort en haine de la foi. Déjà on l'avait conduit au lieu du supplice et il allait saisir la palme du martyre. Voulant faire encore quelque bien avant de mourir, il parla au peuple assemblé et le fit avec tant d'éloquence, que cette multitude, réunie pour le voir mourir, fut touchée jusqu'aux larmes, et que les ministres de l'erreur eux-mêmes, désireux de le gagner à leur secte, obtinrent qu'il fût reconduit en prison. Bientôt après il en fut délivré par les soins des fidèles qui veillaient sur lui. — Lorsqu'il s'occupait du collége de Dôle, il fut appelé à Paris par Henri III.

Ce ne fut qu'en 1582 que ce collége fut ouvert et bientôt il eut jusqu'à huit cents élèves. — L'uni-

---

(1) M. de Persan, *Recherches sur Dôle*.

versité elle-même voulut avoir pour professeur de philosophie deux religieux de la même société.

La ville de Dôle devait doter ce collége ; car il était défendu à ces religieux de recevoir quoi que ce fût de leurs élèves. — Pour compléter cette dotation, comme le dit M. de Persan, la ville de Dôle obtint que le prieuré « de Jouhe et ses revenus, qui étaient depuis longtemps accordés à des ecclésiastiques séculiers, fussent assurés au collége ; cette mesure était fort légitime, puisqu'elle eut l'approbation du souverain Pontife ; mais elle fut, en même temps, pour ces religieux une source de désagréments. Elle les mêla à des contestations sans fin, qui étaient dans les mœurs de l'époque et résultaient, comme il a été dit plus haut, du partage des revenus des anciens monastères. — Au milieu de ces contestations on ne peut s'empêcher de reconnaître l'esprit de conciliation qui leur fit proposer ou accepter des transactions nombreuses. Toutefois tant de préoccupations furent pour eux une chose fâcheuse. A quiconque voudrait leur en faire un reproche on pourrait faire remarquer que, lorsqu'on a attiré chez soi une personne dont on espérait quelque grand service, il n'est pas de bon ton de lui reprocher les difficultés dans lesquelles on l'a jetée soi-même.

Ce fut en 1610, le 21 juin, que les officiers municipaux, comme le dit M. de Persan, obtinrent des archiducs l'union du prieuré de Jouhe, au collége de l'Arc.

Dans leur décret les Achiducs ont bien soin de rappeler que, par indult apostolique, le droit de patronage, de régale, etc., leur appartient, et qu'ils ont le droit de nommer aux bénéfices vacants. Celui de Jouhe l'était par la mort de Jean Richardot. — Le même décret ajoute que c'est « pour bon-
« nes considérations et pour le grand fruit que l'on
« voit réussir des instructions et autres exercices
« spirituels et devoirs des Pères de la compagnie
« du collége de Dôle pour l'entière protection et
« supplément de dotation » que ce collége est nommé au prieuré de Jouhe. Il charge de plus le parlement de veiller à ce que ces religieux puissent profiter paisiblement de la disposition faite en leur faveur.

Ce décret rappelle enfin l'obligation d'obtenir, pour l'union du prieuré au collége, le consentement du Saint-Siége. Celui de l'Abbaye de Baume était aussi nécessaire, parce que Jouhe en dépendait. Mais, en attendant, en vertu des droits conférés aux Archiducs par l'indult apostolique, dont il a été parlé, l'administration du prieuré pouvait être remise de suite aux pères du collége de Dôle. — Le parlement le comprit ainsi et, « en attendant qu'ils
« eussent obtenu les bulles de Rome en tels cas
« requises, les commit à l'administration du prieuré,
« comme l'attestent les notes des religieux de
« Jouhe. » Ces notes sont aux archives du Jura. — Elles montrent clairement que ce fut en cette qualité que les pères du collége de l'Arc prirent posses-

sion du prieuré, Dom Antoine le Clerc qui, jusqu'à ce moment, avait été lui-même commis par le parlement à cette administration la leur remit, « et les « autres religieux anciens temoignèrent leur joie « de ce que le prieuré était tombé en de si bonnes « mains. (1) « Ladite prise de possession » ajoutent les notes déjà citées, » fut faite en présence du « Maire et des Échevins de Dôle qui avaient accom- « pagné le P. Recteur (du collége de l'Arc) et qui « entrèrent avec lui et avec un grand nombre « d'autres personnes dans l'église pour rendre « grâces à Dieu du bienfait que lesdits pères ve- « naient de recevoir de leurs Altesses. »

On a fait remarquer, sans mauvaise intention sans doute que les religieux du collége de l'Arc avaient fait dès lors des actes semblables à ceux qu'ils auraient faits, si dès cette époque ils avaient été mis en complète possession. Mais qui ne voit qu'un administrateur agit de cette sorte, à charge toutefois s'il y a lieu, de rendre compte à qui de droit ? — Après le consentement de l'Abbaye de Baume, et lorsque les bulles d'union eurent été données par Paul V en 1619, ils n'eurent plus la simple administration, mais la réelle possession du prieuré et des revenus du prieur. Les religieux du prieuré de Jouhe et de Mont-Roland furent maintenus dans leurs anciens droits. — Il est à remarquer encore que cette bulle d'union fut demandée

(1) Mêmes notes.

par l'université et le magistrat de Dôle, comme le disent encore les notes déjà citées.

Mais laissons ces détails pour ne plus considérer que la transformation spirituelle qui va s'opérer à Mont-Roland.

Quelques-uns de ces religieux que Dieu suscite de temps en temps pour réveiller au sein de leur ordre l'esprit du fondateur la ferveur primitive, l'exacte observance de la règle, avaient donné naissance à la réforme bénédictine, connue sous le nom de congrégation de Saint-Vannes et de Saint-Hydulphe Clément VIII et Paul V avaient approuvé cette réforme, l'avaient comblée de faveurs.

Le sous-prieur de Jouhe qui avait si bien accueilli les pères du collége de l'Arc, dom Antoine Le Clerc avait éprouvé de son côté, depuis longtemps, ces désirs extraordinaires de perfection que Dieu donne à ceux qui doivent coopérer à quelque œuvre de transformation, au bien spirituel d'une maison religieuse; et comme le feu sacré de l'amour divin se communique, dom Le Clerc eut bientôt le bonheur de voir ses pieux désirs partagés par ses confrères. — Ils résolurent ensemble d'appeler, au milieu d'eux, les religieux de la réforme de Saint-Vannes, afin de profiter de leur exemple.

Notre-Dame se préparait ainsi des gardiens plus embrasés que jamais des flammes du pur amour. Son culte, la splendeur de ses fêtes, et les pèlerins eux-mêmes devaient nécessairement en ressentir les

6

heureux effets. Cette considération surtout détermina l'abbaye de Baume à consentir à l'introduction à Mont-Roland des bénédictins de Saint-Vannes ; et l'on voit avec plaisir que c'est surtout le motif d'entourer le sanctuaire de Notre-Dame de plus d'édification que l'on fait valoir auprès du Saint-Père pour obtenir que la réforme puisse s'opérer à Mont-Roland.

Le Saint-Siége donna son assentiment et l'abbé de Favernay, dom Alphonse Doresmieux qui ne respira toute sa vie que la dévotion et le zèle lorsqu'il s'agissait de Notre-Dame, reçut, en 1620, un bref du Pape Urbain VIII qui ordonnait de procéder à l'introduction à Mont-Roland de la réforme de Saint-Vannes. Il se hâta de le mettre à exécution.

Ceux qui sont à la tête d'une maison religieuse sont obligés à conserver les biens nécessaires aux œuvres entreprises. Ils y sont obligés bien plus strictement encore qu'un simple particulier qui peut disposer de ce qui lui appartient. — De plus il est enjoint, sous les peines les plus sévères, à ceux qui ont entre les mains des biens ecclésiastiques, de veiller à leur conservation. Les revenus du prieuré de Jouhe et de Mont-Roland attribués au collége de l'Arc étaient des biens ecclésiastiques. — Il ne faut donc pas être surpris si les religieux de ce collége résistèrent d'abord, lorsque Dom Alphonse voulut prendre possession de Mont-Roland. — Quelques paroles imprudentes, communiquées à ces religieux, leur avaient fait entendre que l'on voulait les priver de la faveur que le souverain Pontife leur avait faite en unissant au collége Jouhe et Mont-Roland. Ils crurent que l'on avait trompé le Saint-Père et énumérèrent les raisons qu'ils avaient de le croire. S'il en eût été ainsi, le bref que l'on faisait valoir n'aurait eu aucune valeur.

En cet état de choses, avec de tels doutes, ils devaient agir comme ils l'ont fait. Ils ont fait acte de prudence. Cet acte eut au moins pour effet de faire constater, et par le parlement lui-même, que les bénédictins réformés s'engageaient à laisser intacte la faveur que le collége avait reçue du souverain Pontife. — Cet engagement public prévenait l'abus qu'on aurait pu faire de certaines paroles du bref de Sa Sainteté. — En supposant même que la prudence, en ce cas, ait été excessive, ou que, dans certains rapports avec les enfants de Saint-Benoît, les pères du collége se soient trompés, la seule conclusion que l'on puisse tirer, c'est que des hommes, quelque saints qu'ils soient, ne cessent pas d'être hommes sujets à errer.

Quoi qu'il en soit, à ne considérer que la nouvelle ferveur qui allait animer Mont-Roland, ils eurent une grande cause de joie. Ils en remercièrent Dieu et en félicitèrent Notre-Dame.

Félicitons-la nous-mêmes de cet épanouissement de toutes les vertus, qui vont fleurir près de son sanctuaire, et cherchons à honorer sa présence à

Mont-Roland par notre piété, par la fidélité à tous nos devoirs, par le courage à maintenir, au sein de la famille et partout, le règne de Dieu, l'accomplissement de sa loi, de celle de son Église, quoi qu'il en puisse coûter à la nature, quelque sacrifice qu'elle soit obligée de faire au triomphe de la grâce.

CHAPITRE XI

NOTRE-DAME DE MONT-ROLAND DE 1629 A 1636.

La réforme de Saint-Vannes relevait les cloîtres partout où elle s'introduisait. Elle le fit, dix ans plus tard, au prieuré de Saint-Désiré à Lons-le-Saunier. — Elle devait le faire à Mont-Roland. Depuis que le prieuré avait été transporté à Jouhe, l'église de Notre-Dame avait été l'objet des plus grands soins; mais le monastère inhabité était tombé en ruine. Il n'en restait plus de trace. Les bénédictins réformés allaient lui rendre son austère et antique splendeur.

Les religieux du collège de l'Arc, à plusieurs reprises, leur donnèrent toute facilité pour les nouveaux arrangements qu'ils devaient faire, « désirant, disaient-ils dans un acte de 1631, témoi-
« gner de leur bonne volonté pour les pères, de
« leur dévotion à la sainte Vierge, et coopérer se-

« lon leur pouvoir à la pieuse intention des béné-
« dictins et au bien public. »

De même que la translation du prieuré à Jouhe n'aurait pu être opérée sans de grandes libéralités, sans le secours de Béatrix ; de même l'introduction à Mont-Roland de la réforme de Saint-Vannes n'aurait pu avoir lieu sans de grandes ressources. — La tendresse dont Notre-Dame était l'objet porta un grand nombre de personnes à contribuer à l'établissement de ses nouveaux gardiens, à la construction de leur couvent, et à l'entretien de ceux qui allaient se dévouer, avec un zèle tout nouveau, au bien spirituel des nombreux pèlerins de la sainte montagne.

Nous entrerons dans le détail de quelques-unes des libéralités dont Notre-Dame et les enfants de Saint-Benoît seront l'objet ; mais auparavant il convient d'entendre Dom Simplicien. Quelques-uns des anciens religieux n'ont pu, à cause de leur grand âge et de leurs infirmités, embrasser les austérités de la réforme ; mais Simplicien est du nombre de ceux qui se sont voués à l'étroite observance de la règle de Saint-Benoît. Il va nous dire comment Dieu bénit ceux qui s'abandonnent à sa Providence pour exécuter sa volonté, et nous n'oublierons pas que cette bénédiction n'est pas seulement pour les maisons religieuses, qu'elle est aussi le trésor des familles où l'on veut à tout prix accomplir la loi de Dieu. « Les libéralités, dit-
« il, et les donations furent si grandes, que no-

« nobstant que les anciens religieux tirassent les
« revenus de la mense conventuelle de Jouhe où
« ils faisaient encore leur demeure, néanmoins il
« y avait suffisamment pour entretenir quantité de
« religieux de l'étroite observance dans le logis du
« gardien de Mont-Roland où ils s'étaient logés
« dès le jour de la visite (pour l'introduction de la
« réforme). En peu de temps ils composèrent une
« communauté de plus de quinze religieux. »

A la tête de ces actes de générosité doit se trouver celui de Dom Antoine le Clerc, de ce bon religieux qui accueillit si bien, comme il a été dit, les pères du collége de l'Arc, et contribua si puissamment à l'introduction de la réforme à Mont-Roland. — Voici cet acte édifiant conservé par les archives du Jura. « Révérend père Dom Antoine
« Le Clerc, religieux et sous-prieur de Jouhe, en
« suite du traité fait avec le révérend abbé de
« Baume, par lequel il est permis aux religieux de
« Jouhe de se retirer en telle maison qu'il leur
« plaira pour y vivre en plus grande observance
« régulière, s'étant retiré au monastère de Faver-
« ney à ce sujet, avec désir d'y demeurer, pour,
« moyennant l'assistance de Dieu et le bon exem-
« ple des religieux, qui y résident, y garder plus
« parfaitement sa règle, et ayant, depuis le temps
« qu'il y est, expérimenté beaucoup de consolation
« spirituelle, a donné, cédé pour jamais aux révé-
« rends Pères bénédictins réformés de Mont-Ro-
« land tout ce qui lui peut appartenir tant comme

« sous-prieur que comme religieux de Jouhe et
« gardien de Mont-Roland, leur en laissant la libre
« et entière possession. » — Suit l'indication des
formalités nécessaires à la validité de cet acte. —
Voilà ce bon père enfin parfaitement pauvre. Il a
tout quitté pour suivre Jésus-Christ. Le royaume
de Dieu lui appartient : *Beati pauperes.*

En 1630 « par donation pure, irrévocable entre-
« vifs, Jeanne Chevreux de Dôle, portée de dévotion
« envers l'église de Mont-Roland et désirant favo-
« riser les religieux bénédictins réformés, qui la
« desservent, cède et transporte à ceux-ci tous ses
« biens, même ceux qu'elle pourrait acquérir avant
« sa mort, se réservant seulement l'usufruit et la
« jouissance, sa vie durant; et ses meubles, si elle
« n'en dispose pas, seront acquis auxdits reli-
« gieux. » Cet acte fut reçu par Cl. Thévenin devant les témoins requis. — « En 1631, le 19 mars,
« Marguerite, fille de feu noble Ferdinand Bereur,
« capitaine de cent hommes pour leurs Altesses
« sérénissimes dans les Pays-Bas, jadis vicomte et
« mayeur de Dôle, connaissant l'intention qu'avait
« manifestée son père de faire don au monastère
« de Notre-Dame de Mont-Roland de la grange et
« chevance qu'il avait à saint Vivant, accomplit
« cette libéralité. Ce domaine était considérable;
« MM. de Grammont et d'Andelot, enfants de Mar-
« guerite, l'augmentèrent encore de différents im-
« meubles au même lieu. Cet exemple fut suivi
« par le sieur Broch de Dôle, et le sieur Perrot

« d'Annoire (1). » — Le 26 juin de la même année Jean Grusset de Dôle, docteur en droit, établit à Mont-Roland une messe quotidienne. — En 1633 Marc Perrot, seigneur d'Annoire, en suite d'un vœu, y fonde deux messes basses (2). La même année mademoiselle George de Montureux fait une fondation semblable. — En 1635 la veuve de Claude Terrier, conseiller au parlement de Dôle, fonde un salut et une messe basse à perpétuité.

Il nous reste maintenant à parler de celle que Simplicien appelle la seconde fondatrice de la sainte et ancienne chapelle de Notre-Dame de Mont-Roland et qu'une pièce des archives nomme cofondatrice. Voici cette pièce. « Dame Claude-
« Françoise de Santans, épouse et de l'autorité de
« messire Claude-François Lullier, docteur en droit,
« seigneur de Chauvirey, Vitrey, Ouges et la Carte,
« conseiller au parlement de Dôle, mue de dévo-
« tion envers l'église de Mont-Roland, et ayant
« intention de contribuer à la dotation du monas-
« tère que les RR. PP. bénédictins réformés y éta-
« blissent, donne, cède, et transporte, par une
« pure, parfaite, et irrévocable donation entre-vifs
« aux RR. PP. bénédictins dudit monastère la
« somme de douze mille francs ; à la condition de
« la laisser jouir des droits d'entrée dans le mo-
« nastère, d'être inhumée dans ladite Église, de
« participer aux bonnes œuvres et prières qui s'y

(1) M. Jeannez.
(2) Le même.

« feront, et de tous autres priviléges dont jouissent
« ordinairement et doivent jouir les fondateurs.
« Les religieux devront en outre dire une messe
« pour elle pendant sa vie, et une autre de *requiem*
« après sa mort. »

Simplicien rend compte de cette donation. « Non-
« seulement, dit-il, cette dame surpassa la charité
« et la libéralité commune des autres bienfaiteurs;
« mais encore elle se laissa persuader par sa mu-
« nificence et sa dévotion envers la sainte Vierge,
« de fonder de nouveau la chapelle de Mont-Ro-
« land. Elle donna une somme fort notable, afin
« d'entretenir nombre de religieux en commu-
« nauté sur le Mond-Roland; et c'est à très-bon
« droit qu'elle est tenue pour seconde fondatrice
« de cette sainte et ancienne chapelle, et, comme
« les louanges de Dieu et de sa sainte Mère n'y ces-
« seront jamais, ainsi les mérites et les avantages
« spirituels de la fondatrice n'y prendront jamais
« fin. » — Ce passage nous montre tout à la fois la
reconnaissance des religieux pour leurs bienfaiteurs, et la vie pauvre que menaient ceux de Mont-
Roland; puisque, comme le dit Simplicien, une
si petite somme devait suffire à entretenir « nom-
« bre de religieux. »

Jetons maintenant un regard sur le grand nombre des pieux visiteurs du sanctuaire et sur les
merveilles qui s'y opèrent.

Des notes manuscrites, déposées aux archives du
Jura, nous apprennent que le concours fut toujours

fort grand de tous les lieux d'alentour, et que des pèlerins des nations étrangères venaient en grand nombre, attirés par la multitude et la grandeur des miracles qui s'y faisaient depuis longtemps et que la sainte Vierge continuait d'y opérer de jour en jour ; ce qui fut constaté dans le procès-verbal de la visite de Dom Alphonse Doresmieux, à l'époque de l'introduction de la réforme.

« Dom Simplicien va maintenant nous faire con-
« naître quelques grâces merveilleuses opérées
« par l'entremise de cette puissante ouvrière, et
« dont il y a encore, dit-il, des témoignages et des
« marques suffisantes pour mériter et faire foi (1). »

« Il arriva qu'un soldat téméraire et libertin fit boire son cheval dans le bénitier de pierre qui était à l'entrée de l'église : insolence que la Vierge punit sur-le-champ; car le cheval périt à l'instant. De quoi le soldat fut tellement touché, qu'après avoir rempli les devoirs que la componction et le regret d'une telle témérité peuvent inspirer à un chrétien, suivant les mouvements de la grâce, il fit faire sa statue en pierre et à genoux. Elle était portée sur quatre piliers, en mémoire de la merveille opérée en ce lieu. — On la voyait encore avant 1636, et le bassin du bénitier a été conservé,

---

(1) La valeur de tous ces faits est très-grande, sans que nous puissions cependant prononcer qu'ils sont miraculeux, ce qui n'appartient qu'à l'autorité spirituelle. Il suffit bien que nous puissions y voir des prières exaucées, des preuves de la bonté de Notre-Dame.

devant la porte collatérale de l'église, du côté du cimetière.

« Parmi quantité de chaînes attachées aux piliers et aux murailles de l'église on voyait les liens que trois honnêtes marchands y avaient apportés. Voici leur histoire. Je l'ai apprise d'une personne fort religieuse et digne de foi. — Trois marchands, voyageant de compagnie, furent arrêtés par des voleurs dans la forêt qu'on appelle le bois des Clefs, assez près de la ville de Pesmes. Ces voleurs, après leur avoir pris argent, marchandises et chevaux, afin de leur ôter le moyen de les recouvrer, les attachèrent avec de gros liens de cordes, à trois arbres, tellement séparés l'un de l'autre, dans l'épaisseur de la forêt, qu'ils ne pouvaient nullement sentr'aider en cette extrême nécessité et ne pouvaient pas même se voir ou se parler. Quatre heures environ s'étaient ainsi passées lorsqu'ils furent tous trois inspirés en même temps de se recommander à Notre-Dame de Mont-Roland, et de lui demander qu'au moins, après la perte de leurs moyens, la vie et la liberté leur fussent conservées par son assistance. Leur prière était à peine achevée que leurs liens se rompirent. Ils partirent aussitôt pour Mont-Roland, où ils accomplirent leurs vœux, rendirent leurs actions de grâces à leur sainte libératrice, racontèrent cette merveille aux religieux qui ont soin de son sanctuaire, et pendirent leurs liens aux grands balustres de la chapelle, où on les voyait encore avant 1636.

« On voyait aussi dans cette chapelle une statue de cire de la grosseur et de la grandeur d'un puissant corps humain, offerte par un honnête bourgeois de Salins. Il était demeuré l'espace de treize ans tellement perclus et accablé de maladies, qu'il désespérait toute la science de la médecine. Enfin, s'étant adressé au commun refuge, à Notre-Dame de Mont-Roland, il fut incontinent délivré de toutes ses maladies, et rétabli en sa première santé. En actions de grâces il apporta lui-même cette statue de cire, par laquelle il était représenté.

« Le seigneur Christophe de Rie, marquis de Varambon, se voyant privé de cette bénédiction du mariage, qui donne des enfants à l'Église catholique, pour continuer sa postérité et remplir le nombre des élus, résolut de faire le voyage de Mont-Roland avec madame Élénore de Chabot, son épouse, afin d'obtenir de cette vierge féconde des héritiers et successeurs en leur très-illustre maison. Ils se mirent en chemin, et, arrivés au prieuré de Jouhe, descendirent de carrosse, et vinrent à pied jusqu'à l'église de Mont-Roland. Après y avoir satisfait leur dévotion, le jour de la conception Immaculée de la sainte Vierge, ils donnèrent cent ducatons pour la célébration d'une messe solennelle, à pareil jour, chaque année. Leur voyage ne fut point dépourvu du bon succès qu'ils attendaient; car, l'année suivante, ils eurent à se réjouir de la naissance de messire François de Rie, marquis de Varambon, leur fils. En reconnaissance d'une faveur si signalée, ils envoyèrent à Mont-Roland un enfant d'argent.

« Le seigneur Ermenfroy, baron d'Osselay, et son épouse étaient privés de postérité. Ils vinrent à pied jusqu'à Mont-Roland prier la Vierge mère de mettre un terme à leur affliction. L'année suivante ils vinrent encore visiter Notre-Dame, lui apportèrent l'enfant qui leur était né, et la présentèrent à cette puissante princesse, comme l'ayant reçu de sa main, et désirant la conserver sous sa favorable tutelle et protection. »

A tous ces faits nous pouvons ajouter un des nombreux témoignages rendus à la puissance, à la bonté de Notre-Dame et conservés aux archives du Jura. Il appartient à l'époque à laquelle nous sommes arrivés.

« Je, Jean Humbert, conseiller ordinaire de mon-
« seigneur le prince de Condé, premier prince du
« sang, certifie, à l'honneur de la très-sainte
« Vierge, qu'après avoir éprouvé toutes les recettes
« et les secrets de la médecine en vain et inutile-
« ment, je suis venu en ce saint lieu de Mont-
« Roland, où, après m'être confessé, avoir commu-
« nié et imploré Notre-Dame, j'ai été absolument
« guéri, sans que j'aie ressenti depuis aucune at-
« teinte de mes anciennes infirmités. En foi de
« quoi je me suis soussigné. A Mont-Roland, ce
« quatrième novembre seize cent trente-quatre.

« Signé : HUMBERT. »

CHAPITRE XII

NOTRE-DAME DE MONT-ROLAND EN 1636.

En 1636, le 28 mai, entre neuf et dix heures du matin, le prince de Condé, à la tête de vingt-huit mille hommes, parut à la vue de Dôle. Il venait lui faire subir les angoisses d'un long siége et lui laisser la gloire d'une des plus mémorables défenses dont l'histoire puisse faire mention.

Pendant toute la durée du siége les habitants de Dôle allaient déployer une valeur extraordinaire et trouver cette force indomptable dans le recours à Notre-Seigneur et à sa sainte Mère. — Condé fit étendre sa cavalerie entre Authume et Archelange et rangea son infanterie en bataille sur Mont-Roland. — De son côté la ville de Dôle se prépara à une vigoureuse résistance. Le magistrat et ceux qui gouvernaient la ville au nom du souverain, « persuadés, dit M. de Persan, que le « premier et le plus sûr moyen de vaincre était le « secours du ciel, se décidèrent à l'implorer. Le premier juin, le vicomte Mayeur (le maire) et les autres membres du corps de ville reçurent la communion dans la chapelle où l'on conservait l'Hostie miraculeuse de Faverney, et firent à Dieu le vœu d'un jeûne et d'une procession annuels, implorant sa protection par les mérites de Jésus-Christ, dont ils reconnaissaient la présence dans la sainte Hostie et l'intercession de la sainte Vierge. Le clergé, revêtu d'aubes et les pieds nus, fit une procession pour obtenir à la ville assiégée l'assistance du Dieu des armées. Dans toutes les maisons religieuses on ajouta quelque chose aux prières et aux mortifications ordinaires. Les femmes et les jeunes personnes promirent de diminuer leur parure ; et ces dernières allèrent en procession, pieds nus et couvertes de voiles blancs, de l'église des Jésuites à la sainte Chapelle.

De tels actes, une foi si vive, devaient assurer le succès ; mais Dieu voulut éprouver la confiance des pieux Dolois. — La ville fut bombardée et l'effroi que causa d'abord aux assiégés cette nouvelle manière de faire la guerre, qui leur était encore inconnue, n'abattit pas leur courage. — Pendant trois mois ils eurent à soutenir les efforts inouïs de l'armée ennemie.

Mais enfin Celle qui est forte comme une armée rangée en bataille vint au secours de sa ville bien-aimée. Dôle ressentit les heureux effets de la bonté et de la puissance de sa Protectrice. « Au jour de
« sa triomphante Assomption par-dessus l'empirée,
« comme l'a écrit le président Boyvin, elle voulut
« retirer cette pauvre ville, sa très-dévote vassale,
« du cercueil et des ombres de la mort, pour faire
« monter la gloire de sa valeur et de sa fidélité jus-
« ques aux nues. »

Dôle était dans l'ivresse de la joie et le président Boyvin, dans un chronogramme destiné à rappeler la date d'une si merveilleuse délivrance, associait Notre-Dame aux transports de l'allégresse publique.

EXVLtat pIa VIrgo, DoLa fVgIt IMpI Vs hostIs (1).
« La Vierge si bonne tressaille de joie ; de Dôle l'ennemi s'enfuit. »

La ville entière rend grâces à sa libératrice.

Mais, hélas ! hors de la ville que se passe-t-il ? Les Suédois luthériens avaient leur quartier à Mont-Roland : que sera-t-il arrivé ?

Ce fut sans doute avec appréhension que les pieux visiteurs de Notre-Dame, que les plus empressés, franchirent l'enceinte de la ville enfin délivrée, pour aller remercier Notre-Dame de Mont-Roland en son sanctuaire. Hélas ! ils ne trouvèrent plus que les traces d'une immense profanation. L'image miraculeuse avait été abattue, foulée aux pieds, outragée de la manière la plus indigne, elle n'était plus à Mont-Roland.

« L'église de Notre-Dame de Mont-Roland, dit
« l'historien de ce siége, assise sur une colline à
« demi-lieue de la ville, illustre de miracles et fré-
« quentée par la dévotion des peuples du duché
« comme du comté de Bourgogne, à la vue desquels
« cette sainte chapelle, bâtie et enrichie par la piété
« des anciens princes bourguignons, se présente

(1) Les chiffres romains formés par quelques-unes des lettres de ce vers donnent 1636. Il faut les additionner sans avoir égard à la place qu'ils occupent.

« également, fut abandonnée à la rage des Suédois
« et autres hérétiques de l'armée assiégeante. Ils y
« mirent le feu par deux fois, et au monastère que
« les pères réformés de Saint-Benoît avaient com-
« mencé d'y bâtir, ils renversèrent les autels, fouil-
« lèrent les vieilles sépultures, brûlèrent et mirent
« en pièces toutes les images, les tableaux de
« vœux et de merveilles, et tous les autres orne-
« ments de la chapelle, et n'y laissèrent rien d'en-
« tier que le tombeau de marbre avec la statue
« priante d'un seigneur d'Estrabonne à la faveur du
« sieur d'Aumont qui en était issu. L'image mira-
« culeuse de Notre-Dame, qui avait été par plus de
« 600 ans en très-grande vénération, fut abattue et
« foulée aux pieds, et demeura longtemps couchée
« et abouchée sur sa place... Le prince de Condé
« l'envoya relever, et la fit porter au couvent des
« capucins d'Auxonne. C'est une piété très-louable
« de l'avoir ainsi tirée des mains de ces barbares,
« ennemis jurés du saint nom de la Vierge ; mais
« ceux de Dôle ont trouvé merveilleusement rude
« qu'on ait refusé de la rendre à ses anciens et lé-
« gitimes possesseurs qui l'ont instamment rede-
« mandée après le siége levé. »

La sainte montagne sera donc désormais couverte
de deuil, comme une pauvre orpheline, lorsqu'elle
a perdu sa mère.

Cependant au milieu de cette nuit de tristesse on
voit percer un rayon d'espérance. Une voix se fait
entendre, relève la confiance des habitants de Dôle

et semble leur promettre qu'ils reverront leur puissante patronne, son image, gage de sa tendresse.

« Ils espèrent, dit le président Boyvin, que la
« glorieuse Mère de Dieu, qu'ils ont choisie pour
« leur protectrice, fera bientôt restituer, avec la
« paix, à ses dévots serviteurs, ce précieux gage de
« son amour, faisant connaître combien lui étaient
« agréables les vœux qu'on lui offrait en ce saint
« lieu, devant cette sienne image. »

Boyvin, comme président du parlement de Dôle, était alors revêtu de l'autorité souveraine; car, à cette époque, l'infante Isabelle avait confié cette autorité sur le pays à l'Archevêque de Besançon et au parlement de Dôle.

CHAPITRE XIII

NOTRE-DAME DE MONT-ROLAND DE 1646 A 1649.

Remontons tristement la sainte colline. La Vierge de Mont-Roland : son image n'y est plus. Mais nous trouverons peut-être quelques-uns des anciens monuments de sa puissance. Au commencement du siége quelques Bénédictins sont restés à Mont-Roland pour garder le sanctuaire. Les soldats, il est vrai, ont maltraité ces bons religieux; mais leur pieuse industrie aura sans doute reussi à nous conserver quelques précieux souvenirs. — Du reste, c'est sur cette sainte montagne que Notre-Dame veut être priée, quoique sa sainte image n'y soit plus.

Pendant les huit années qui ont suivi le siége de Dôle, les courses des ennemis n'ont pas permis aux enfants de saint Benoît d'habiter près de Notre-Dame ; mais, depuis deux ans, un peu de tranquillité leur a laissé sans doute la facilité d'achever les réparations du sanctuaire. — Ils doivent être aussi occupés à relever de ses ruines leur monastère. Que de temps il leur faudra pour y réussir ! Que de pertes ils ont subies ! De combien de ressources les suites de la guerre les privent encore !

Approchons. Simplicien va nous décrire l'église de Mont-Roland telle qu'elle fut après les dévastations de 1636. Son langage ne pourra manquer d'être empreint d'un sentiment de douleur lors qu'il nous rappellera ce que l'époque du siége a fait disparaître.

Les travaux de reconstruction n'ont cependant fait aucun changement essentiel à la chapelle de Notre-Dame et nous pouvons dire encore, avec Philippe le Bon, dans un de ses arrêts, que c'est bien cette chapelle qui a été « béniste et dédiée par sainct Martin, lors évesque de Tours, en l'honneur de la glorieuse vierge Marie, Mère de Dieu. »

« Elle est bâtie, nous dit Simplicien, sur la pointe qui regarde le septentrion et l'orient. Elle est de quatre ou cinq pièces rapportées et de structures diverses, que la dévotion du peuple, ou de quelques particuliers ont ajoutées l'une après l'autre. La première nef est fort grossière et sans nulle voûte; la seconde est bien basse, mais voûtée. Le chœur ou presbytéral l'est aussi et il est plus élevé et plus gai. Il est moins ancien que tout le reste. La longueur de l'église est d'environ cent vingt pieds, et sa largeur, en y comprenant les collatéraux, de soixante et dix.

« Il y a quatre autels : le grand et le principal est celui de la sainte Vierge et de son image miraculeuse. — Le deuxième est celui de la chapelle de la maison très-ancienne de Châlon. Il termine le collatéral de l'évangile et est dédié à saint Jean-Baptiste. La voûte de cette chapelle était autrefois toute dorée, azurée et embellie richement. — Le troisième autel termine l'autre collatéral et est dédié à saint Martin. — Le quatrième, le plus ancien de tous, est celui qui fut consacré par saint Martin lui-même. Il était autrefois posé au milieu de la chapelle, selon l'ancienne coutume. Il est maintenant contre un pilier, du côté de l'épître, sans beaucoup d'ornements, comme dans le deuil de sa profanation depuis les dernières guerres. »

Dans son deuil cependant, qu'il est respectable! Il a vu passer devant lui douze siècles. Que de changements les empires les mieux affermis ont subis pendant ces douze cents ans! Pendant que tout

change autour de lui, le sanctuaire de Notre-Dame
ne cesse pas d'être le refuge de toutes les afflictions, de toutes les infirmités, de toutes les souffrances. Agité par les remords, le pécheur y trouve
la paix ; le juste une force nouvelle pour continuer
à mettre avant tout le règne de Dieu, « qui seul
n'aura point de fin. »

Mais écoutons encore Simplicien. « En la chapelle
de la maison de Châlon, on voit la tombe d'un prieur
de Jouhe issu de cette royale tige. On l'a représenté vêtu de notre habit de l'étroite observance.
On lit en vieilles lettres :

> Cy gist frère Hugues de Chalon,
> Prieur de Jouhe,
> Qui trespassa le quinzième jour du mois de juin,
> L'an de Nostre-Seigneur 1390.
> Que Dieu aye son âme.
> Amen.

Un autre prieur de Jouhe, qui a bâti le chœur,
est enterré devant le maître-autel. Sa tombe était
couverte de lames de cuivre, avec ces mots :

> Cy gist frère Jean de Coignet,
> Qui a fait le chansey (le sanctuaire).

L'insolence des soldats n'a pas épargné ce petit
monument.

« Dans le chœur, au côté de l'Évangile, est le
sépulcre de M. d'Estrabonne. Son image est en re-

lief (1). Elle est accompagnée de l'inscription suivante :

Ci gist
Haut et puissant seigneur Messire Guillaume d'Estrabonne,
Seigneur dudit lieu,
De Saint-Loup, Avennes, Nolay, Nantou, Jouserole,
Chevalier de l'ordre de la Toison,
Qui trespassa le 22 du mois d'octobre, de l'an 1453,
Audit Estrabonne,
Et choisit sa sépulture en ce lieu.

Devant la porte collatérale de l'église, du côté du monastère, est une tombe dressée, faisant partie de la muraille, et portant cette inscription :

Ci gist messire Pierre de la Barre,
Qui fut chanoine de Dole
Et trespassa le samedy de l'an 1350.

« Le collatéral de l'épître se termine à la chapelle qu'on appelle de Roland. C'est là que se trouve le colosse en pierre de ce très-fameux prince, fondateur du monastère. Sa taille passe celle des plus hauts d'environ un tiers. Il est représenté en homme d'armes, et élevé sur une base pareille à un autel, bien que sans dessein de lui déférer les honneurs que l'Église ne lui a pas accordés, quoi-

(1) C'était une statue dans l'attitude de la prière, si nous nous en rapportons à l'historien du siége de Dôle. Nous lirons plus bas une description de la tombe de ce seigneur. Cette description, tirée des archives du Jura, prouve que cet historien ne s'est pas trompé.

qu'en puisse dire le martyrologe d'Usuard. — A côté de cette base on voyait autrefois un autel sous l'invocation de saint Antoine, dont maintenant on ne parle plus. »

Puisque nous avons visité l'ensemble de l'église de Mont-Roland, telle qu'elle était en 1646 et telle qu'elle fut jusqu'en 1710, jetons un regard sur une pierre carrée, qui est incontestablement entrée dans sa reconstruction, après le siége. — Elle porte entre quatre croix le chronogramme suivant :

✝   QVI legis hVnC   ✝
VersVM XPI (1) annos
✝   TV Ipse VIDebis.   ✝

Qui legis hunc versum Chisti annos tu ipse videbis.

En lisant ce vers, vous verrez à quelle époque de l'ère chrétienne nous sommes arrivés.

Ce chronogramme donne 1646 et détermine d'une manière précise la date de la restauration de la chapelle de Notre-Dame, après le siége de 1636, et les courses des ennemis, qui continuèrent jusqu'en 1644.

Cette pierre est encore à Mont-Roland, avec les débris de la statue de Roland, et le buste mutilé d'un autre chevalier. Ces respectables débris sont dans le jardin de la nouvelle communauté. — Il y a tout lieu de penser que le buste mutilé est celui

---

(1) Il est facile de voir dans ces trois lettres une abréviation du mot Christi.

de Guillaume d'Estrabonne. Le mausolée de Guillaume d'Estrabonne était élevé sur quatre colonnes de pierre de Sampans. Ce seigneur était représenté en entier, à genoux, avec le collier de la Toison d'or sur l'habit de chevalier cuirassé. Son casque et son gantelet étaient posés devant lui, sur un cube, sur lequel il reposait ses mains.

CHAPITRE XIV

CONTINUATION DU MÊME SUJET — DONS, EX-VOTO, CONSERVÉS APRÈS LE SIÉGE.

Simplicien nous rendra compte de ces précieux souvenirs et nous rappellera au moins une partie des pieux monuments que les maux de la guerre ont fait perdre au sanctuaire de Notre-Dame.

« Beaucoup de personnes, qui vivent encore, ont vu, dit-il, bon nombre de drapeaux de guerre à moitié pourris de vieillesse, des *labarons* ou cornettes, des boucliers et autres armes, offertes à Notre-Dame. De grandes statues de cire, ainsi que d'autres pieux monuments attestaient la reconnaissance de ceux et de celles qui avaient ressenti le favorable secours de la Vierge de Mont-Roland.

« Le baron du Mont-Justin, après la sanglante défaite que les Chrétiens, sous la conduite du brave et victorieux Jean d'Autriche, firent essuyer aux Turcs (à Lépante, en 1571); après cette journée que le secours si visible de la Vierge rendit si mémorable, au grand avantage de toute l'Église, qui ne fut pas moins triomphante, pour cette fois, que militante; ce baron, dis-je, pour une éternelle mémoire, et par reconnaissance pour la bonne part qu'il avait eue à cette victoire; sous la faveur de Marie, l'invincible générale des armées célestes, vint offrir son drapeau, sa rondache (1) et son coutelas à la dévote église de Mont-Roland (2).

La consolation accordée au baron de Mont-Justin fut refusée à un autre héros, à Jean de Vienne, la gloire de Dôle et de la Franche-Comté. Jean de Vienne, après des prodiges de valeur, mourut à Nicopolis, tenant entre ses mains l'étendard de Notre-Dame de Mont-Roland. Comme le baron de Mont-Justin, il combattait contre les ennemis du nom chrétien. Quelques vers expriment trop bien ses regrets pour ne pas être déposés, en quelque sorte en son nom, aux pieds de Notre-Dame.

Jean de Vienne.

Il tombe, et la noble victime,
Dont le regard encore imprime

(1) Grand bouclier rond. « Ces *ex-voto* étaient à Mont-Roland en 1789. (M. Jeannez.) »

(2) Le baron de Mont-Justin avait commencé sa campagne contre les Turcs en assistant à la messe que son compatriote le cardinal de Granvelle avait dite en plein soleil, sur le rivage de Naples, pour la flotte chrétienne réunie; il la termina au pied de la petite statue de bois de la Vierge de Mont-Roland. (M. Louis de Vaulchier.)

Et le respect et la terreur,
Baise l'image de Marie,
Don pieux qu'une main chérie
Tendrement posa sur son cœur.

O toi, dit-il, que je vénère !
O douce image que ma mère
Me remit, hélas ! en pleurant,
O toi qui bénis et consoles,
Entends-tu mes dernières paroles,
Bonne-Dame de Mont-Roland ?

Ah ! j'espérais sur ta colline,
Où tant de fois ta main divine
A béni mon front incliné,
J'espérais te revoir encore
Et des rives du Bosphore
Revenir le front couronné.

Mais, puisque ma froide paupière
Bientôt à la douce lumière
Ne pourra plus se déployer,
Daigne au moins, ô Vierge Marie,
Apprendre à ma mère attendrie
Que je meurs en vrai chevalier.

Enfin dans tes bras j'abandonne
Mes chères armes, où rayonne
Le noble éclat de la valeur.
Reçois encore, ma bonne Dame,
Le dernier soufle de mon âme,
Le dernier baiser de mon cœur.

(STEPHANUS CLAIRET.)

« Non-seulement la ville de Dôle, ajoute Simplicien, avait à Mont-Roland des marques de sa piété, des témoignages de sa vénération particulière; mais encore les villes de Dijon, d'Auxonne, de Seurre, dite Bellegarde, de Saint-Jean de Lône y étaient représentées : les bougies qu'elles y avaient offertes, aussi longues que leurs enceintes, s'y conservaient encore, il n'y a pas longtemps.

« Tout y était rempli de chaînes, de potences, et d'autres pareilles marques de liberté recouvrée, de santé reçue par l'invocation de cette Mère de notre salut. Monsieur le Clerc, supérieur des religieux de Jouhe, y fit beaucoup de changements, avant que d'y appeler les Pères de la Réforme Bénédictine : et, entre autres choses, il employa les chaînes et les ferrailles de l'église au grand *ballustrage* posé entre les deux nefs. Les soldats le mirent en pièces et l'emportèrent avec les cloches et les autres meubles qu'on n'avait pas pris soin d'enlever avant leur arrivée.

« Les ducs eux-mêmes et les comtes de Bourgogne, que chacun sait avoir été les plus puissants de la chrétienté, ont fait grand état de ce lieu, et l'ont considéré comme l'un des plus dignes de leur vénération et de leur libéralité. Il n'y a pas longtemps que l'on y voyait encore, entre autres dons et présents divers, une fort belle et riche couronne toute d'or fin que l'un des ducs y avait offerte à la Vierge. Elle fut dérobée avec une partie des choses les plus précieuses de l'église, il y a environ trente-cinq ans.

« On conserve encore quelques robes anciennes de drap d'or, et d'autres étoffes, que les princes, et autres grands ont données pour revêtir la sainte image. Une des plus belles et des plus remarquables est celle qu'envoya la très-pieuse archiduchesse Isabelle, gouvernante des Pays-Bas, fille du roi Philippe le Prudent. Elle envoya aussi une chasuble de drap d'or, enrichie à l'avenant, un parement d'autel semblable à la chasuble, et un beau missel richement couvert.

« On trouve aussi dans la chapelle, ou dans la sacristie, quelques beaux calices, des couronnes et des cœurs d'argent, des chaînes d'or et d'agate, des croix d'or, et d'autres dons offerts depuis peu d'années, comme la lampe d'argent donnée par M. de Menoux. Le reste des ornements consiste en divers tableaux.

« Parmi ces tableaux il y en a fort peu qui n'aient pas été donnés par vœu ou en reconnaissance de quelque grâce reçue par le moyen des suffrages de la Vierge de Mont-Roland. Et quoique un assez bon nombre de ces vœux ne soient pas de prix, toujours est-il certain que l'occasion en est considérable.

« On voit sur l'autel consacré par saint Martin une image fort ancienne de la sainte Vierge. Elle est assez bien dépeinte. On lit cette inscription :

Vera effigies divæ Virginis Cretæ Monferrati, quam sanctus Lucas ferro sculpsit, et e Palæstina detulit sanctus Eusebius Vercellensis, anno ter centesimo septuagesimo salutis nostræ.

Cette inscription est précieuse. Elle nous apprend

qu'une Vierge honorée en Piémont a été sculptée par saint Luc et apportée de Palestine par saint Eusèbe de Verceil, l'an de Notre-Seigneur trois cent soixante et dix (1).

Un tableau, poursuit Simplicien, représente la Sainte Vierge portant son fils, et dans le même tableau on voit le portrait d'un petit garçon nommé Alix. Il tient un flambeau à la main. On lit cette inscription :

> Ex voto parentum posuit Carolus Alix. Anno 1621.

Huit vers latins déclarent le sujet de cet *ex-voto*.

> Dens mihi nullus erat ; sed dum prorumpere certat,
>   Spargitur in molli corpore dira lues.
> Horrida nam teneros febris pugnaciter artus
>   Occupat, et vitæ spes mihi nulla super.
> Nuncupat in tanto genitor discrimine vota :
>   Cum subito nova spes, vitaque densque fuit.
> Non ergo unius votivos dentis honores
>   Solvimus : acceptos dat tibi uterque dies.

> Une première dent m'allait coûter la vie,
> Sans le puissant secours de la Vierge bénie.
> La fièvre de ses feux brûlait mon faible corps ;
> J'allais, à peine né, compter parmi les morts.
> Mon père au désespoir tend les bras vers Marie,
> Et soudain je reçois et les dents et la vie.
> A lui je dois m'unir, et, pour tant de bienfaits,
> A ma mère du ciel me donner à jamais.

(1) Cette tradition est vivante au delà des Alpes et se rapporte incontestablement à la Vierge d'Oropa, que saint Luc a sculptée sur bois, et que saint Eusèbe de Verceil a apportée de Palestine. Le bois est noir ou noirci par les siècles.

« Un autre tableau représente encore la Sainte Vierge portant son Fils. Un peu au-dessous de la Vierge se trouve d'un côté le portrait de monsieur l'avocat Barberot, de l'autre celui de son épouse, avec cet argument et sujet bien remarquable :

Ex Hispaniis Italiam versus navigans, sacratissimæ hujusce domus Virginis ope, naufragio ereptus, marique; terræ tandem redditus, etiamnum hic gratias agit D. O. M. et S. V. Antonius Barberot Grayacensis S. V. D. appensum, anno Christianorum 1622.

Arraché au naufrage et aux flots de la mer, par la puissance de la Vierge qu'on honore en ce sanctuaire, lorsqu'il faisait voile d'Espagne en Italie, Antoine Barberot, de Gray, docteur en droit, rend grâces à Dieu et à Notre-Dame. Cet *ex-voto* a été apporté l'an de Notre-Seigneur 1622.

De tous les tableaux conservés à Mont-Roland celui qui charme le plus Simplicien est l'œuvre de M. Michotey Antoine, né en 1608, président au parlement de Dôle et poëte latin, comme nous l'apprend le Dictionnaire historique du Jura. Il s'est peint lui-même aux pieds de Notre-Dame et a reproduit, avec beaucoup de vérité et de ressemblance, ses propres traits et ceux de la Vierge de Mont-Roland. — « Donc, ajoute Simplicien, ce tableau consiste en une image de la Sainte Vierge qui porte son Fils. Elle est accompagnée de notre patriarche saint Benoît. Voici l'inscription :

Infirmorum saluti.

C'est-à-dire, *au salut des infirmes.* — Au-dessous M. Micholey exprime son esprit, sa dévotion, sa maladie et sa guérison dans les cinq distiques suivants :

Semineces dum febris atrox sæviret in artus,
    Quæ potuit vitæ solvere pensa meæ.
Virginei Angelicum sensi medicamen amoris,
    Post imploratam Numinis ejus opem.
Urebat pectus trux flamma medullitus ægrum ;
    Majore at flamma, flamma repulsa minor.
Flamma amor est, quo Virgo suos fovet alma clientes :
    Cessit ei ardentis noxia flamma mali.
Æquali me, Diva potens, perge urere flamma,
    Æternumque canam, mater Amoris, Ave.
        Voverat et votum exsolvit Antonius Micholey, 1631.

La fièvre dévorait mes membres languissants :
Je me précipitais vers mes derniers instants.
Mais de la Vierge mère implorant la puissance
De son amour si pur je sentis l'influence.
Une fièvre brûlante exerçait ses rigueurs ;
Mais un feu plus puissant combattit ses ardeurs.
Ce feu, c'était l'amour dont la Vierge fidèle
Environne celui qui se confie en elle.
O Vierge, que ce feu, que sa chaste douceur
Eteigne en moi du mal la trop funeste ardeur ;
Par un nouveau bienfait, que cette même flamme
Eclaire tous mes pas, guide, échauffe mon âme ;
Ah ! qu'elle me consume ! et, dans l'éternité
J'irai dire à ma mère un immortel Ave.

Cet *ex-voto* est de 1631.

« Un autre tableau représente la Vierge portant son Fils. On voit au-dessous quelques religieux et l'abbaye de Saint-Vincent de Besançon. Voici l'inscription :

Sub tuum præsidium confugimus, sancta Dei genitrix.
L'an 1632. *Ex-voto.*

A cette époque la ville et l'abbaye étaient fort affligées de la peste. Au vœu et au don du tableau fut ajouté un calice d'argent très-beau et très-bien travaillé.

« Un autre tableau, accompagné du portrait de M. le baron Volfang porte l'inscription *ex-voto* ; puis dans un cartouche on lit les mots suivants :

Pro libertate parentum, quos Dei, Cæsaris, bonorumque omnium hostes perfide ceperant, et dimidio fere anno tenuerant, recuperata, hoc et in magnæ Matris bonitatem confidentiæ, et suæ de parentum incolumitate sollicitudinis monimentum posuit, votoque se solvit Volfangus Adrianus, baro a Spiringk, anno salutis 1631, ætatis suæ 14.

Pour la délivrance de ses parents, que les ennemis de Dieu, de César, et de tous les gens de bien avaient traîtreusement faits prisonniers et retenus captifs pendant près de six mois, Volfang Adrien, baron de Spiringk, âgé de quatorze ans, vient accomplir le vœu qu'il a fait et confie à ce sanctuaire ce monument de sa grande confiance en Marie notre Mère, et de sa sollicitude pour ses parents. L'an de Notre-Seigneur 1634.

« La Vierge portant son Fils se trouve dans un autre tableau avec le portrait de M. Grignet et ce chiffre : D. O. M. V. Q. M. On lit au-dessous :

Carolus Grignet Dolanus, centum cataphractorum equitum in Belgio dux, hoc labaro, dum ubi prima stipendia eques faceret, donatus, illud per medios servatum hostes, salutis autoribus, Deo Trino et Uni, Partheniæque Matri voti reus humiliter ponit, dicatque.

Charles Grignet, de Dôle, capitaine de cent hommes aux Pays-Bas, pour accomplir le vœu qu'il a fait, offre à Dieu et à la Vierge Mère qui lui ont sauvé la vie, cet étendard, qui lui fut donné dans ses premiers essais de guerre et que les ennemis n'ont jamais pu lui arracher. — Ce tableau est encore à Jouhe. On voit, ce que Simplicien ne nous apprend pas, que Charles Grignet avait alors cinquante ans et que cet *ex-voto* est de 1530. L'inscription latine a disparu.

« Le plus grand et le plus apparent tableau de ceux d'à-présent, nous dit Simplicien, a été donné par monsieur le docteur Clerc de Besançon, pour avoir obtenu un enfant par les suffrages de la sainte Vierge de Mont-Roland. Notre-Dame porte son Fils. L'enfant Jésus caresse saint Benoît et sainte Scholastique. Saint Joseph est spectateur. Voici l'inscription. Elle est en grosses lettres d'or :

Purissimum castitatis speculum.

On lit au-dessous :

Sub tuum præsidium confugimus, sancta Dei Genitrix.

« C'est en reconnaissance de ce bienfait qu'a été offerte à Notre-Dame une couronne d'argent couverte de pierreries, la plus belle et la plus riche qui soit à Mont-Roland.

« Un autre tableau de la Vierge portant son Fils représente aussi Anne-Henriette Coiteux. Les six vers suivants expliquent cet *ex-voto*.

> Vierge, de qui le Fils est le bonheur du monde,
> Bénissez cet enfant et sa mère féconde ;
> La faveur de l'avoir de vos célestes mains
> Comme de l'Emperière (1), et mère des humains,
> Lui serait un plaisir trop fâcheux et contraire,
> S'il arrivait jamais qu'il vînt à vous déplaire. »

Nous devons remercier Simplicien Gody de nous avoir conservé le souvenir d'une mère si chrétienne. Elle se réjouit de tenir en quelque sorte des mains de la Souveraine et de la Mère de tous les hommes un enfant qui lui est cher ; et cependant elle ne craint pas de dire que ses joies maternelles se changeraient en amère tristesse, si cet enfant venait jamais à commettre le péché et à déplaire ainsi à N.-D. et à son divin Fils.

Dom Simplicien continue. « Il y a encore, dit-il, sept ou huit autres tableaux inscrits *ex-voto* et une vingtaine sans marque de vœu. — La piété et la reconnaissance de ceux et celles qui ont reçu quelques faveurs du ciel par la main de la sainte Vierge de Mont-Roland les lui ont offerts. — Les

(1) Impératrice, souveraine.

accidents de guerre et les révolutions des temps ont aboli et perdu les autres en grand nombre. »

En visitant le sanctuaire de Notre-Dame, nous avons vu apparaître la noble figure de Jean de Vienne. Quelques détails sur la vie et la mort de ce héros sont bien capables de satisfaire notre pieuse curiosité. Ils nous seront fournis par le P. Daniel, et par l'auteur de la vie du maréchal de Boucicaut.— Jean de Vienne, amiral et créateur de la marine en France, naquit à Dôle, vers 1322. Très-jeune encore il fut nommé gouverneur de Calais. En 1377 il fit une descente en Angleterre et en 1380 passa en Écosse avec soixante vaisseaux. Il fut du nombre des seigneurs qui allèrent au secours du roi de Hongrie, attaqué par Bajazet Ier. A la bataille de Nicopolis il fit des prodiges de valeur. Les croisés étaient devant cette ville, lorsqu'ils apprirent l'arrivée de Bajazet. A cette nouvelle, ils marchèrent fièrement à la rencontre des Turcs. « Arrivés en
« présence de l'ennemi, ils se mirent en bataille.
« L'amiral (Jean de Vienne) leur fit une courte ha-
« rangue pour les animer au combat, et leur fit
« comprendre qu'ils ne devaient espérer de secours
« que de Dieu et de leurs épées, et qu'il fallait
« vaincre ou périr. Il prit le grand étendard de
« l'armée dans lequel éclatait l'image de la Vierge,
« et se mit au milieu des escadrons. Il fut bientôt
« avec dix chevaliers au milieu des troupes enne-
« mies. Il les exhorta à faire de leur mieux ou pour
« sauver leur vie ou pour la vendre chèrement.

« Alors ce vieillard vénérable, qui avait blanchi
« dans le commandement des armées, s'élança
« comme un lion sur un escadron des infidèles, le
« perça plusieurs fois, et, démonté, releva jusqu'à
« sept fois son étendard, dans lequel accablé sous
« la multitude des flèches qu'on lui lançait, il s'en-
« veloppa, et rendit là sa grande âme à son créa-
« teur (1). »

CHAPITRE XV

NOTRE-DAME, PENDANT L'ABSENCE DE SON IMAGE MIRACULEUSE, CONTINUE A EXAUCER LES PRIÈRES QU'ON LUI ADRESSE A MONT-ROLAND.

La sainte Image a été enlevée ; mais c'est encore à Mont-Roland que l'on vient remercier Notre-Dame, accomplir ses vœux. C'est vers la sainte montagne que se tournent encore les regards de ceux qui sont dans la détresse et c'est de la sainte montagne que vient le secours, *Unde veniet auxilium mihi.* — C'est bien à Mont-Roland que Notre-Dame veut être honorée et faire éclater sa puissance et sa bonté ; c'est bien au sanctuaire qu'elle y a choisi qu'elle rattache les heureux effets de sa maternelle protection, c'est bien ce sanctuaire qui est comme le centre et le foyer de sa tendresse pour

(1) *Histoire du maréchal de Boucicaut*, p. 73.

nous. Les archives du Jura vont nous en fournir la preuve.

« Jacques Courtois, laboureur de Champvans, en l'an 1639, au mois de janvier, fut fait prisonnier de guerre par les soldats de Saint-Jean de Lône. Il fut conduit en cette ville et mis dans une tour avec un de ses compagnons, laboureur comme lui. Là il fit tant qu'il rompit sa prison. Ils sortirent tous deux ; mais, ne pouvant repasser la Saône, ils furent deux jours dans les bois sans manger et exposés à la rigueur du froid. Enfin ils se virent découverts par des paysans qui les cherchaient. Le compagnon de Jacques Courtois fut repris et tué. Pour lui il se voua à Notre-Dame de Mont-Roland, au cas qu'il échappât de ce danger. — Sa confiance ne fut pas trompée. Arrivé le soir au bord de la Saône, extrêmement faible, également pressé par le froid et par la faim, il renouvela son vœu, promettant de venir à Mont-Roland aux quatre principales fêtes de Notre-Dame, de s'y confesser, d'y communier, et de faire dire une messe. Puis, après avoir récité son chapelet, il se jeta dans la Saône. Il n'avait jamais nagé, sinon sur des nasses, lorsqu'il était petit enfant, dans des marais qui sont de petits amas d'eau ; néanmoins, malgré son extrême faiblesse, il passa cette rivière large et profonde, et arriva, à la pointe du jour, à la demi-lune de la porte d'Aran, de la ville de Dôle. — Comme il s'approchait du corps de garde, le caporal qui y commandait, dans sa première surprise, lui porta un coup de hallebarde, qui de-

8

vait le percer d'outre en outre ; mais la hallebarde glissa sans le blesser. — Délivré de tant de dangers, il est venu à Mont-Roland accomplir son vœu. » L'exécution de ce vœu est de 1648.

Nous trouvons encore dans ces précieuses archives un fait bien capable non-seulement de nous montrer la puissance de Notre-Dame, mais encore de nous détourner de la facilité avec laquelle on juge le prochain. — « Une femme se confessa (à Mont-Roland) le premier dimanche du mois d'août 1648. Après s'être confessée, elle vit une villageoise qui venait le long de l'église et eut la pensée de porter sur elle un jugement fort désavantageux ; et, étant allée là-dessus à la communion, elle ne put avaler la sainte Hostie. — Comme elle s'en retournait à sa maison, passant près de l'église de Sampans elle y entra, et, après y avoir prié, elle prit de l'eau bénite dans sa main et la but, afin de faire descendre la sainte Hostie. Ce fut en vain. — Arrivée chez elle, elle prit quelque chose, dans le même but. Tout fut inutile. Elle passa le dimanche, le lundi et le mardi jusqu'à midi en une si grande peine. — Comme elle n'osait en parler à personne, elle eut recours à la sainte Vierge, la priant de lui faire la grâce de connaître la grâce d'une telle nouveauté, et, à cet effet, elle se mit à genoux devant une image de Notre-Dame et de saint Joseph, et récita trois fois l'*Ave Maria*. — Elle avait à peine achevé sa prière qu'elle se souvint de la pensée qu'elle avait eue, avant la communion. Elle en demanda pardon, promit d'aller à Mont-Rolland, de s'y confesser, et de déclarer le tout à son confesseur, et, à l'instant, elle put avaler la sainte Hostie. — C'est le confesseur auquel elle s'est adressée qui a consigné ce fait dans les archives de Mont-Roland; mais il ne l'a fait qu'après l'avoir connu hors de la confession. Cette personne consentit en effet à le raconter de nouveau, en présence du R. P. D. Odillon Bebin, sous-prieur. » Au bas de ce récit on trouve la signature de Dom Placide. — Dans un recueil de notes manuscrites déposées aux archives du Jura on voit que cette pauvre femme, en racontant elle-même ce fait, répandait beaucoup de larmes.

On trouve enfin dans les archives du Jura le fait suivant : « Le jour de l'Assomption de la Vierge, en 1648, la femme de Denis Gigue de Champvans a déclaré qu'étant malade à l'extrémité, en la ville de Dôle, au temps du siége, elle fut abandonnée de deux médecins et qu'alors elle fit vœu à Notre-Dame de Mont-Roland, s'il lui plaisait lui rendre la santé, de visiter son sanctuaire, d'y faire dire une messe, et d'offrir deux cierges d'une demi-livre. — Cette promesse fut à peine faite que cette pauvre malade, qui, au jugement des médecins, était sur le point de mourir, recouvra l'appétit et, en peu de jours, pleine santé.

Notre-Dame exauce volontiers tous ceux qui s'adressent à elle. On peut dire cependant qu'elle a une tendresse toute spéciale pour ceux qui se sont enrôlés dans une de ses congrégations. — Les congrégations de la sainte Vierge sont dues au zèle de la Société que saint Ignace a formée. Cette société était à la tête du collège de l'Arc ; Dôle devait avoir ses congrégations. Notre-Dame de Mont-Roland montra combien elles lui étaient agréables.

Deux faits, dont la date remonte au commencement du dix-septième siècle et à la fin du seizième, nous indiqueront assez les faveurs nombreuses que Notre-Dame leur a accordées. — Ces deux faits sont tirés des annales des Congrégations. Cet ouvrage rend témoignage à la piété des congréganistes de Dôle, à leur tendre dévotion envers la Mère de Dieu, et nous apprend que le collège de l'Arc était le centre de quatre congrégations nombreuses qui rivalisaient entre elles de zèle et de ferveur.

« En 1590, un enfant était consumé depuis quelques mois par une fièvre si forte et si opiniâtre, qu'il semblait devoir succomber. Le jour de l'Annonciation, une pensée de foi et de confiance s'éveille dans le cœur du jeune malade ; il fait vœu, s'il obtient sa guérison, de se consacrer d'une manière spéciale à la Mère de miséricorde en entrant dans sa congrégation. A l'instant, par un premier bienfait du ciel, il est soulagé, et bientôt la fièvre, qui était continue, se change en fièvre quarte. Ses parents, au comble de la joie, sentent leur espérance en Marie s'accroître et publient partout ce premier bienfait. — Trois mois après, la pieuse mère, guidée par un sentiment de reconnaissance, conduit son fils à la chapelle du collége, pour qu'il s'y purifie par le sacrement de pénitence et célèbre ainsi dignement la fête de la Visitation. Il se confesse en effet et se trouve délivré de la fièvre ; mais il est si faible encore qu'il peut à peine marcher.— Sa mère, persuadée que Notre-Dame achèvera l'œuvre qu'elle a si bien commencée, prend la résolution de le conduire à Mont-Roland. Elle le fait monter à cheval et l'accompagne vers la sainte montagne. Ils arrivent péniblement à l'église. Le jeune malade descend de cheval, et, appuyé sur deux bâtons, entre dans le lieu saint. Il se prosterne devant l'image de Marie, et, la messe terminée, il sent que la Mère de bonté l'a exaucé. Une vigueur nouvelle s'est répandue dans tous ses membres ; il est guéri, et offre, en témoignagne de la faveur reçue, les appuis qui soutenaient naguère son corps débile. Il sort de l'église plein de joie, laisse le cheval qui l'a porté, et revient à pied à la ville. A ce spectacle les habitants de Dôle, témoins du changement merveilleux qui s'est opéré en lui, l'entourent, le félicitent, et rendent avec lui de justes actions de grâces à Jésus et à sa sainte Mère.

« En 1603, un des congréganistes de Dôle était alité depuis longtemps : une maladie très-grave le faisait souffrir. Plein de confiance en la Mère de Dieu, qui l'a déjà miraculeusement secouru dans une autre circonstance, il se rend péniblement au sanctuaire de Mont-Roland. — Il se prosterne de vant la Vierge, la prie avec larmes et à l'instant recouvre la santé. »

CHAPITRE XVI

NOTRE-DAME DE MONT-ROLAND EN 1649.

Enfin le beau jour approche! — Le rayon d'espérance que le président Boyvin a fait jaillir d'une nuit de tristesse a grandi. Nous touchons à l'aurore. La sainte montagne tressaille d'une joie soudaine. — L'image de Notre-Dame va lui être rendue.

Elle avait été transportée à Auxonne pendant le siège. Que d'efforts inutilement tentés pour la recouvrer. — Louis XIII fut vivement sollicité de faire rendre ce précieux trésor. Philippe IV, Roi d'Espagne, employa sa puissante médiation en faveur de Dôle et du sanctuaire désolé : tout fut inutile.

Mais Louis XIV venait de monter sur le trône. Anne d'Autriche était régente. Fille d'Espagne, elle devait avoir pour Dôle et Mont-Roland une affection toute spéciale (1). — Elle usa de son ascendant sur l'esprit du jeune prince son fils et Louis-le-Grand inaugura son règne par un acte de piété envers Notre-Dame de Mont-Roland. On pouvait espérer d'un règne commencé sous de tels auspices. — Voici la lettre que le jeune roi écrivit, le 22 du mois de mars 1647, à monsieur Duplessis Besançon, gouverneur d'Auxonne.

(1) Dôle appartenait encore à l'Espagne.

« Monsieur Duplessis Besançon, il m'a été représenté par les religieux Bénédictins de l'étroite observance du monastère de Mont-Roland, au comté de Bourgogne, qu'ils avaient été contraints d'abandonner leur monastère, que leur église avait été pillée et démolie jusqu'aux fondements. Ils auraient néanmoins conservé leur principal trésor : une image de la Vierge, déposée maintenant au monastère des PP. Capucins de ma ville d'Auxonne. Les PP. Bénédictins m'ont supplié de la leur faire rendre et restituer, à cause de la dévotion des peuples qui journellement vont en pèlerinage à Mont-Roland, pour la visiter et honorer. Comme les rois mes prédécesseurs ont eu cette image en singulière vénération et ont fait à son sanctuaire des libéralités, dont les preuves subsistent encore, j'ai voulu vous écrire, sur l'avis de la reine Régente ma mère, pour vous dire qu'aussitôt la présente reçue vous ayez à faire rendre aux religieux Bénédictins du monastère de Mont-Roland cette image et tous les ornements qui lui appartiennent. Ma volonté est qu'elle soit rétablie en la chapelle de Mont-Roland, avec tout l'honneur et toute la vénération dus à la sainte Vierge. Bien certain que vous ne manquerez pas de le faire, je prie Dieu qu'il vous ait, monsieur Duplessis Besançon, en sa sainte garde.

« Louis.

A monsieur Duplessis Besançon, gouverneur de ma ville et château d'Auxonne. »

Qui le croirait ! un ordre si formel resta plus d'un an sans exécution. En ces temps de foi, on ne pouvait se décider à se séparer d'un si précieux trésor.

« Enfin, nous dit Simplicien, la cour de Dôle fit entendre la justice de cette restitution à monsieur de Bouchu, premier président de Dijon. » — Les Bénédictins de leur côté se transportèrent en cette ville. Condé s'y trouvait. Il gouvernait cette province au nom du roi et était occupé à la visiter. Il commanda que la sainte Image fût restituée et donna parole qu'elle le serait.

« Mais, ajoute Simplicien, mille obstacles se forment à Auxonne. Le petit peuple menace. Les dépositaires de ce précieux trésor s'opiniâtrent et rien ne s'exécute. — Alors Condé, sur les instances du premier président, écrivit en termes si absolus qu'on eût à restituer promptement la sainte Image de Mont-Roland, commanda avec de telles menaces, qu'il fallut bien obéir. »

Monsieur du Bosquet, lieutenant du roi au gouvernement de la ville d'Auxonne, dépêche un soldat à Mont-Roland et à Dôle pour faire savoir par lettres aux religieux et au parlement de Dôle, que, suivant les ordres du roi, il fera rendre à Mont-Roland l'image miraculeuse, que, le mardi 28 septembre, à huit heures du matin elle sera sur les limites de la France, que les PP. Capucins la porteront en procession, accompagnés des principaux habitants d'Auxonne.

Les archives du Jura nous ont conservé les deux lettres qu'il écrivit à ce sujet au parlement de Dôle. Les voici :

« Messieurs,

« Si je me donne l'honneur de vous écrire, c'est pour vous parler de la restitution de l'Image de Notre-Dame de Mont-Roland. Je vous donne avis que, si les PP. Bénédictins la viennent requérir mardi prochain, elle leur sera remise, et que beaucoup de personnes de cette ville l'iront accompagner. Nous avons pris ce petit délai pour faire savoir au peuple que le roi, et la reine et monseigneur le prince l'avaient ainsi ordonné et qu'il fallait éviter toute sédition. Nous avons aussi pris ce délai afin que ceux qui auront de la dévotion envers cette sainte princesse se préparent à la lui témoigner. Ceux qui viendront de votre comté, avec les PP. Bénédictins, pour accompagner Notre-Dame, seront bien reçus en tout ce qui dépendra de moi, qui ferai toujours gloire de paraître, en toute rencontre,

Votre très-humble serviteur,

Bousquet d'Auxonne.

Ce 21 septembre 1649.

Messieurs, Messieurs du souverain parlement de Dôle. »

La seconde lettre est conçue en ces termes. Elle est du 20 septembre 1649 :

« Messieurs,

« Dans ma dernière lettre je me suis donné l'honneur de vous dire que mardi, Dieu aidant, je me rendrai sur les limites de la France et du comté, où je ferai conduire l'Image de la sainte Vierge, pour la remettre, suivant les ordres du roi et de Son Altesse, entre les mains des RR. PP. Bénédictins, et que les RR. PP. Capucins la porteront. Les gens d'Auxonne et quantité d'autres personnes désirent l'accompagner *jusques à Mont-Roland.* C'est pourquoi je vous supplie, Messieurs, de mettre l'ordre de votre côté afin que le menu peuple ne fasse ni bruit ni scandale. De notre côté nous ferons tout ce qui sera possible pour que la tranquillité publique ne soit pas altérée, ce que nous espérons de votre piété envers cette sainte princesse et de votre zèle pour le bien public. Je demeure, Messieurs, votre très-humble et affectionné serviteur.

Bousquet. »

Qui pourrait dépeindre la joie qui se répandit à Dôle, à la nouvelle du pieux événement qui se préparait ? Des cris d'allégresse saluèrent d'avance le retour de Notre-Dame. Tous brûlaient du désir d'aller au-devant de sa sainte Image.

Mais l'autorité avait à examiner quelles mesures elle prendrait. Il s'agissait de fêter Notre-Dame et de prévenir toute espèce de désordre. — De Marenches était alors vicomte Mayeur. Il réunit son conseil, le 25 septembre, comme on le voit encore aux archives de la mairie de Dôle. Il annonça que la sainte Image, enlevée en 1636, serait rapportée d'Auxonne, et demanda s'il ne convenait pas d'aller la recevoir en procession. Il fut résolu que l'on s'entendrait avec l'autorité ecclésiastique, et que, si elle le trouvait bon, la procession n'aurait lieu que le lendemain de l'arrivée de Notre-Dame. — Cette proposition fut bien accueillie et la procession générale de Dôle fut fixée au mercredi 29.

Quelles raisons déterminèrent le magistrat et le clergé à comprimer, pour un temps bien court sans doute, mais qui dut paraître bien long, le pieux élan de toute une nombreuse population ! — On craignit que le souvenir du passé ne suscitât quelque dissension. On fit même publier défense à tous les bourgeois de Dôle de sortir de la ville avant onze heures du matin, le mardi 28. Toutes les réjouissances destinées à fêter le retour de Notre-Dame furent renvoyées au lendemain.

Simplicien va maintenant nous décrire, dans son naïf langage, la translation de la sainte Image.

« Les religieux (bénédictins) de saint Jérôme de Dôle étant venus à Mont-Roland, partie la veille, partie le matin du 28 septembre, une des belles aurores de toute l'année nous ouvrant les portes de l'orient, nous partîmes tous en procession, le flambeau à la main, suivis de quelques personnes des plus notables de Dôle, de quelques bourgeois, qui s'étaient dérobés de la ville dès la veille, et de quelques villageois d'alentour.

« On s'arrête au bois indiqué sur la frontière de la province, d'où l'on envoie à Auxonne le sieur Daresche, contre-garde des monnoies et juré au parlement de Dôle, pour y voir ce qui s'y passerait, et nous avertir de la sortie de la procession d'Auxonne. Elle fut retardée de quelques heures par la dévotion de la bourgeoisie, et des religieuses, qui demandèrent la faveur de baiser la sainte Image, ce qui leur fut accordé.

« Sur les dix heures l'avertissement fut donné. On se dispose en bon ordre. L'Image paraît, portée sur les épaules de deux pères capucins suivis de leur communauté. M. le curé Vyard, très-honnête et très-obligeant pasteur, quelques autres ecclésiastiques, M. du Bosquet, madame du Plessis, madame du Bosquet, M. le lieutenant de la ville, d'autres officiers et bourgeois, au nombre de deux ou trois cents, et quantité de filles revêtues de blanc accompagnaient aussi la sainte Image.

« M. du Bosquet fendant la presse vint au révérend père prieur de Mont-Roland, et, après l'avoir salué, lui dit que, suivant l'ordre qu'il avait reçu du roi et de Son Altesse M. le prince, de restituer l'Image miraculeuse de Notre-Dame, qui était en dépôt chez les pères capucins, il la lui remettait en main, en présence de tout le peuple; et, comme il aperçut M. le vice-président Lullier, il s'adressa aussi à lui avec les compliments ordinaires, et lui tint le même discours, témoignant qu'il aurait volontiers poursuivi ce petit voyage de dévotion jusqu'à Mont-Roland, si sa charge ne l'eût obligé à ne point sortir de la frontière du Royaume.

« Cependant le révérend père gardien des capucins, s'étant avancé vers le révérend Père prieur de Mont-Roland, et l'ayant salué, le pria d'agréer que les religieux de son couvent achevassent la cérémonie, portassent la sainte Image jusqu'à la montagne et chapelle de son retour, et que là il lui fût permis de prêcher. On lui accorda très-volontiers la seconde demande, mais non la première; de sorte que, ledit révérend Père prieur ayant reparti qu'il fallait partager cette agréable peine, deux religieux bénédictins, revêtus de riches tuniques, reçurent sur leurs épaules la sainte Image; elle parut alors changer de visage, et devenir toute riante et plus belle qu'auparavant, comme il fut remarqué par quantité de personnes des plus considérables et des plus judicieuses de la compagnie.

« Tout le peuple des deux côtés s'étant mis à genoux, le révérend Père prieur, encensant l'image, entonna l'antienne *Salve Regina*, chant que toute la compagnie poursuivit avec des sentiments bien divers, quoique la tristesse des uns qui perdaient la présence de ce précieux gage, et la joie des autres qui le recouvraient, fussent l'effet d'une même dévotion et d'un même amour envers la sainte Vierge. Après le *Salve*, toute la compagnie se lève, et le révérend père ayant commencé le *Te Deum*, avec le chant ordinaire, on tourne visage vers Mont-Roland, les deux peuples se joignant sans désordre et sans désunion.

« On eût dit que tous les vents avaient conspiré pour ne faire aucune course ce jour-là, de crainte que la vénérable Image ne fût pas accompagnée de flambeaux allumés, mais certes l'air était assez bien occupé des chants continuels; des hymnes et des psaumes qu'on n'interrompit nullement, et des soupirs de plusieurs.

« La procession étant arrivée à la sainte montagne, on déposa l'Image sur l'autel qui avait été préparé au pied de la croix, distante de la chapelle et du monastère de quarante pas. De cette croix l'on pouvait apercevoir Dôle, cette ville également forte et fidèle, dont les portes se trouvaient alors fermées et dont les bourgeois brûlaient de venir en foule saluer leur *Palladium*, sans attendre la solennité du lendemain.

« Là donc on dépouille l'Image des habillements qu'elle portait. A leur pauvreté il était aisé de voir qu'elle venait de pays étranger, où elle était demeurée chez de bons amis qui font gloire de la mendicité. On la pare richement de robes et de voiles nouveaux ; et, au lieu d'une petite couronne de fleurs d'hiver qu'elle portait, on lui en pose une belle d'argent. Après quelques chants et quelques prières, le révérend Père prieur en donne la bénédiction sur la ville de Dôle.

« Cela fait, on la porte dans son église. On la place sur un beau trône, qu'on lui avait élevé sur le maître-autel. Les religieux du monastère chantent la sainte Messe solennellement, le révérend Père gardien fait sa prédication ; et, si la joie de ceux du Comté fut grande, la tristesse des habitants d'Auxonne leur fit répandre d'abondantes larmes, lorsqu'ils durent se séparer de la sainte Image. »

CHAPITRE XVII

CONTINUATION DU MÊME SUJET. — DOLE FÊTE LE RETOUR DE NOTRE-DAME.

« Il n'y eut pas moyen, dit Simplicien, d'empêcher quantité de bourgeois de Dôle de se rendre à Mont-Roland le jour même du retour de Notre-Dame, la défense de sortir de la ville étant levée depuis midi. La plupart néanmoins se réservèrent pour le lendemain, pour la procession générale.

« Sur les huit heures du soir les révérends Pères bénédictins, pour donner un signal de joie à tous les lieux circonvoisins, mirent le feu à un vieux et grand orme, dont ils avaient mêlé les branches de sarments secs ; et le feu en fut aperçu facilement jusqu'au delà de Dijon : d'autre part on commanda à Dôle, au même moment, de publier le retour de l'Image par la voix des canons, qui firent retentir toutes les collines d'alentour, avec des redoublements d'aise dans tout le peuple. »

Nous pouvons maintenant juger de la splendeur de la procession qui va avoir lieu par le souvenir que le Dictionnaire historique du Jura nous a conservé des processions de Dôle à cette époque. — Voici quel en était le cérémonial. En tête du cortége marchaient le doyen, les douze chanoines, les quarante familiers, les enfants de chœur, précédés des serviteurs de l'Église, portant la livrée du souverain. — Le parlement venait ensuite précédé des officiers de la cour qui portaient des masses d'argent. A la tête de ce corps marchait son président, distingué de tous les autres par ses ornements royaux et son mortier de velours, couronné d'un cercle d'or. Les membres du parlement étaient tout brillants par la splendeur de la pourpre dont ils étaient parés : ce sont les expressions de Jean Boyvin. — On voyait après eux les membres de l'université, de la chambre des comptes, du bailliage et de la gruerie, précédés de leurs huissiers et de leurs bedeaux. — Venaient ensuite le vicomte Mayeur, les échevins et les conseillers, à la tête desquels marchaient les sergents couverts de manteaux d'écarlate, l'homme de fer portant l'étendard de la ville, et que suivaient les corporations d'arts et de métiers avec leurs emblèmes et leur bannières. — Les cordeliers, les capucins, les carmes déchaussés, les jésuites, les minimes, les bernardins, les bénédictions du collége de Saint-Jérôme, étaient suivis de dix ou douze confréries d'hommes et de femmes se distinguant par la diversité des costumes. — Le cortége militaire était non moins brillant. Le capitaine gouverneur de la ville, son état-major les officiers et les soldats de la garnison, la garde urbaine, les compagnies de l'Arc et de l'Arquebuse aux riches vêtements offraient un aspect splendide. — Qu'on ajoute à cela deux mille écoliers avec le costume de leur nation, de nombreuses jeunes filles vêtues de blanc, voilées et tenant à la main des vergettes blanches que leur fournissait la ville, les rues tendues de tapisseries, le bruit du canon, de la mousqueterie, se mêlant au son des cloches de toutes les Églises, et on comprendra tout ce qu'il y avait de majestueux dans un tel spectacle.

Le 20, « le son de la principale cloche de l'église collégiale, ajoute Simplicien, ayant réveillé la ville, et donné le signal de la procession générale, on la vint ordonner sur les sept heures dans la même église, messieurs les chanoines s'y portant avec une affection et une dévotion entière, messieurs de la cour, le magistrat de la ville avec les religieux en corps, le peuple, et une troupe de plus de cent honnêtes filles revêtues de blanc, remplirent tout ce grand vaisseau, et sortirent en fort bel ordre, avec des chants et des prières conformes au sujet.

« L'église de Mont-Roland n'était pas capable de contenir la moitié de ce peuple ; c'est pourquoi une partie, ayant salué la sainte Vierge devant son Image sacrée, sortit pour donner place aux suivants. Néanmoins les plus honorables de la ville s'y arrêtèrent, quoique bien à l'étroit. Messieurs du parlement et du magistrat avec les chantres environnèrent l'autel. La sainte messe fut chantée en musique avec toute la solennité possible. Un des nôtres fit à l'offertoire un petit discours sur le retour de la sainte Image. A la fin de la messe plusieurs reçurent le grand Sacrement d'action de grâces, en reconnaissance du bienfait de cette agréable et si désirée *revue;* et on ne cessa point tout ce matin de célébrer à tous les autels, et d'offrir des flambeaux de cire blanche.

« Il était merveilleux de voir les sentiments de ce bon peuple, ses douces larmes, ses regards attachés sur cette sainte et miraculeuse figure. On employa deux ou trois heures à la donner à baiser, et, quelque ordre qu'on tâchât d'y apporter, la presse et la foule fut si grande que peu s'en fallut qu'on ne la mît en pièces entre les mains du révérend Père prieur, qui voulut prendre ce saint contentement en le donnant, et honorer la Vierge par les dévots respects de tout le peuple.

« Le lendemain, auquel s'étaient réservés ceux et celles qui de nécessité avaient gardé le logis, l'église ne manqua pas d'être fréquentée, néanmoins avec incommodité ; le ciel, qui depuis longtemps s'était rendu favorable à tout ce pieux dessein, retournant à ses inconstances d'automne, et faisant succéder les vents et les pluies de ces demi-jours à la sérénité des beaux soleils qui avaient précédé. »

Avant de sortir de cette pieuse chapelle, jetons un regard respectueux sur la statue de Notre-Dame. Simplicien va nous la décrire.

« Cette image sainte et vénérable n'a de hauteur qu'environ deux bons pieds. Elle est assise sur un trône et porte sur le giron son petit enfant qui donne la bénédiction. La matière est de bois solide mais extrêmement moulu et consumé de vieillesse ; c'est pourquoi il a fallu suppléer avec du carton à la caducité et au déchet du bois en quelques endroits, et couvrir le tout avec une toile *plastrée*, et imprimée de diverses couleurs. Tout cela vérifie bien assez notre opinion touchant l'antiquité de cette image.

« La figure et la façon de la Vierge est assez simple. Elle porte une couronne de fer doré, qu'on n'aperçoit pas à cause des voiles et des autres couronnes, dont on a coutume de la parer. Le visage est longuet, d'une beauté comme champêtre et négligée, qui respire néanmoins la dévotion et exige du respect.

« L'habit est à fond d'or chargé de fleurs de lis d'azur au contraire des armes de France, dont le champ est d'azur, et les trois fleurs de lis d'or. L'habit est chargé de diverses pierreries, à ce que je crois de peu de valeur, avec un assez grand cristal appliqué au sein, et l'on voit qu'il y en avait autant entre les épaules (1). On a retouché l'image plus d'une fois, afin de la conserver, et il y a bien de l'apparence que le pinceau a passé sur son visage il n'y a pas fort longtemps. »

Cette description de Dom Simplicien, dit M. Martin, ancien curé de Jouhe, dans un ouvrage assez récent, cette description nous dispense d'en faire une autre, car la statue est entièrement la même aujourd'hui, à peu d'exceptions près. Quelques petites pierreries se sont perdues : on le voit par les places qu'elles occupaient, mais il en reste encore plusieurs. La couronne de fer doré a disparu ; elle est remplacée par une couronne d'argent surmontée de fleurs artificielles ; l'Enfant Jésus est couronné de la même manière, et, aux jours de fêtes, ces couronnes sont remplacées par deux autres en vermeil. »

Depuis que Simplicien a dépeint la vierge de Mont-Roland, deux siècles se sont écoulés et nulle altération ne s'est produite. Que de siècles n'a-t-il pas fallu pour mettre le bois dont elle est faite dans l'état de vétusté décrit par ce bon religieux ! Si cet auteur si grave a pu dire de cette vénérable statue : Il y a pas de difficulté à croire qu'elle fut

(1) Ce passage de Simplicien nous rappelle les ouvertures que l'on pratiquait dans les anciennes statues de Notre-Dame. Elles étaient destinées à recevoir des reliques. Il est probable que la sainte image de Notre-Dame de Mont-Roland en a contenu de très-précieuses et que ces reliques étaient des reliques de la sainte Vierge.

posée dans ce lieu de dévotion par les premiers fidèles de la contrée, à combien plus forte raison nous pouvons le dire nous-mêmes.

Et pourquoi cette statue ne serait-elle pas celle que l'on attribue à saint Lin et que les Chrétiens auraient soigneusement cachée aux époques de persécution ?. — Les considérations qui précèdent, l'état de conservation de cette sainte Image, demeurée intacte pendant deux siècles, autorisent cette question, et semblent se ranger du côté d'une hypothèse si capable de charmer la piété. La vierge d'Oropa, sculptée sur bois par saint Luc, s'est bien conservée jusqu'à nos jours... !

CHAPITRE XVIII

NOTRE-DAME DE MONT-ROLAND EN 1649 ET 1650.

Notre-Dame avait repris possession de son antique sanctuaire. Elle parut vouloir en témoigner sa joie; et, pour récompenser en quelque sorte le pieux élan qui l'avait accueillie, elle fit éclater sa maternelle libéralité. Jamais peut-être elle ne donna plus de marques de sa puissance et de sa bonté.

Témoins des merveilles qui s'opéraient sous leurs yeux, les bénédictins crurent qu'il était de leur devoir de les faire constater par l'autorité ecclésiastique, qui seule a le droit de déclarer qu'un fait extraordinaire déroge aux lois de la nature, est un vrai miracle. Ils jugèrent qu'il était opportun de prouver une fois de plus que Notre-Dame dispose en quelque sorte de la puissance de son Fils. Laissons parler Simplicien.

« Quoiqu'on n'ait jamais douté, dit-il, que l'image de Mont-Roland ne fût miraculeuse, néanmoins, pour ôter le soupçon de légèreté à croire, et pour autoriser ces merveilles par le moyen que donne le concile de Trente, pour les assurer dans la créance des peuples, les faire tenir pour vrais miracles et les publier comme tels, nous jugeâmes qu'il en fallait donner avis à monseigneur l'Illustrissime archevêque de Besançon, et le supplier que ce fût son bon plaisir de députer quelqu'un pour en informer, ce que sa piété accorda très-volontiers. Il donna pour la première fois cette commission au révérend Père Marc le Doux, correcteur au couvent des minimes de Dôle. Ce Père s'acquitta fort diligemment de cette charge et reçut quantité de dépositions, dont il envoya copie à mondit seigneur. »

Le Père le Doux procéda à cette enquête avec une piété angélique. Il nous a laissé lui-même, dans les archives du Jura, un monument de cette piété touchante. Il devait rendre compte de ce qu'il avait fait. « Avant, dit-il, de recevoir les relations et les dépositions véridiques de ceux et de celles qui ont été guéris miraculeusement par les mérites et l'intercession de la glorieuse Vierge, je me suis transporté, comme il était plus que raisonnable, en son saint temple de Mont-Roland, pour lui rendre mes très-humbles et très-respectueux devoirs. Après avoir célébré le saint Sacrifice sur l'autel où repose son Image miraculeuse, je la contemplai bien dévotement, avec grandissime joie et contentement. — Quelques jours après, je commençai à entendre ceux et celles qui se présentèrent pour déposer selon la vérité et sous la foi du serment. »

Ouvrons encore les archives du Jura pour suivre toutes les phases d'une enquête qui doit nous intéresser à un si haut degré.

Le 16 décembre 1649, le Père le Doux, accompagné du frère Benoît Freschot, religieux minime, son compagnon, du R. P. Claude Clément, religieux prêtre de l'ordre de Saint-Benoît, et du frère Toussaint Bepois, religieux clerc, demeurant au collége de Saint-Jérôme de Dôle, se transporta à l'abbaye des religieuses de Notre-Dame d'Ounans de l'ordre de Cîteaux, établie en la ville de Dôle, pour savoir s'il était vrai que la révérende Mère de Crécy eût été guérie miraculeusement par l'invocation de Notre-Dame de Mont-Roland, d'un bruit et d'un bourdonnement qu'elle avait aux deux oreilles. La révérende Mère, malade depuis un mois de la fièvre quarte, ne put venir à la grille du parloir déclarer elle-même la faveur qu'elle avait reçue; mais elle envoya sur ce fait une attestation signée de sa main et de celle des principales religieuses du monastère. Voici cette attestation.
— « Je, sœur Anne de Crécy, abbesse du monas-

« tère de Notre-Dame d'Ounans de l'ordre de Cî-
« teaux, établi en la ville de Dôle, déclare et certi-
« fie qu'étant affligée, depuis environ trente ans,
« d'un bourdonnement d'oreilles qui m'incommo-
« dait jour et nuit, j'en fus plus tourmentée qu'à
« l'ordinaire pendant la troisième nuit qui suivit le
« retour de l'image de Notre-Dame de Mont-Roland.
« Il me vint alors en pensée de l'invoquer, et je me
« trouvai à l'instant guérie. Depuis, je n'ai jamais
« ressenti cette infirmité. » — Lors même que
nous ne saurions pas que la mère de Crécy était
malade, la pièce que nous venons de lire, déposée
maintenant aux archives, nous le dirait. Son écriture grosse, tremblante et raturée est bien l'écriture d'une personne malade.

Cette attestation est du 23 octobre 1649. On avait donné aux personnes qui devaient déposer le temps nécessaire pour préparer tous les témoignages qui pouvaient appuyer leurs dépositions. On voit en effet qu'on livre au Père le Doux des attestations préparées depuis un bon nombre de jours. Il était prudent d'agir ainsi ; on avait en effet le loisir de bien peser les expressions dont on se servait, les démarches inutiles étaient évitées, et l'enquête conservait toute sa dignité. — Dans le cours de cette enquête, on ne se contentait pas d'écouter les dépositions. Lorsqu'on les avait mises par écrit, on les lisait aux personnes qui avaient déposé. Elles devaient attester avec serment que la relation qu'on avait rédigée était véritable et la signer, avec tous les membres de l'espèce de tribunal que présidait le Père le Doux (1). Chacun pouvait certifier à sa manière que ce récit était conforme à la vérité. — Comme la Mère Anne de Crécy était malade, de graves religieuses furent chargées de lui faire lecture du procès-verbal qui la concernait, et d'attester que la révérende Mère en avait reconnu l'exactitude. Ainsi toutes les précautions étaient bien prises. — On pourrait reproduire, d'après les archives du Jura, ajouter à chaque fait toutes ces signatures, toutes ces attestations; mais ce serait plutôt fatiguer qu'édifier le lecteur.

Le 16 décembre 1649, le Père le Doux, qui se trouvait encore au parloir du monastère de Notre-Dame d'Ounans, fit appeler la sœur Barbe Baret de Dôle, pour qu'elle déclarât s'il était vrai qu'elle avait recouvré la santé par l'intercession de Notre-Dame de Mont-Roland. Elle le certifia en présence de tous les témoins réunis et donna au Père le Doux la relation que la révérende Mère abbesse avait faite de cette guérison. La révérende Mère et plusieurs religieuses avaient signé ce récit. Comme la sœur Baret ne savait pas écrire, elle assura, la main sur la poitrine, que cette relation était véri-

(1) Le P. le Doux cependant, et ceux qui l'accompagnaient, n'avaient aucun pouvoir pour juger si le fait dont il s'agissait était miraculeux. Ils étaient plutôt témoins nommés d'office, témoins des dépositions qui étaient faites et des circonstances de ces dépositions. Ils ne seront plus indiqués que sous le nom de témoins.

table. Voici le fait. — Cette sœur à la suite d'un accident contracta une si grande infirmité, qu'elle ne pouvait plus lever les bras sans tomber en défaillance. Elle devait être ainsi toute sa vie inhabile aux fonctions de sa condition de sœur converse. — Réduite à s'aliter, elle ne reçut aucun soulagement des remèdes qu'on lui donna. Il semblait même que ces remèdes ne fissent qu'augmenter le mal, ce qui la tenait en grand ennui. — Le neuvième jour après cet accident elle espéra que Notre-Dame de Mont-Roland la guérirait, si elle avait quelque linge qui eût touché sa sainte Image. Deux jours après on lui en apporta un, dont elle se ceignit le corps. A l'instant une révolution extraordinaire s'opéra en elle, et, un quart d'heure après, elle leva les bras, s'écria qu'elle était guérie, quitta le lit, alla droit à l'église rendre grâces à Dieu, et se remit à son travail ordinaire, sans que jamais depuis elle ait ressenti la moindre incommodité.

Le 17 décembre 1649, l'enquête nous apporte un fait non moins touchant. Nicolas Largeot, âgé de huit ans et demi, tomba de si haut qu'il eut, des suites de sa chute, une fièvre violente et continue. Les côtes du côté gauche furent pliées et mises hors de leur place. Une bosse survenue à la poitrine et au dos lui faisait perdre la respiration. — Les chirurgiens cherchèrent en vain à remettre en leur place ses côtes disloquées. — Privés de tout secours humain, ses parents affligés se tournèrent vers Notre-Dame de Mont-Roland et lui vouèrent leur pauvre enfant, malade depuis trois mois. Le père le prit entre ses bras et le porta jusqu'à la chapelle de Notre-Dame. La veille, sa sainte Image avait été apportée d'Auxonne. Il lui offrit un cierge et la pria avec ferveur pour la guérison de son fils. — Son espérance ne fut pas trompée. Au retour, le jeune infirme commença à respirer librement et à faire à pied une partie du chemin, lui qui auparavant ne pouvait pas faire un pas. La difformité qu'il avait contractée disparut enfin si complétement que le Père le Doux et ceux qui l'accompagnaient ne purent en découvrir la moindre trace.

Le même jour constata la guérison de Claudine Patornay, de Salins. — Après avoir raconté de vive voix ce qui s'était passé, elle remit au Père le Doux la relation de cette faveur et affirma avec serment, en présence des témoins requis, qu'elle était conforme à la verité. Voici ce nouveau fait. — A la suite d'une maladie fort compliquée et des traitements qu'elle eut à subir, elle conserva sur le sein trois plaies qui ne pouvaient se fermer. — Lorsqu'on rapporta d'Auxonne l'image miraculeuse de Notre-Dame, elle espéra qu'elle obtiendrait sa guérison, si elle se vouait à Notre-Dame de Mont-Roland et commença une neuvaine en son honneur. Le cinquième jour de la neuvaine, pendant la sainte messe et après qu'elle eut fait la sainte communion, ses plaies lui causèrent une vive douleur ; mais lorsqu'elle voulut mettre la main sur l'endroit souffrant, elle fut fort étonnée de ne plus trouver les appareils

qu'elle avait mis sur ses plaies et de reconnaître qu'elles étaient entièrement fermées, que la chair qui les avait remplacées était aussi ferme que si jamais elle n'avait été blessée. « Depuis, ajoute-t-elle
« elle-même, ces plaies ne se sont jamais ouvertes,
« ne m'ont jamais causé aucune douleur, et je
« n'ai jamais retrouvé les appareils qui me furent
« alors enlevés. »

Deux médecins ont rendu compte de cette guérison. L'un d'eux s'est contenté de signer la déclaration de son confrère. Voici ce qu'il y a d'essentiel dans cette déclaration tirée des archives. — Le soussigné
« atteste qu'après le décès de feu sieur de Romprey,
« provenu de phthisie et d'hydropisie, Claudine
« Paternay, sa veuve, a été malade environ quatre
« mois. A cette maladie, accompagnée des signes et
« des accidents de la phthisie et de difficulté de
« respirer, se sont jointes des fièvres de plusieurs
« genres, des langueurs fréquentes et d'autres
« souffrances encore. — Les humeurs se portèrent
« ensuite sur le sein et y formèrent des tumeurs
« telles qu'elles firent soupçonner un chancre oc-
« culte et interne. — On pouvait être au qua-
« trième mois de la maladie lorsque Jean François
« Vuillet, maître chirurgien, fut appelé pour traiter
« avec moi ce nouveau genre de maladie, ce que
« nous avons fait environ trois mois. — Comme
« nous poursuivions encore cette cure, au com-
« mencement de l'automne passé, nous avons été
« étonnés de la prompte guérison d'une maladie

« qui devait durer non-seulement plusieurs mois,
« mais plusieurs années. — Comme nous avons été
« requis de faire notre rapport sur ce qui s'est passé,
« nous avons de nouveau visité celle à qui nous
« avons donné nos soins et nous avons reconnu que
« la guérison était complète, que les ouvertures
« que nous avions pratiquées, pour attirer les
« humeurs au dehors et prévenir ainsi le danger
« auquel cette personne était exposée, que les
« coups de lancette enfin que nous avions donnés
« à plusieurs reprises n'avaient laissé aucune cica-
« trice, ce que nous certifions être véritable.

« Le 22 décembre 1649.

« CASSEAU,
« Docteur et professeur à l'École royale
« de médecine de Dôle.

« Jean-François VUILLET,
« Chirurgien. »

Ils déclarèrent de plus que Claudine Patornay était d'un âge où la nature ne pouvait pas amener de tels résultats, et l'on peut ajouter qu'un résultat de ce genre, eût-il été dans les forces de la nature, n'aurait point été subit.

On trouve dans les archives du Jura les dépositions différentes qui ont rapport au même fait. Quelques-unes de ces dépositions sont longues et entrent dans de grands détails. De plus, outre les pièces que cette histoire continuera à reproduire, des notes manuscrites, conservées aussi aux archives, racontent ordinairement les mêmes faits, mais d'une manière plus rapide. Il suffira sans doute au pieux lecteur de savoir que la lumière est abondante. — On peut cependant signaler en passant la déposition de la Présidente, épouse du Président Boyvin. Elle avait vu les ouvertures des plaies de Claudine Patornay, veuve du sieur de Romprey, et comme, au commencement, quelques personnes doutaient de son entière guérison, elle voulut se convaincre elle-même et constata qu'en effet la guérison était complète. Elle l'affirma avec serment et signa le procès-verbal qui rend compte de sa déclaration.

Le 27 août 1650 met sous nos yeux la déposition par écrit de la Supérieure et des religieuses de la Visitation de Dôle. Elles font cette déposition, comme elles le disent elles-mêmes, après avoir invoqué le nom de Dieu et celui de la glorieuse Vierge Marie et prêté serment la main sur la poitrine. Elles veulent, ajoutent-elles contribuer à la gloire de Dieu et de sa sainte Mère, à la protection de laquelle elles se recommandent incessamment. Il s'agit de la guérison de la sœur Marie Claudine Maillot. — Vers les derniers jours du mois de juin, cette sœur fut contrainte de s'aliter. De grandes faiblesses, des accès de fièvre, des convulsions fréquentes, le délire, des douleurs de tête, d'estomac et d'articulations : tels furent les maux qu'elle endura. Elle était si faible qu'elle ne pouvait pas se remuer et paraissait être à sa dernière heure. Les remèdes furent inutiles et la maladie ne faisait qu'augmenter, lorsque, au commencement de juillet, la mère de cette religieuse s'engagea par vœu à faire une neuvaine à Notre-Dame de Mont-Roland. Cinq ou six jours après, la sœur elle-même fit, avec la permission de sa Supérieure, le vœu de faire aussi elle-même une neuvaine semblable. — A la fin de la neuvaine de sa mère et au milieu de la sienne, elle avala un peu de l'huile de la lampe qui brûlait devant l'image miraculeuse de Notre-Dame de Mont-Roland, et se trouva à l'instant tellement guérie, qu'elle ne s'est jamais ressentie de ce qu'elle éprouvait auparavant.

Les bonnes religieuses ajoutent que les personnes qui l'avaient vue et qu'elles-mêmes ne voulaient point croire à une guérison si complète; mais qu'enfin elles ont remercié Dieu, glorifié la sainte Vierge, et qu'elles jugent que cette guérison est au-dessus des forces de la nature.

Le docteur Casceau, professeur de l'Académie royale de médecine de Dôle, porta le même jugement que les religieuses de la Visitation. Après avoir prêté serment devant Dieu et en présence de M. Millet, chanoine et procureur général de l'Archevêché de Besançon, il déclara par écrit que la guérison si inespérée, si soudaine et si complète d'une maladie ordinairement si longue ne devait pas être attribuée aux forces de la nature, mais au souverain maître de la nature et à l'invocation de Notre-Dame. — Quelques passages de cette attestation écrite en latin feront plaisir à quelques lecteurs.

On était alors solidement instruit et l'on savait que la langue latine est bien la langue de la vraie science. Voici ces passages. — « Venerandam reli-
« giosam Sororem Mariam Claudiam Maillot, circa
« finem junii, cum clarissimo antecessore Joanne
« Labbe, doctore medico, ego infra scriptus vidi,
« consideravi, et medelis juvare sum aggressus,
« non eo tamen fructu, quo sperabam. — Circa
« primos julii dies miratus sum eam convaluisse
« ex morbo cujus diuturnitas solet præsagiri; neque
« curatio ulla medica solet præstari sine recursu
« symptomatum et præsertim convulsionum ad re-
« versionem facilium. Ea propter sanitatis restitu-
« tionem insperatam, præsentaneam, et fidam,
« sine reliquis mali præcedentis, naturæ non de-
« bere adscribi assero, sed naturæ Domino et Dei-
« paræ invocationi.

« Claudius Caseau,
« Doctor medicus, professor regius Dolanus. »

Toutes les dépositions relatives aux guérisons qui précèdent furent envoyées à Monseigneur l'archevêque de Besançon. Monseigneur, pour agir avec plus de maturité encore, députa M. Millet, chanoine de l'insigne église métropolitaine de Besançon, procureur fiscal et général de sa cour archiépiscopale, et lui donna commission expresse de passer à Dôle, à l'effet d'entendre de nouveau les témoins, après leur avoir fait prêter serment, sur les faits miraculeux déjà examinés et sur tous ceux qui se présenteraient, ce qu'il exécuta le 26 et le 27 août 1650.

Enfin, le premier novembre de la même année, l'autorité archiépiscopale, par le ministère de M. Marc de Vallmbert, Vicaire général, déclara que les cinq guérisons précédentes étaient de véritables miracles. Voici la traduction de ce décret. — « Nous, vicaire général, tant au spirituel qu'au
« temporel, de l'Illustrissime et Révérendissime
« Père et seigneur Claude d'Achey, par la grâce
« de Dieu et du Saint-Siége, Archevêque de Besan-
« çon, et prince du saint-empire, faisons savoir à
« tous ceux qui ces présentes verront que, en pré-
« sence du révérend Jean Millet, chanoine de l'in-
« signe métropole de Besançon, Prieur commen-
« dataire de Couzance, et procureur général en
« notre diocèse de Besançon, nous avons lu et exa-
« miné avec soin les dépositions des témoins rela-
« tives aux grâces de guérisons obtenues de Dieu
« par l'intercession de Notre-Dame de Mont-Roland
« et accordées en 1649 et 1650, à la *révérende*
« *Mère Anne de Crécy*, abbesse du monastère de
« Notre-Dame d'Ounans de l'ordre de Cîteaux, éta-
« bli en la ville de Dôle, à la pieuse *Sœur Barbe*
« *Baret*, religieuse converse du même ordre, à
« *Sœur Marie Claudine Maillot*, religieuse de la Vi-
« sitation de Dôle, à *Nicolas Largeot*, de Dôle, à
« *Claudine Patornay*, de Salins, qu'à ces témoigna-
« ges sont venus se joindre les déclarations des

« premiers médecins de notre diocèse, de mes-
« sieurs Luc Jannet et Jean Garinet, et de plus le
« témoignage du docteur Caseau, professeur en
« l'académie de médecine de Dôle; que de tous ces
« témoignages il résulte clairement que la guérison
« des maladies graves et désespérées, qui affli-
« geaient les personnes nommées, surpasse les res-
« sources de l'art et de la nature; et qu'enfin,
« pour exciter encore en notre diocèse la piété et
« la dévotion envers Dieu et la Vierge Mère, nous
« permettons de publier ces guérisons comme des
« œuvres de la puissance divine supérieures à
« toutes les forces de la nature et dues à l'interces-
« sion de Notre-Dame. En foi de quoi nous avons
« signé les présentes et les avons revêtues du
« sceau de notre Illustrissime et Révérendissime
« seigneur Archevêque de Besançon. Le 1er no-
« vembre 1650.

« MARC DE VALIMBERT,
« Vicaire général. »

Le 3 mai 1650 le vicomte Mayeur annonça à son conseil que l'image de Notre-Dame de Mont-Roland étant en l'église des Bénédictins de Dôle, les Bénédictins et *Messieurs d'église* se disposaient à la reconduire en procession à Mont-Roland. On délibéra sur ce qu'il convenait de faire en cette circonstance et il fut résolu que, comme cette procession

(1) Arch'atrorum.

était extraordinaire et faite par dévotion particulière, on se contenterait d'inviter les filles vêtues de blanc à s'y rendre et le peuple à s'y trouver avec dévotion.

De cette délibération tirée des archives de la mairie de Dôle un homme fort grave et digne de respect conclut que Notre-Dame, à son retour d'Auxonne, ne fut point portée à Mont-Roland, qu'elle passa sept mois à Dôle avant de reparaître sur sa sainte montagne. — La conclusion n'est pas selon toutes les règles de la logique. De ce qu'elle est le trois du mois de mai à Dôle, ou de ce qu'elle y était le treize du mois d'avril, on ne peut pas conclure qu'elle y est depuis sept mois.

Simplicien, témoin de la translation de Notre-Dame, lorsqu'il fait paraître l'histoire de cette translation, en 1651, sait très-bien qu'il s'adresse à des milliers de témoins oculaires, et, quand il n'aurait pas été aussi ami de la vérité qu'il l'était, comment aurait-il osé s'exposer à un démenti public, lorsqu'il décrivait le voyage de Notre-Dame d'Auxonne à *Mont-Roland*, les scènes touchantes qui ont eu lieu à *Mont-Roland*, le trône préparé pour Notre-Dame sur le maître-autel de sa sainte chapelle, la procession de Dôle qui se rend le lendemain à *Mont-Roland* pour vénérer la sainte image, lorsqu'il parlait des personnes qui étaient venues la visiter le troisième jour et de tant d'autres circonstances !

Monsieur du Bosquet demande que les habitants

d'Auxonne puissent accompagner Notre-Dame *jusqu'à Mont-Roland*. C'est le 26 septembre qu'il fait cette demande, quarante huit heures avant le retour de Notre-Dame. Si la procession destinée à former son cortége ne doit pas aller à Mont-Roland, comment peut-il l'ignorer ?

Si Notre-Dame doit arriver à Dôle le jour de son retour, pourquoi le vicomte Mayeur et son conseil arrêtent-ils que la procession de Dôle, qui devait accueillir Notre-Dame, se fera le lendemain ? Comme la sainte Image est à Mont-Roland, on comprend que la ville en corps la visite le lendemain, n'ayant pu le faire la veille ; mais si Dôle l'a reçue dans ses murs, c'est au moment de sa venue qu'on a dû la recevoir en procession, au moins à la porte de la ville.

Les pièces des informations juridiques de l'enquête, déposées aux archives du Jura, sont pleines de dépositions qui rappellent le retour de Notre-Dame à *Mont-Roland*, la procession de la ville qui va à Mont-Roland le lendemain du retour de Notre-Dame. Cette époque du retour à *Mont-Roland* devient une date qui sert à bien déterminer les faits sur lesquels on dépose. Le père de Nicolas Largeot porte son fils à *Mont-Roland* le lendemain du retour de Notre-Dame. Si sa sainte Image avait été à Dôle, il ne serait pas allé si loin, il n'aurait pas fait un voyage si pénible.

Pourquoi la sainte Image est-elle à Dôle le 3 mai ? La délibération de ce jour indique quelque motif de piété, de dévotion particulière. C'est peut-être à cause de l'enquête qui a lieu à Dôle et doit y faire sensation. Mais, si, au lieu d'une dévotion particulière, il s'était agi de reconduire à Mont-Roland Notre-Dame, éloignée depuis quatorze ans de son sanctuaire, la ville ne se serait pas contentée d'inviter le peuple et les jeunes personnes; comme en 1649 le 25 septembre, elle se serait préparée à aller elle-même en corps la conduire en triomphe.

Mais c'est assez et même trop sur cette question. L'image de Notre-Dame est à Mont-Roland depuis sept mois; mais quelque motif de piété a poussé à l'apporter temporairement à Dôle. — Une fête était célébrée chaque année le 28 septembre : c'était l'anniversaire du retour de la sainte Image. C'est bien le 28 septembre 1649 qu'elle est revenue à Mont-Roland.

Félicitons Notre-Dame de l'accueil qu'elle a reçu à Dôle, au commencement du mois de mai 1650 ; mais félicitons-la surtout du témoignage public que l'autorité ecclésiastique a rendu, dans le cours de la même année, à sa puissance et à sa bonté, de l'éclatant hommage qu'elle a déposé au pied de son autel, en déclarant que les faveurs obtenues par son intercession étaient miraculeuses.

CHAPITRE XIX

NOUVELLES FAVEURS OBTENUES DE NOTRE-DAME DE MONT-ROLAND.

Les faits sur lesquels nous allons jeter les yeux n'ont pas reçu la sanction de l'autorité ecclésiastique et nous n'avons aucun pouvoir pour déclarer qu'ils sont miraculeux.

Mais Dieu, touché par l'intercession de Notre-Dame, peut sans miracle agir sur les causes naturelles. Au médecin lui-même il peut inspirer la pensée heureuse d'employer tel remède, tel moyen auquel il n'aurait pas même songé; lui donner une certaine confiance qui le porte à recourir à quelque moyen énergique qu'il aurait redouté sans cette assistance particulière. Il peut nous donner à nous-mêmes l'idée d'user de tel petit moyen qui relèvera les forces de la nature et l'aidera à triompher de la violence d'une maladie ou d'une infirmité. — L'innocence privée des ressources d'un travail nécessaire s'est jetée aux pieds de Notre-Dame pour en obtenir; Dieu peut sans miracle inspirer à telle ou telle autre personne, qui ne se rend aucun compte de ce qui se passe, la pensée de porter ce travail si désiré à l'innocence qui le demande instamment à Notre-Dame. — Il peut exciter soudain dans le cœur du criminel, dont l'innocence allait être victime, un sentiment d'horreur qui le retient, au moment où elle invoque en secret la Vierge très-pure. — Enfin il peut nous exaucer de mille manières qu'il est impossible et inutile d'énumérer.

Notre-Dame, puissante de la puissance de son fils, peut aussi exaucer nos prières, nous préserver, ou nous délivrer des plus fâcheux accidents, des plus grandes calamités sans que d'éclatantes merveilles soient opérées.

Ce sera à ce titre de prières exaucées que nous accueillerons désormais les faveurs obtenues de Notre-Dame de Mont-Roland. Nous n'examinerons pas si elles sont ou ne sont pas miraculeuses.

Ne pensons pas cependant que les faits de ce genre qui se présenteront à nous dans la suite de cette histoire ne soient pas du plus grand poids. — L'enquête de 1649 et 1650 va nous en fournir une première série.

Celle qui a reçu la première grâce mérite de tenir le premier rang. Il semble que Notre-Dame ait voulu récompenser la peine et le soin de celui qui s'était occupé avec tant de zèle du recouvrement de son image miraculeuse, en guérissant son épouse des incommodités dont elle était atteinte. Il s'agit de l'épouse de M. d'Aresche, clerc juré en la cour souveraine du parlement. — Après avoir prêté serment entre les mains de Dom le Doux, en présence des témoins requis, elle a déposé elle-même ce qui suit. Le 19 septembre 1649 elle se trouva malade d'une fièvre continue très-violente, dont l'accès dura vingt-quatre heures ou environ. Sur l'invitation de son mari, remplie elle-même de confiance en la mère de Dieu, et persuadée que par son intercession elle recouvrerait la santé, elle se recommanda très-particulièrement à Notre-Dame de Mont-Roland. Sa confiance ne fut pas trompée ; car le jour suivant la fièvre la quitta entièrement et elle fut guérie.

Quelque temps après il lui survint au sein gauche une dureté et une enflure, accompagnée de fièvre et de beaucoup de douleur. Se souvenant alors qu'elle avait déjà reçu tout récemment une singulière faveur de la glorieuse Vierge, elle eut recours à elle pour la seconde fois et la pria avec instance de l'assister encore en cette infirmité. — Le sieur d'Aresche son mari était absent. Il s'occupait alors du recouvrement de l'Image miraculeuse de Notre-Dame. Le jour qu'on la rapporta en son ancienne église, il l'accompagna avec beaucoup de piété et de dévotion, et reçut avec un indicible contentement la couronne que Notre-Dame portait en cette circonstance. Elle lui fut donnée par les RR. PP. bénédictins de Mont-Roland. Joyeux de posséder un si riche trésor, il retourne à Dôle et trouve son épouse dans le triste état dans lequel nous l'avons laissée. — Il lui fait voir la couronne, cette précieuse relique qu'on lui a donnée. Celle-ci l'applique aussitôt à la partie malade, invoquant de bon cœur Notre-Dame de Mont-Roland, et la priant de lui être favorable. Elle sentit à l'instant son courage se ranimer et alla se joindre à la procession de la ville qui montait à Mont-Roland pour fêter le retour de Notre-Dame. — Lorsqu'elle eut prié avec grande ferveur dans son béni sanctuaire, elle revint ; mais ce ne fut pas sans avoir obtenu sa guérison, puisque le jour même elle fut entièrement guérie.

Simplicien ajoute à cette guérison un fait presque semblable. Il s'agit d'une maladie du même genre et de difficile guérison. Celle qui en était atteinte était mariée à Champvans. Son père et sa mère tenaient hôtellerie près de l'église de Mont-Roland. Ils se nommaient Pion. La mère de cette pauvre infirme lui rapporta quelques merveilles opérées par la sainte Vierge, leur bonne voisine, et l'engagea à aller prendre un peu de l'huile qui brûlait devant l'image de Notre-Dame et à l'appliquer sur la partie malade. Docile aux conseils de sa mère, elle le fit, après avoir supplié Notre-Dame de la guérir, et elle fut en effet parfaitement guérie, ce que les médecins regardèrent comme miraculeux.

Simplicien parle aussi d'une autre femme qui depuis longtemps était incapable d'allaiter ses enfants. Cette mère affligée se rendit à l'église de Notre-Dame et la pria affectueusement de la secourir en son affliction. Elle fut exaucée à l'instant de la manière la plus extraordinaire.

L'enquête suivait son cours. La séance du 22 décembre 1649 eut lieu en la maison de monseigneur le président du parlement. Elle nous apporte le témoignage que Claudine Mathey, de la ville de Dôle, rend à la puissance et à la bonté de Notre-Dame.— Une inflammation du genou gauche lui causait la fièvre et de grandissimes douleurs. Elle fut même obligée de s'aliter, ne sachant où se mettre à cause de la violence du mal. Elle fut en cet état l'espace de deux mois. Les remèdes qu'elle employa ne la soulagèrent pas. Enfin elle se recommanda à Notre-Dame de Mont-Roland, et fit vœu de visiter son sanctuaire, d'y faire dire une messe, de se confesser et de communier, ce qu'elle fit, malgré la rigueur du froid. Elle voulut toutefois auparavant appliquer sur la partie malade la couronne, le voile, et la robe que Notre-Dame portait à son retour en son ancienne église; ce fut appuyée sur un bâton qu'elle entreprit son pieux et pénible pèlerinage. — Arrivée à Mont-Roland, elle appliqua encore à l'endroit malade un linge qui avait touché l'image de Notre-Dame, et demeura à genoux deux ou trois heures sans se lasser, quoiqu'elle n'eût jamais pu le faire pendant sa maladie et qu'elle fût très-faible. — Elle renouvela son pèlerinage jusqu'à trois fois et fut parfaitement guérie.

La séance du 7 janvier 1650 eut lieu en la maison du sieur Pierre Bonnette, marchand de Dôle, et constata la guérison de son fils, âgé seulement de seize mois. Deux personnes, en présence des témoins requis, attestèrent avec serment la vérité du fait dont il s'agit. — Ce jeune enfant fut atteint à l'œil droit d'une inflammation si forte qu'il était menacé de perdre cet œil. Un abcès s'y forma après huit jours de douleurs. Les parents de cet enfant ne voulaient pas le mettre entre les mains des chirurgiens, jugeant qu'il ne pourrait soutenir le traitement qu'on lui ferait subir. — La mère et la marraine du petit infirme lui trouvèrent un secours plus prompt. Elles le vouèrent à Notre-Dame de Mont-Roland. A l'instant l'abcès s'ouvrit et il fut guéri. — Le lendemain ses parents reconnaissants le portèrent à Mont-Roland, pour remercier Notre-Dame de la santé qu'il avait obtenue par son intercession. Ils firent dire une messe en l'honneur de Notre-Dame et firent brûler un cierge devant son image.

Le 8 janvier 1650 nous apporte un nouveau témoignage rendu à la bonté de Notre-Dame. Il s'agit de la guérison de dame Jeanne Lullier. — Elle fut atteinte de douleurs de tête si vives qu'elle ne savait plus que devenir. Elle souffrait horriblement depuis cinq semaines, lorsqu'une de ses amies, la voyant en ce triste état, lui dit de se recommander à Notre-Dame de Mont-Roland, qu'elle s'en trouverait bien et recouvrerait la santé, que sa fille, religieuse de l'ordre de Saint-Bernard, ayant eu recours à la glorieuse Vierge, avait été guérie. — Animée par ses paroles, la malade se recommanda bien dévotement à Notre-Dame. Persuadée qu'elle l'assisterait, elle lui promit, si elle recouvrait la santé, d'aller la remercier en son sanctuaire. Elle fut dès lors soulagée, mais non entièrement guérie. — Quelques jours après, étant allée à l'église pour entendre la messe, elle fut plus souffrante qu'à l'ordinaire et l'on fut obligé de la ramener en sa maison, où elle fut contrainte de se mettre au lit. —

Un religieux de l'ordre de Saint-Benoît qui la vit en cet état lui dit d'avoir confiance en Notre-Dame de Mont-Roland, qu'elle la guérirait, qu'il avait été lui-même guéri par son intercession d'une maladie semblable : elle prit confiance, chargea ce religieux de faire dire une messe à son intention devant l'Image miraculeuse de Notre-Dame de Mont-Roland, et le pria de faire toucher à cette Image un morceau d'étoffe de soie qu'elle voulait mettre sur sa tête.— Dès ce moment son espérance fut si vive qu'elle dit à une de ses parentes : « J'espère que demain je serai guérie. » Sa confiance ne fut pas trompée ; le lendemain, lorsqu'elle eut mis sur sa tête le morceau d'étoffe qui avait touché l'image de Notre-Dame, elle sentit soudain une grande chaleur, une abondante sueur, et se trouva si parfaitement guérie, que depuis elle n'a jamais éprouvé aucune douleur de tête.

On continuait à recueillir les faveurs obtenues de Notre-Dame de Mont-Roland et à s'assurer de la vérité par les moyens employés à l'époque de l'enquête. — Le 10 avril 1650 Claudine Guaidot, épouse de Jean-Sanson, de Dôle, ne pouvait mettre au monde un enfant que le ciel lui avait donné. Les personnes qui l'entouraient eurent recours à Notre-dame de Mont-Roland et elle fut aussitôt délivrée, mais l'enfant avait tant souffert avant que l'on invoquât Notre-Dame, qu'il ne donna aucun signe de vie au moment de sa naissance. Il demeura mort environ deux heures. Les assistants continuaient à invoquer Notre-Dame. Ils firent même le vœu de faire dire une messe. Leur prière fut exaucée. L'enfant revint à la vie.

Ecoutons maintenant sur un fait semblable la déposition de Claude Clerget, de Dôle. — Son épouse savait que l'enfant qu'elle portait était sans mouvement depuis deux mois. Cependant le 13 avril 1630 il donna signe de vie, au moment où elle entendait la messe devant l'image de Mont-Roland, qui se trouvait alors en l'église des Pères bénédictins du collége de Saint-Jérôme fondé à Dôle. — Le jeudi 14, veille du Vendredi-Saint, les douleurs de l'enfantement la saisirent vers six heures et demie du soir et durèrent jusqu'à dix heures un quart. Vers neuf heures et demie, dame Bernardine Girad, de Gy, sage-femme de la ville de Dôle, fit appeler le père de l'enfant et lui fit savoir que leur enfant était mort dans le sein de sa mère, que tout concourait à le prouver. Elle l'ondoya ; mais la mère elle-même affirma que ce pauvre enfant était vraiment mort.

— Le père et la mère cependant ne perdirent pas confiance et le vouèrent à Notre-Dame de Mont-Roland, à saint Pierre et à saint Ignace, réclamant leur intercession (1) auprès de la Sainte Vierge. Enfin ils s'engagèrent par vœu à faire dire une messe en l'honneur de Notre-Dame de Mont-

(1) Dans la pièce déposée aux archives quelques mots de ce passage sont illisibles ; mais ceux que l'on peut lire indiquent le sens.

Roland et à lui offrir un flambeau. Une demi-heure après, cet enfant vint au monde blanc comme un linge et ne donnant aucun signe de vie. A cette vue, le père et la mère continuèrent à réclamer l'assistance de la Sainte Vierge, pendant environ un quart d'heure, et, ce quart d'heure s'étant écoulé, le nouveau-né, objet de prières si ferventes, commença à crier et à donner tous les signes d'une santé que Dieu par les mérites de la sainte Vierge lui a donnée très-ferme, très-parfaite et entière. Suivent les signatures.

Charlotte Lyon, originaire de Gray, épouse du sieur Alphère Renaud, fut affligée d'une fièvre continue et d'un flux de sang qui durèrent l'espace de trois mois sans discontinuer. Voyant qu'elle ne recevrait aucun soulagement des remèdes humains, elle demanda permission à son mari de faire vœu à Notre-Dame de Mont-Roland de visiter son église neuf samedis, au cas qu'il plût à Dieu de lui rendre la santé. Aussitôt qu'elle eut fait ce vœu, la fièvre et le flux de sang cessèrent. Elle ne voulut plus dès lors accepter aucun remède, et déclara qu'elle n'en avait plus besoin. A ce refus si bien motivé, ceux qui la traitaient louèrent Dieu et la Sainte Vierge d'une guérison si subite. — Cette déposition est du 29 avril 1650.

Simplicien va maintenant nous donner un petit récit qui ne manque pas de charmes. — « Le 19 « juin 1650, dit-il, sœur Anne Melchtilde Alleriet « était travaillée d'une douleur de dents, si violente

« qu'il lui était avis qu'elles étaient toutes ébranlées.
« Cette excessive douleur augmentant de plus en
« plus, elle recourut au secours du ciel par les mé-
« rites et l'entremise de Notre-Dame de Mont-
« Roland, avec toute la confiance et dévote ferveur
« qui lui fut possible. Avec la permission de sa
« Supérieure, elle promit de faire dire une messe
« devant son autel, et, au cas que cette faveur lui
« fût accordée, de réciter son chapelet les huit
« samedis suivants, en action de grâces. Elle n'eut
« pas plutôt fait ce vœu qu'elle fût guérie parfaite-
« ment. Depuis ce temps-là elle n'a ressenti aucun
« mal de dents, quoiqu'elle y fût fort sujette aupara-
« vant, de quoi elle ne manque pas d'être bien re-
« connaissante. » — Une guérison subite est remarquable, mais une guérison tellement constante
qu'on n'éprouve plus des douleurs auxquelles on
était sujet est bien plus remarquable encore....

Le 28 août de la même année, la science rendit
hommage à Notre-Dame, en déposant à ses pieds
une attestation du plus grand poids. Elle est en
une langue que l'on avait grandement raison de
cultiver un peu mieux qu'on ne le fait maintenant.
Nous la lirons telle qu'elle est. — « Ego infra
« scriptus, fidem facio, me, ante novem menses,
« paulo post reducem almæ Christi matris Iconem
« Auxona in montem Rolandinum, in ædibus meis
« vidisse Joannam Chevraux, uxorem Petri Piard,
« viri de Sampans comitatus Burgundiæ, lactan-
« tem. Cui avulsa erat ex integro papilla mammæ

« sinistræ cum fœdo ulcere profundo cancri non
« absimili, papillaque alterius uberis graviter vul-
« nerata a puero, in denticinio, ob gravissimos
« dolores quasi convulsiones patiente. Quæ mulier
« rustica eadem die qua me invisit, medica præsi-
« dia exposcens, Montem Rolandinum reversa, di-
« vinioris auræ afflata instinctu, e lampade ante
« deiparæ Virginis Iconem in ejusdem virginis
« sacrario lucente aliquid olei eduxit, quo utram-
« que mammam illiniens in integrum ablata pa-
« pilla de repente restituta absque ullo præsidio
« (ut ipsa mihi retulit, quod testor et vidi post
« mensem circiter), puero lactenti innocue et abs-
« que dolore obtulit. Quod ultra humanum et non
« nisi deiparæ Virginis singulari privilegio, immo
« non sine miraculo perfectum, adstantibus reve-
« rendis patribus cœnobii ejusdem Montis Rolan-
« dini, attonitus pronuntiavi.

« Ita suscribo Dolæ, 28 Augusti 1650.

« JOANNES LABBE,
« Doctor et Professor regius medicus. »

L'attestation que l'on vient de voir est du docteur Labbe, professeur à l'académie royale de médecine en la ville de Dôle. Voici le fait qu'il atteste. — Peu après le retour de Notre-Dame à Mont-Roland, Jeanne Chevraux, épouse de Pierre Piard de Sampans, comté de Bourgogne, se présenta au docteur Labbe avec d'horribles plaies. Au moment de la dentition, l'enfant qu'elle nourrissait l'avait ainsi blessée. Il l'avait vraiment mutilée. Une de ses plaies était profonde et ressemblait à un affreux cancer. Lorsque cette bonne paysanne eut quitté celui auquel elle était venue demander quelque soulagement, poussée par un mouvement du divin amour, guidée par l'instinct de sa piété, elle se rendit à Mont-Roland, prit un peu de l'huile qui brûlait devant l'image de Notre-Dame, l'appliqua à ses plaies et fut guérie à l'instant. Encore étonné d'une telle merveille, ajoute le docteur Labbe, j'ai déclaré, en présence des Pères de Mont-Roland, que cette guérison était au-dessus des forces de la nature et n'avait pu être opérée sans une assistance particulière de la Vierge Mère ; qu'elle n'avait pu s'accomplir sans miracle.

CHAPITRE XX

NOTRE-DAME DE MONT-ROLAND, DE 1551 à 1717.

On n'ignore pas qu'une maison peut être infestée par les malins esprits. Si on l'ignorait, il suffirait, pour s'en convaincre, de lire tout simplement les prières du Rituel romain pour la bénédiction de l'eau bénite.

Le château de Parthey, à une lieue de Dôle, fut délivré par Notre-Dame de Mont-Roland de la présence de l'un de ces mauvais esprits qui commença à l'inquiéter le 11 mai 1631.

Nous avons sur ce fait une déposition signée qui est restée dans les archives du Jura. — La pièce qui la contient a été tellement lue et relue qu'on a été obligé de veiller à ce qu'elle ne tombât pas en morceaux. — Cette déposition fut faite, comme les autres, avec protestation, devant Dieu et Notre-Dame, de dire la pure vérité. — On eut recours à toutes les précautions pour s'assurer que le trouble et le désordre, auxquels cette maison était livrée, que les mauvais traitements subis par les personnes qui l'habitaient n'avaient aucune cause naturelle. Le fait eut de nombreux témoins. — Enfin le propriétaire du château et son épouse firent vœu de se transporter à Mont-Roland, d'offrir à Notre-Dame l'estaux de leur maison. C'était une bougie de cire, dont la longueur pouvait embrasser le tour du château. — Le jour que ce vœu fut accompli, cette maison, si cruellement agitée, retrouva la plus parfaite tranquillité. — Ils avaient promis de plus un tableau destiné à rappeler leur délivrance.

Fransquin dans ses notes sur la ville de Dôle affirme qu'il a vu ce tableau. Il représentait le château de Parthey et portait cette inscription :

Partheum partium est mea portio. Cede, Satan.

« Le hameau de Parthey, qui dépend de Choisey,
« comme le dit M. Marquiset, doit son origine à

« un temple de Diane. Cette déesse, révérée dans
« les forêts, partageait avec Junon le surnom de
« Lucine, et c'est sous ce titre qu'elle était invoquée
« dans les douleurs de l'enfantement. — Le temple
« de la déesse fut renversé à l'époque de l'établis-
« sement du Christianisme, et plus tard l'oracle
« imposteur de *Lucina parta* fut remplacé par la
« dévotion à la Vierge de Mont-Roland. » Le même
auteur raconte ce que le château de Parthey eut à
souffrir des malins esprits et il ajoute : « Il fallut
« avoir recours à Notre-Dame de Mont-Roland.
« Avant la révolution, dit-il encore, on voyait dans
« l'église de Mont-Roland un tableau, peint par
« Nicolas Labbé, représentant le château avec cette
« inscription : »

« Parthey meum est : cede, Satan. »

Un diable de forme hideuse fuyait d'une des
vieilles tours du château.

Le 26 juillet 1657, Christine Beau, native de
Salins et demeurant à Poligny, âgée de soixante et
dix ans, après s'être confessée et avoir communié
à Mont-Roland, a assuré devant Dieu ce qui suit :
— Il y a environ trois ans, dit-elle, je me trouvai
tout d'un coup enflée et rouge comme du sang
par tout le corps. J'éprouvais de grandes douleurs
et ne pouvais presque pas me remuer, ce qui dura
l'espace de deux ans et demi, sans que je pusse
trouver aucun secours auprès de plusieurs médecins. Je me vouai alors à Notre-Dame de Mont-

Roland, et, l'ayant priée de me donner les forces de la venir honorer, je me suis trouvée tout d'un coup soulagée. Les douleurs ont complétement cessé et je suis déjà venue deux fois visiter Notre-Dame.

Les dépositions continuaient à arriver à Mont-Roland. Le 24 juillet 1658, Léonarde Garnier, veuve de George Marion de Villers-les-Pots, affirme avec serment qu'elle tomba malade et que son corps s'enfla d'une manière extraordinaire, ce qui dura environ deux mois. Les médecins, ajoute-t-elle, ne me furent d'aucun secours et ils me tinrent pour désespérée. En cette extrémité je me vouai à Notre-Dame de Mont-Roland et me trouvai aussitôt soulagée. En moins de quinze jours je fus entièrement rétablie. Suivent les signatures. — Cette déposition fut reçue et le procès-verbal fut rédigé devant l'autel et l'Image miraculeuse de Notre-Dame à Mont-Roland.

De 1658 a 1664 la sainte ardeur avec laquelle on avait pris soin de consigner tous les faits glorieux à Notre-Dame paraît se ralentir. Le 19 octobre 1664, ordre de recueillir tous ces faits est donné au prieur de Mont-Roland par les révérends Pères Richardot et de Vautrombois, visiteurs. Cette ordonnance est ainsi conçue :

— « Le révérend père prieur de Mont-Roland
« aura un soin très-particulier de faire rédiger par
« écrit et en présence de personnes dignes de foi,
« qui signeront avec les religieux, tous les miracles
« qu'il plaira à Dieu d'opérer en faveur de son peuple

« par les mérites de sa très-sainte Mère. Ce sera le
« moyen de témoigner en quelque façon la recon-
« naissance qu'on lui doit et d'exciter de plus en plus
« les fidèles à son amour et à son service. Ce qui
« s'entend non-seulement de l'avenir, mais même
« du passé, si déjà par le soin et la diligence des
« supérieurs on ne l'a fait. Ainsi ordonné en l'acte
« de visite à Faverney.... »

En 1669, cette ordonnance exécutée avec soin constata une des plus grandes grâces qui aient été obtenues de Notre-Dame de Mont-Roland ; quoique toutes ses faveurs soient du plus grand prix, les plus précieuses cependant sont celles qui ont pour but immédiat de nous mettre en possession du bonheur éternel, et si Notre-Dame se plaît à écouter les prières qui lui sont adressées, c'est surtout lorsqu'il s'agit du salut. Mais, si sa bonté peut briller ici-bas de tout son éclat, c'est lorsqu'il s'agit de procurer à un enfant mort sans baptême le bienfait de la régénération. — Bien qu'un tel bienfait soit une grâce incomparable, il ne saurait trouver en défaut la puissance de la Mère de Dieu. L'histoire de l'Église gallicane et l'histoire de Notre-Dame de Montciel (1) nous en fournissent des preuves incontestables. Celle de Notre-Dame de Mont-Roland vient à son tour nous en apporter une preuve, qui n'est ni moins certaine ni moins touchante.

(1) Imprimée à Lons-le-Saulnier en 1859.

Le 30 mai 1669, Françoise Bergier, épouse d'Émilland Pasgnotte, demeurant à Chevigney, mit au monde une fille qui depuis un mois ne donnait aucun signe de vie et n'en donna pas davantage au moment de sa naissance. — Le père, la mère, la sage-femme, et deux autres personnes, Nicole Grandvaux et Marguerite Gravoisier, touchés de compassion, recoururent à Notre-Dame et demandèrent pour cette pauvre enfant quelques marques de vie, qui autorisassent à lui conférer la grâce du baptême. — Espérant qu'ils seraient exaucés, le père et plusieurs autres personnes de Chevigney la portèrent à Mont-Roland, et demandèrent encore avec instance qu'elle pût recevoir le baptême. Notre-Dame, dont ils réclamaient la puissante intercession, ne tarda pas à exaucer leur pieux désir. Cette petite fille donna signe de vie. — Instruits de ce qui venait de se passer, le supérieur de Mont-Roland, le sous-prieur, et trois autres religieux présents veulent se convaincre eux-mêmes de la vérité du fait, se transportent devant le maître-autel, et reconnaissent, aux mouvements de l'artère du côté gauche de la tête, que cette enfant a assez de vie pour être baptisée. Après l'avoir constaté à plusieurs reprises, ils la baptisèrent. — Lorsqu'ils eurent ainsi assuré le salut de cette pauvre petite créature, pour une plus grande manifestation de la vérité, ils firent approcher Pierre Madoux, de Dôle, et le prièrent de voir si cette enfant donnait encore signe de vie. Celui-ci se rendit à leur invitation, reconnut aussi à plusieurs reprises les signes de vie déjà constatés, et le déclara tout haut, en présence de plusieurs personnes et en particulier du sieur Pyon, de Mont-Roland. Un moment après il mit encore le doigt sur l'artère indiquée; mais tout mouvement avait cessé, cet ange avait pris son vol vers le ciel. — Au bas de cette pièce on trouve la signature du sieur Madeux, du R. P. de Fouchière, supérieur, et d'un autre témoin.

Le 7 juillet 1669 au soir, Claude Michel, revenant de Bregil, s'embarqua avec soixante autres personnes pour aller à Besançon. La barque se trouvant trop chargée se remplit d'eau et fut submergée. Michel ne savait pas nager. Arrivé au fond de l'eau, il se recommanda de cœur à Notre-Dame de Mont-Roland, et fit vœu de visiter son Église. A l'instant il reçut des forces extraordinaires pour revenir au-dessus de l'eau et fut ainsi délivré. — Il se rendit à Mont-Roland le 12 du même mois, pour accomplir son vœu et remercier Notre-Dame de lui avoir conservé la vie. — Il affirma avec serment entre les mains de D. Séraphin Camus, religieux bénédictin de Mont-Roland, qu'il devait en effet la vie à Notre-Dame et que le récit, que nous venons de lire, était conforme à la vérité.

Les archives du Jura conservent une lettre adressée de Sellières, le 15 novembre 1681, au père Dom Benoît, sacristain au couvent des RR. PP. bénédictins de Mont-Roland. Le fait dont il s'agit se trouve aussi consigné dans des notes manuscrites également conservées aux archives. Voici cette lettre.

« VIVE JÉSUS !

« Mon Révérend père et bon ami,

« Il y a quelques jours que madame de Vau-
« dahon, alitée depuis trois mois, était presque à
« l'agonie et comme désespérée des médecins de
« Dôle et de Poligny. — La voyant comme perdue,
« et après l'avoir confessée pour recevoir le viatique,
« je lui persuadai de se vouer à Notre-Dame de
« Mont-Roland, et lui dis, en partie, les merveilles
« que Dieu faisait tous les jours en faveur de sa
« Mère pour tous ceux qui avaient une particulière
« dévotion à cette Image si souvent miraculeuse.
« — Elle me crut. Je me mis à genoux à son che-
« vet et nous promîmes à Dieu et à sa sainte Mère
« d'envoyer un homme vous prier de faire dire
« neuf messes basses, pendant neuf jours. — Ce
« vœu ne fut pas plus tôt fait que la fièvre com-
« mença à diminuer, et le troisième jour cessa en-
« tièrement. Voilà, mon cher Père, ce qui m'oblige
« à vous demander la grâce de faire célébrer les-
« dites messes, et de saluer tous nos révérends
« Pères, mais particulièrement les très-révérends
« Pères prieur et sous-prieur.

« Votre très-humble et obéissant serviteur,

« Jean-Baptiste Pion. »

Tous ces témoignages rendus à la puissance et à la bonté de Notre-Dame, tous ceux qui se présenteront encore à nous, sont bien consolants. Nous ne pouvons toutefois les accepter que comme des indices de grâces plus nombreuses encore. Eût-on recueilli toutes les faveurs temporelles, obtenues de la Vierge de Mont-Roland, que de faits nous ignorerions encore ! que de faveurs spirituelles sont restées dans l'oubli !.

La sainte montagne nous offre un spectacle touchant. D'une part Notre-Dame répand avec profusion ses saintes largesses ; de l'autre la piété, la reconnaissance, déposent à ses pieds d'innombrables offrandes, et l'amour dont la Vierge est l'objet se manifeste par de nombreuses fondations. — Les archives du Jura nous ont fourni quelques preuves de la libéralité de Notre-Dame. Elles mettront aussi à notre disposition quelques monuments de la générosité qui enrichissait son sanctuaire. Mais de même que nous ne pouvons pas penser que le souvenir de tous les bienfaits de Notre-Dame soit parvenu jusqu'à nous, de même nous ne pouvons pas espérer connaître tous les actes de la reconnaissance. Contentons-nous d'en considérer quelques-uns, comme en passant.

Une donation faite à cette époque, ou quelques années auparavant, par Éléonore Chassignet, veuve de noble Léonard le Clerc, et par Charlotte le Clerc, exprime avec simplicité le motif qui préside à toutes les libéralités dont Mont-Roland est

l'objet. « Elles considèrent, disent-elles, les grandes
« grâces et faveurs qu'elles ont reçues et reçoivent
« journellement de la sainte Vierge, de Notre-
« Dame de Mont-Roland, et espèrent recevoir en-
« core de son cher Fils par son intercession. »

En 1654, le 24 novembre, les époux Michel, de Dôle, fondent en l'église de Mont-Roland six messes basses. Elles sont fixées aux six principales fêtes de la sainte Vierge. — « Dans l'année 1657, Mont-Ro-
« land vit s'accroître sa prospérité naissante d'une
« riche libéralité. Etienne Simonin, prieur com-
« mendataire de Mouterot-lez-Estrabonne, consen-
« tit à ce que ce prieuré fût, après sa mort, uni à
« Mont-Roland (1). »

Le 15 août 1658 nous apporte un acte de fondation bien capable d'édifier. Le voici. — « Au nom de
« Dieu. Amen. Philippe-Louis Labourey, seigneur
« de Byarne-Mutigney et lieutenant général établi
« par Sa Majesté au siége et ressort de Beaune,
« considérant que toutes nos actions doivent ten-
« dre à la plus grande gloire de Dieu, et ayant
« particulièrement égard à la dévotion qui se doit
« à la vénérable image de Notre-Dame de Mont-
« Roland, au culte et devoir que lui rendent in-
« cessamment les RR. PP. Bénédictins au monas-
« tère de leur ordre érigé audit lieu, a fondé, » à perpétuité, six grand'messes qui se diront chaque année avec diacre et sous-diacre. Après chacune de

---

(1) M. Jeannez.

ces messes le prêtre devait chanter le *Salve Regina*.

Vers le même temps Claude François Lullier, président au parlement de Dôle, donna trois cents francs pour son anniversaire; cet anniversaire était fixé au 2 avril. Cet homme de foi avait voulu que les prières que l'on ferait pour le repos de son âme fussent en quelque sorte confiées à la tendresse de Notre-Dame, et il avait ambitionné le bonheur de reposer à ses pieds après sa mort. Il fut enterré dans le chœur ou presbytère, du côté de l'épître. Son mausolée devait être en face de celui de Guillaume d'Estrabonne, placé du côté de l'évangile. Ces deux mausolées étaient fort semblables: le président Lullier et le chevalier d'Estrabonne étaient à genoux. Tous deux devaient paraître regarder encore Notre-Dame et la prier.

Le 27 septembre 1639, Marin Camus, de Dôle, docteur en droit, conseiller au parlement, et Bonaventure Pétremand, son épouse, voulurent qu'une messe fût célébrée tous les samedis à perpétuité devant l'autel de Notre-Dame de Mont-Roland. — Le 23 novembre de la même année, un don considérable est fait au monastère de Mont-Roland en considération de la chapelle et de l'image de Notre-Dame. — On voit aussi « les villages voisins faire « des fondations peu considérables, mais aussi « précieuses devant la Vierge que celles des plus « nobles personnages (1). » — Le 4 décembre, Louis

---

(1) M. Jeannez.

Boucleret, prêtre chanoine en l'église collégiale de Salins, donne les fonds nécessaires pour qu'une messe soit dite tous les samedis à perpétuité, et le R. P. prieur l'admet à la participation de toutes les prières et des bonnes œuvres qui se font à Mont-Roland. — En 1662, le 7 septembre, les Bénédictins de Faverney cèdent un riche héritage à leurs confrères de Mont-Roland, afin que ces derniers puissent bâtir leur monastère. — En 1672, le 23 mai, Messire Quentin Chaumont, chanoine en l'église collégiale de Dôle, donne deux cents francs Comtois pour deux messes chaque mois ; et, le 24, Pierre Bourdon de Monnières donne une vigne pour qu'une messe soit célébrée à perpétuité en l'église de Mont-Roland. — En 1673 Huguette Vienot, par son testament du 17 novembre, dispose, en faveur des gardiens de Notre-Dame, d'une partie de ses biens ; et, deux ans plus tard, son fils, avocat au parlement, exécute cette pieuse et dernière volonté. — En 1676, Denis Rouget, de Dôle, et son épouse fondent six messes à perpétuité en l'église de Mont-Roland. — La même année messire Léonard Dusillet, prêtre familier de l'église collégiale de Dôle, donne les fonds nécessaires pour la célébration de quatorze messes. Elles sont fixées au jour et au lendemain des sept fêtes principales de la sainte Vierge. — En 1677 la veuve de Jean Carrière de Saint-Vivant fait une fondation de dix messes chaque année à perpétuité. — La même année François Perrot, citoyen de Besançon, capitaine du château de Vaux, et Louise Dorinet, son épouse, cèdent en faveur de la chapelle de Notre-Dame tous les biens dont ils peuvent disposer, à condition que six messes soient chantées chaque année et qu'une messe basse soit dite tous les mercredis à perpétuité. — Enfin, en 1680, Adrienne Lambelin, veuve de Duloisy, citoyen de Besançon, « mue de dévotion envers le très- saint Sacrement « de l'autel et la très-sainte Vierge, fonde, en l'église « de Notre-Dame de Mont-Roland, sept saluts ou « bénédictions du saint Sacrement. »

Ces libéralités permettaient de donner plus de splendeur au culte de Notre-Dame. — En 1687, on s'occupa de l'ornementation intérieure de son sanctuaire. Le plan et les conditions du travail qui se fit alors sont longuement décrits dans une pièce conservée aux archives. Un retable, un tabernacle, deux crédences, un devant d'autel, et deux gros chandeliers, destinés à recevoir des flambeaux au moment de l'élévation, furent exécutés par Jean Philippe de la Seigne, de Dôle, maître sculpteur.— Ecoutons le jugement que M. Jeannez a porté sur ce travail, et les justes regrets qu'il exprime. « Cet « ouvrage, dit-il, ne devait pas manquer d'une « élégance grandiose, malgré sa profusion d'orne- « ments. Hélas ! qu'est-il devenu ? Qu'est devenue « la vieille chapelle dont il servait à déguiser la « vétusté? Qu'est devenue la nouvelle qui s'est éle- « vée sur toutes ces ruines ? Que deviendra la plus « nouvelle encore ? Seule, tu es debout, vieille re-

« lique des âges écoulés, antique et vénérée Ma-
« done ! Les ruines s'amoncellent, le génie de
« l'homme s'efforce d'élever des monuments à ta
« gloire, et toi, humble statue de bois noir et ver-
« moulu, tu leur survis, tu les domines, tu les con-
« sacres et les renverses, pour montrer à tous le
« néant des choses d'ici-bas, et rappeler que tu es
« l'étoile radieuse du ciel vers laquelle doivent s'é-
« lever nos âmes et nos prières. »

De 1688 à 1696, dans la série des fondations faites à Mont-Roland on trouve les noms du sieur Anatoile Renard, de Dôle, docteur en droit, de sa veuve, de Louis Rolet, de Monnières, du sieur Claude Mol, d'Auxonne, ancien conseiller du roi, secrétaire de la chambre des comptes de Dijon, et du sieur Grivel, seigneur de Perrigny.

En 1710 Claude-François Buzon, prêtre de la collégiale de Dôle, après avoir fait construire sur la sainte montagne dix stations en pierre, destinées à honorer la passion du Sauveur, et donné un calice d'or orné de pierres précieuses, offre à Notre-Dame un diadème d'or enrichi de pierreries. Il fit aussi beaucoup d'autres offrandes (1).

En 1713 messire Alexandre-Ignace de Santans, seigneur de Montaguey, conseiller du roi, doyen des distributeurs de l'Université, par son testament du 5 septembre, choisit sa sépulture en la chapelle de Notre-Dame, et ajoute à la fondation faite par

(1) M. Jeannez.

madame de Santans, sa tante, seconde fondatrice de Mont-Roland. Il exige que mille messes soient célébrées au plus tôt après son décès et qu'une messe soit chantée chaque année, le jour anniversaire de sa mort. Le préambule de ce testament rappelle une époque de foi vive. « Considérant, dit le testateur, « que l'heure de la mort est incertaine, et ne vou- « lant pas décéder sans disposer des biens qu'il a « plu à Dieu de me donner en ce monde, j'ai fait « mon testament et ordonnance de dernière volonté « comme il suit. — Premièrement je recommande « mon âme à Dieu et j'élis la sépulture de mon « corps en l'église de Notre-Dame de Mont-Roland. » — Vient ensuite le legs qu'il fait aux RR. PP. Bénédictins. — Sur la pièce qui nous a conservé ce pieux monument on lit en marge que ce legs a été payé par M. d'Espiard, président à mortier au parlement de Besançon, et dame de Santans, épouse de ce dernier.

En 1714 enfin, messire Hugues Philippe Arvisenet, chevalier d'honneur en la cour des comptes et en la cour des aides de Dôle, bourgeois de cette ville, fonde à perpétuité soixante messes dont huit doivent être dites aux huit fêtes de la Vierge.

A côté de tous ces actes de piété, de reconnaissance, nous devons placer un acte de reconnaissance publique, dont les gardiens de Notre-Dame furent l'objet. — En 1604, le 24 décembre, les Bénédictins de Mont-Roland demandent d'être reçus au nombre des habitants de la ville de Dôle et de jouir

des droits, privilèges, immunités et prérogatives attachées au titre d'habitant de Dôle. Le vicomte, Mayeur et son conseil, « considérant l'ancienne dé-
« votion que la ville a envers l'image de la Sainte
« Vierge qui repose en leur église, » leur accorde cette faveur. Les Bénédictins promirent avec serment entre les mains du vicomte Mayeur d'être fidèles à l'engagement qu'ils contractaient ainsi d'accomplir tout ce que « de bons et fidèles habitants
« sont tenus de faire. »

Louis XIV lui-même, en 1674, honora la Vierge de Mont-Roland en la personne des bons religieux qui ne vivaient en quelque sorte que pour propager son culte. — Jugeant que la Franche-Comté devait appartenir à son épouse Marie-Thérèse d'Autriche, il avait déjà assiégé Dôle et il revenait encore en faire de nouveau le siége. Il ne voulut pas que les gardiens de la Vierge de Mont-Roland eussent à souffrir de cette nouvelle tentative qui devait unir à la France une ville si courageuse, si fidèle, si attachée à la foi de ses pères, la ville bien-aimée de Notre-Dame. — On trouve encore dans les archives du Jura l'ordre qu'il donna en leur faveur. Le voici :

« De par le Roi.

« Sa Majesté défend très-expressément à tous
« chefs et officiers de ses troupes, tant de cheval que
« de pied, Français et étrangers, de loger ni souf-

« frir qu'il soit logé aucun de ceux étant sous leurs
« charges dans le monastère de Notre-Dame de
« Mont-Roland, situé dans le bailliage de Dôle, ni
« dans les maisons qui appartiennent au dit mo-
« nastère en cette province de la comté de Bour-
« gogne, ni qu'il y soit pris, enlevé, ou fourragé
« aucune chose, ni commis de désordre, à peine
« auxdits chefs et officiers de désobéissance et de
« répondre des torts et dommages soufferts, et aux
« soldats de la vie.

« Donné au camp devant Dôle. Le 20° jour de
« mai 1674.

« Signé : Louis. »

CHAPITRE XXI

NOTRE-DAME DE MONT-ROLAND EN 1717. — RECONSTRUCTION DE L'ÉGLISE DE MONT-ROLAND.

Des rapports de la plus intime confiance s'étaient
établis entre la ville de Dôle, les populations
voisines, et les gardiens de Notre-Dame. La seule
lecture des chapitres précédents suffit pour nous
en convaincre. Le zèle des enfants de Saint-Benoît
les faisait aimer. Tous comprenaient que leur
fournir d'abondantes ressources, c'était contribuer
à la gloire de Notre-Dame. Les Pères bénédictins
montrèrent bien que l'on ne s'était pas trompé.

Ils ne se contentèrent pas d'orner l'ancienne

chapelle et d'avoir fait pour cette ornementation de grandes dépenses. Le sanctuaire, qui avait été témoin du recueillement et du saint enthousiasme de tant de pieux pèlerins, ne leur parut plus assez digne de la Vierge qui captivait avec son Fils tous les mouvements de leur cœur.

Ce sanctuaire, comme le dit Simplicien, était composé « de quatre ou cinq pièces de structures diverses. » Les unes étaient voûtées, les autres ne l'étaient pas. — Il était temps de donner à l'édifice un peu plus d'unité et de contraindre l'art lui-même à honorer Notre-Dame, à remplir ainsi ce qu'il y a de plus beau dans sa mission. C'est surtout lorsqu'il donne à sa façon la louange à Dieu et à sa sainte Mère qu'il mérite notre admiration et c'est pour cela d'abord qu'il est fait.

Sans nuire à l'harmonie du plan, que l'un d'eux, architecte habile, eut le bonheur de concevoir, les bénédictins conservèrent le chœur jusqu'à la hauteur de quatorze ou quinze pieds. Cette disposition devait laisser intacts l'autel de Notre-Dame, le retable, le tabernacle et les crédences sculptées par Jean-Philippe de la Seigne. Les mausolées de Guillaume d'Estrabonne et du président Lullier purent aussi être respectés.

Les archives du Jura nous fournissent un mémoire rempli de détails sur cette construction. Dans toute sa simplicité, il aura pour nous des charmes. — Sans des documents de ce genre nous ne pourrions plus savoir ce qu'était cette nouvelle

église de Mont-Roland. « Elle a disparu, hélas ! dit
« M. Jeannez, ce n'était pas le temps qui l'avait
« renversée, car nous avons souvent joué dans ses
« masures, dont les pierres semblaient avoir été tail-
« lées de la veille, c'était la malice de l'homme qui
« promena la sape dans ce temple, gloire et lé-
« gitime orgueil des bénédictins. »

« On commença à bâtir cette église en 1717. La
« première pierre fut posée le 17 juillet de la
« même année dans l'angle du côté du vent, en
« présence de M. Guillé, docteur en médecine et
« maire de Dôle, et en présence de plusieurs autres
« messieurs de la même ville, qui étaient venus à
« ce dessein. On a gravé sur cette pierre l'année, et
« le nom du supérieur qui était alors Didier
« Rance, homme de science et de mérite, et fort
« aimé dans le voisinage. Il mourut à l'abbaye de
« Saint-Vincent de Besançon, comme il est porté
« au nécrologe de Mont-Roland.

« Toute cette église a été entièrement rebâtie, à la
« réserve de la coquille ou presbytère dont les mu-
« railles ont été conservées à la hauteur de quatorze
« à quinze pieds. — Le dessin en fut donné par le
« R. P. Duchêne, religieux bénédictin en l'abbaye
« de Saint-Vincent de Besançon, architecte habile.
« Il fut exécuté par Jean Ragouzi, Italien, du diocèse
« de Novare, et par les soins de Dom Claude
« Vannoz, alors procureur en ladite maison de
« Mont-Roland. Cette église fut achevée, mais très-
« imparfaitement, en l'an 1721. »

En 1719 les travaux étaient arrivés à la hauteur du frontispice de la grande porte. Le chronogramme suivant l'indique assez. Il était gravé sur le frontispice :

Virgo antIqVa proDIgIIs, DeCorata æDIfICIIs.

La traduction littérale de cette inscription serait lourde, en voici le sens :

Nouvel édifice en l'honneur de la Vierge célèbre dans l'antiquité par de nombreuses merveilles.

La somme des chiffres romains de ce chronogramme nous donne bien 1719. Comme le mémoire déposé aux archives nous dit que l'édifice fut achevé, et encore très-imparfaitement, en 1721, cette inscription chronogrammatique ne nous donne pas l'année qui vit terminer les travaux de construction. Elle n'exprime pas non plus l'époque où commencèrent ces travaux, puisque la première pierre fut posée en 1717. Nous avons donc bien l'époque où la nouvelle église fut arrivée à la hauteur du frontispice de la grande porte. C'était du reste la seule conclusion que le visiteur du sanctuaire pût tirer à la vue de ce chronogramme.

La même année, une nouvelle statue de Roland fut placée au-dessus de la sacristie. « Armé de toutes « pièces, le chevalier tenait d'une main une épée « longue et plate, et, de l'autre, un modèle de « couvent; son casque était à ses pieds (1). » — Une

(1) M. Marquiset.

autre inscription était gravée sur la pierre qui soutenait cette statue :

RoLanDVs IntrepIDVs VIrgInIs
serVVs eX Veteri noVVs
eIVs Cœnobii fVnDator.

En voici le sens :

Nouvelle statue de Roland, intrépide serviteur de la Vierge, fondateur de ce monastère.

Les mots *ex veteri novus* indiquent que cette statue a été faite avec l'ancienne, que l'on a réparée, ou à la place de l'ancienne. « Il faut remarquer, « dit M. Désiré Monnier, que les mots *ex veteri* « *novus* avertissent qu'une ancienne statue avait « existé avant celle-ci. De quel temps datait la « première ? Impossible aujourd'hui d'en rien sa- « voir. La tradition de Roland n'est donc pas nou- « velle ici. »

Le chronogramme placé au-dessous de cette statue de Roland nous donne, comme le précédent, 1710. Il était ce semble plus facile de la placer à cette époque que de le faire, l'édifice étant terminé.

« On trouve enfin la description de cette nouvelle « chapelle dans les notes de M. l'abbé Martin, qui « la donne à peu près en ces termes : — Les béné- « dictins avaient fait reconstruire l'église entière « sur un plan nouveau et régulier. Ils lui avaient « donné les dimensions de l'ancienne. Elle avait

« trois nefs fort élevées. La nef du milieu était plus
« haute que les nefs latérales. Les voûtes étaient
« soutenues par deux rangs de colonnes. Elle
« n'avait que trois autels : le principal était dédié
« à la Sainte Vierge. La statue de Roland était
« placée dans une niche située au-dessus de la
« porte de la sacristie qui ouvrait dans le chœur.

« Les anciens disent que c'était une des plus
« belles églises du pays. Celle de Chevigny est faite
« sur le même modèle. »

« L'étude des ruines, qui étaient encore debout
« il y a quelques années, autorise à faire quel-
« que correction dans la description donnée par
« M. l'abbé Martin. Il était facile de voir que l'ar-
« chitecture de tout le pourtour du sanctuaire était
« plus ancienne que celle du reste de l'édifice. Les
« pierres taillées de la voûte et des fenêtres que
« l'on a trouvées amoncelées dans le sanctuaire
« avaient les mêmes caractères que le reste de ses
« murs, qui avait été conservé. On voit au musée
« (de Mont-Roland) une petite niche taillée dans
« une seule pierre. Elle faisait partie du mur, où
« elle servait à mettre les burettes. Cette partie de
« l'ancienne église n'avait pas été détruite. C'était
« encore le *Chansey* bâti par Jean de Coigney (1). »

Une petite correction est aussi nécessaire, par
rapport au nombre des autels. Outre les trois autels indiqués, deux autels étaient placés à l'entrée

---

(1) Notes sans nom d'auteur.

du chœur, comme nous le dira bientôt un mémoire tiré des archives du Jura.

CHAPITRE XXII

NOTRE-DAME DE MONT-ROLAND, DE 1725 A 1742.

L'auteur des mémoires des Bourguignons de la Franche-Comté, ravi à la vue des nombreux pèlerins qui visitaient Notre-Dame, laissa tomber de sa plume quelques lignes bien capables de nous faire comprendre de quelle vénération et de quelle tendresse le sanctuaire de Mont-Roland était entouré. « En toutes les Gaules, disait-il, on ne trouvera pas « facilement un autre pays où tant de pèlerins « voyagent autant en dévotion qu'on le fait en notre « Bourgogne pour honorer Notre-Dame de Mont- « Roland. » — L'érection d'un nouveau sanctuaire environné de tant de splendeur était bien propre à renouveler cette sainte ardeur.

Les faveurs ne manquèrent pas à la piété et Notre-Dame dut témoigner par les nombreux effets de sa céleste et maternelle munificence qu'elle était satisfaite du soin que l'on prenait de donner à son culte un éclat toujours croissant. Si l'on avait continué à les recueillir, comme le fait remarquer M. l'abbé Martin, dans ses notes manuscrites, nous aurions des volumes entiers de miracles. Mais d'autres préoccupations, la sollicitude que donna la construction du monastère et de l'église de Mont-Roland, absorbèrent sans doute toute autre pensée.

Les archives du Jura nous ont cependant conservé un fait bien touchant qui se rapporte à cette époque. Il est amplement décrit et les détails abondent.

Le 24 mars 1725, Marie-Anne Blanjean, de Dijon, partit avec ses parents pour aller à Besançon vénérer le saint Suaire. Un convoi devait partir le même jour et transporter le trésor du roi. Les parents de la jeune personne prièrent le sieur Perrin, trésorier du roi au département de Salins, citoyen de Besançon, et commis principal de l'extraordinaire des guerres, de permettre à leur fille de prendre place sur un chariot qu'il devait accompagner lui-même, ce qu'il accorda volontiers. — Le 25, jour du dimanche des Rameaux et fête de l'Annonciation de la Bienheureuse Vierge Marie, ils partirent d'Auxonne, après avoir entendu la sainte messe. Ils étaient arrivés sur les onze heures du matin près d'un village appelé Monnières, à un quart d'heure du monastère des Pères Bénédictins de Mont-Roland, lorsque Marie Blanjean, ayant voulu descendre précipitamment, et sans prendre assez de précautions, du pesant chariot sur lequel elle était montée, se trouva tout d'un coup engagée sous les roues qui lui passèrent au milieu du corps. Le trésorier du roi, la voyant en ce danger, eut assez de présence d'esprit pour lui crier de se vouer à Notre-Dame de Mont-Roland, qu'elle assistait ceux qui l'invoquaient avec confiance; ce qu'elle entendit, comme elle l'a affirmé. — Les témoins d'un si fâcheux accident étaient saisis de frayeur et ne doutaient point de la mort de la jeune personne. Il y avait bien lieu d'être effrayé; ce char était fort lourd, attelé de trois chevaux, et chargé de très-grandes sommes d'or et d'argent et d'autres objets, que l'on fait monter sans exagération à deux milliers de livres. De plus le chemin était fort inégal et l'on trouva même une pierre grosse comme la tête sous le dos de la jeune personne. — Cependant, au moment où on la croyait perdue, elle revint à elle et trouva assez de force pour aller jusqu'au village de Monnières. — On avait en toute hâte envoyé chercher un habile chirurgien de Dôle pour lui prêter secours, s'il était possible. Lorsqu'il fut arrivé, il fut fort surpris de la trouver en état d'aller à pied de Monnières à Dôle et de continuer le voyage qu'elle avait entrepris. — Qui ne sera persuadé, ajoute le pieux chroniqueur, qui ne croira, après avoir mûrement examiné les circonstances de ce fait qu'elle a été préservée d'une mort évidente par le secours et l'invocation de Notre-Dame de Mont-Roland, qui est vénérée de tous les fidèles et à qui Marie Blanjean se voua au moment du danger! Qui ne croira que cette puissante Protectrice a voulu, le jour de son Annonciation, protéger une jeune personne qui a l'honneur de porter le beau nom de Marie? —

Marie Blanjean fit faire un tableau destiné à rappeler sa délivrance et la bonté de Notre-Dame. — Le trésorier du roi fit la relation de ce fait et la signa. — Parmi les nombreuses signatures qui vinrent se joindre à la sienne, on remarque celle du chirurgien qui avait été appelé. Il déclare que la jeune personne n'eut besoin d'aucun secours et qu'elle attribuait sa délivrance à Notre-Dame. — Un détachement de la garnison d'Auxonne escortait le trésor royal. Les soldats eux-mêmes voulurent attester que la délivrance de cette jeune personne était miraculeuse. L'un d'eux déclare qu'il la releva lui-même, la conduisit à la maison la plus voisine, que dans le trajet elle invoquait toujours Notre-Dame, et que dans le reste du voyage elle ne cessa de la remercier de lui avoir conservé la vie.

Pendant que Notre-Dame continuait à veiller ainsi sur ceux qui l'invoquaient, les pieux Bénédictins achevaient les travaux entrepris à Mont-Roland, complétaient l'embellissement du beau sanctuaire qu'ils avaient construit. Consultons encore le mémoire déposé aux archives.

« En 1725, au mois de novembre, on commença
« à placer les siéges du chœur, qui ne furent en-
« tièrement posés que l'an 1726. Ces formes ont
« coûté d'achat deux mille livres. — Cette même
« année 1726, vers le mois de juin, on donna aux
« colonnes et aux pilastres de l'église une teinte
« rouge sur un fond blanc, pour que l'on ne vît

« point les pierres assez mal posées et taillées. Les-
« dites colonnes et les pilastres sont propres à être
« polis, et ont été tirés des carrières de Sampans.
« (Cette pierre est le marbre granitelle dont M. Du-
« sillet nous a déjà dit un mot.) Les curieux, ajoute
« le pieux auteur du mémoire, voudront savoir
« pourquoi on ne les a pas fait polir. On leur ré-
« pondra que la maison n'était pas en état de faire
« une dépense si considérable. Les ouvriers vou-
« laient avoir de la main-d'œuvre trois cents livres
« pour chaque colonne. »

« Sur la fin du carême de l'an 1730, le 30 mars,
« Dom Benoît Tisserand, prieur, consacra tous les
« autels, à la réserve du grand autel qui ne l'a pas
« été, à cause que la pierre d'icelui n'a point été
« remuée en manière quelconque, pendant la bâ-
« tisse de l'église, et par conséquent ne doit pas
« recevoir une nouvelle consécration. — L'autel
« qui est au fond du collatéral du côté du cloître a
« été consacré et dédié à saint Jean-Baptiste, en
« suite d'une fondation ancienne de Jean de Châlon,
« prince dont le frère, prieur de Jouho, a été en-
« terré sous une grande tombe au pied de cet au-
« tel. — L'autre autel, qui est au fond du collatéral
« du côté du vent, a été dédié à saint Benoît et à
« sainte Scholastique. Cet autel est appelé l'autel
« de Monnières à cause que l'on y disait la messe
« pour ses habitants et pour ceux de Mont-Roland.

« Les deux autres autels qui sont à l'entrée du
« chœur ont été consacrés et dédiés à saint Mar-

« tin, à cause que la pierre de cet autel a été con-
« sacrée par ce saint, selon une tradition constante
« et continuelle ; l'autre, qui est vis-à-vis, a été con-
« sacré et dédié à sainte Anne. Comme la Sainte
« Vierge est honorée d'un culte particulier dans
« cette église, on a cru devoir dédier un autel à sa
« mère. Voilà la raison des supérieurs pour cette
« chapelle. — Il y a dans le sépulcre de saint Mar-
« tin des reliques de saint André, des saints Inno-
« cents, de saint Alexis ; et, dans celui de l'autel
« de sainte Anne, des reliques de saint Robert,
« avec ce billet : *Ego dominus Benedictus Tisserand,*
« *Prior hujus monasterii, hoc præsens altare consecravi*
« *in honorem Sanctæ Annæ, matris genitricis Dei, anno*
« *1730, 30 martii.* »

« Le 14 août de la même année une personne
« inconnue envoya pour la Sainte Vierge une robe
« de couleur de feuilles mortes, à fleurs d'argent,
« et garnie de longs boutons d'argent. Elle envoya
« aussi deux écharpes uniformes, l'une pour le ta-
« bernacle où repose le très-saint Sacrement, l'au-
« tre pour la très-sainte Vierge. On l'en revêtit le
« même jour, pour la fête du lendemain, suivant
« la prière de cette personne (1).

Nous pouvons recueillir encore quelques preuves
de l'amour dont le sanctuaire de Notre-Dame est
l'objet. — En 1725, le 20 mai, la congrégation des
grands artisans de Dôle fournit à Mont-Roland les

---

(1) Archives du Jura.

fonds nécessaires pour que la bénédiction du très-saint Sacrement soit donnée tous les ans à perpétuité, le premier jour du mois de mai, jour choisi par la congrégation pour venir en pèlerinage sur la sainte montagne (1).

Le 13 mai 1740 les Pères Bénédictins reçoivent d'Émiland Clerget quatre cents livres pour faire donner perpétuellement la bénédiction du saint Sacrement les troisième et quatrième dimanche de chaque mois et pour une messe basse annuelle (2).

Ces bons religieux se conformaient avec beaucoup d'exactitude aux intentions des bienfaiteurs de la chapelle de Notre-Dame. Voici ce qu'on lit à cet égard dans un extrait de l'état des fondations faites à Mont-Roland (3) : — « Monsieur Pernot, cha-
« noine de Langres, a fondé le *Salve Regina* pour
« tous les samedis de l'année et madame de Rey
« pour toutes les fêtes de la sainte Vierge. Pour ne
« pas oublier ladite fondation et par dévotion pour
« la sainte Vierge, on le chante tous les jours. »

CHAPITRE XXIII

NOTRE-DAME DE MONT-ROLAND, DE 1742 A 1765.

Personne n'ignore qu'à l'époque dans laquelle nous allons entrer le souffle de l'irréligion com-

(1) Archives du Jura.
(2) M. Jeannez.
(3) Archives.

mençait à dessécher, à refroidir des cœurs attendris jusque-là par la douce chaleur du divin amour. — Notre-Seigneur, pour réchauffer des cœurs déjà glacés, découvrit les trésors de son adorable cœur, et voulut vaincre la froideur d'un siècle malheureux par une nouvelle manifestation de son amour, en nous faisant en quelque sorte sentir les battements de ce cœur si aimant et expérimenter sa tendresse pour nous. — Notre-Dame de Mont-Roland ne pouvait pas demeurer étrangère à ce dessein de son divin Fils. Ses pieux gardiens secondèrent ses désirs. Ils comprirent que le Sauveur voulait aussi qu'on honorât le cœur de sa mère et que c'était le moyen de ranimer la dévotion qu'on avait pour elle. — Dom Anselme Grand était alors prieur. Ses sentiments à cet égard sont consignés dans nos précieuses archives.

« Je souhaitais fort depuis longtemps, nous dit-il,
« trouver quelque moyen de ranimer l'ancienne
« dévotion que le public avait autrefois envers l'au-
« guste Marie, dont l'on conserve l'image miracu-
« leuse dans cette maison. J'ai cru que, pour y réus-
« sir, on pourrait y établir une association ou
« confrérie des saints cœurs de Jésus et de Marie. —
« Je n'avais proprement en vue alors que celle du
« saint cœur de Marie, tant parce que celle du Sa-
« cré Cœur de Jésus se trouvait déjà chez les dames
« de la Visitation de Dole, qu'à cause du culte
« particulier que l'on rendait ici à la mère de Dieu.
« — Ce qui m'a déterminé à demander des in-

« dulgences en cour de Rome pour l'une et pour
« l'autre a été que cette union de ces deux sacrés
« Cœurs favoriserait peut-être encore davantage la
« dévotion des fidèles, et que d'ailleurs il ne conve-
« nait pas de les séparer, parce qu'ils sont comme
« réunis dans notre grand autel où repose le saint
« Sacrement et où est placée en même temps pour
« toujours l'image miraculeuse de la Vierge. Je le fis
« peut-être encore parce que j'étais bien persuadé
« qu'on me les accorderait aussi facilement toutes
« les deux ensemble qu'une seule et que la dépense
« n'en serait pas plus considérable. »

Ce bon Père obtint ce qu'il désirait. Il aurait cependant voulu avoir des indulgences pour toutes les fêtes de la sainte Vierge. Il ne put en obtenir que pour une seule et il la fixa au jour de la Nativité.

« Comme mon intention, dit-il encore, était de
« faire en sorte que la dévotion envers les saints
« Cœurs de Jésus et de Marie s'augmentât de plus
« en plus, je pensai qu'il serait à propos de faire
« imprimer un certain nombre de livrets, où je fe-
« rais insérer tout ce que je croirais de plus conve-
« nable. On en imprima cinq cents. »

On conserve encore aux archives du Jura les bulles, ou la copie des bulles dont Benoît XIV honora cette association naissante. — Le 28 juin 1742, il accorda aux confrères de cette association trois indulgences plénières, la première pour le jour de leur réception, et la seconde pour le jour de la principale fête de la confrérie. La troisième fut attachée à l'invocation du saint nom de Jésus. Cette dernière indulgence était pour le moment de la mort; car elle était accordée même à ceux qui n'avaient pu se confesser et communier, s'ils invoquaient avec contrition de bouche ou au moins de cœur, cet adorable nom. — Une indulgence de sept ans et de sept quarantaines était attachée, en faveur des confrères, à quatre jours de l'année, dont le choix devait être approuvé par l'ordinaire, à la condition qu'ils visiteraient la chapelle de Notre-Dame et y prieraient, après s'être confessés et avoir communié. — D'autres indulgences de soixante jours étaient accordées à un grand nombre de pratiques. — Le même jour, par une autre bulle, Benoît XIV accorda à tous les prêtres qui célébreraient la messe à l'autel de cette confrérie, le jour de la Commémoration des morts, chaque jour de l'octave de cette fête, et un jour, chaque semaine, déterminé par l'ordinaire, le pouvoir de délivrer l'âme pour laquelle ils célébreraient; mais il fallait qu'elle eût appartenu à l'association dont il s'agit.

Un acte public de dévotion à la conception sans tache de Notre-Dame avait précédé, à Mont-Roland, l'érection de cette association des saints Cœurs de Jésus et de Marie. Les pèlerins, dans une prière qu'ils récitaient en l'honneur de Notre-Dame de Mont-Roland, saluaient déjà le dogme si cher à tout cœur catholique : la conception immaculée de la mère de Dieu. — Cette prière fut imprimée à Besançon en 1712. Un exemplaire de l'édition de cette époque est conservé dans la nouvelle église. Il est dans un petit cadre doré. Voici cette prière.

« O Vierge glorieuse conçue sans péché ! vous
« avez choisi, depuis près de quatorze cents ans,
« la montagne de Mont-Roland pour y être honorée
« d'un culte spécial. Par la libéralité de votre
« cher Fils, Notre-Seigneur Jésus-Christ, et par
« votre intercession, les malades y ont obtenu et
« obtiennent tous les jours la guérison de toutes
« sortes d'infirmités ; les affligés y ont trouvé
« et trouvent encore une prompte consolation
« dans leurs maux ; les captifs délivrés y ont
« apporté les chaînes dont ils avaient été chargés.
« Comblez-nous, ô sainte Mère de Dieu, de nou-
« velles faveurs ; obtenez à tous ceux qui visitent
« cette église l'effet de leurs justes prières et
« tout ce dont ils ont besoin pour l'âme et pour le
« corps. Faites par vos mérites que, s'il sont justes,
« ils augmentent en charité ; s'ils sont dans le
« funeste état du péché mortel, faites qu'ils re-
« çoivent le don sacré de la pénitence, qui leur fasse
« effacer leur crime; afin qu'à votre imitation, les
« uns et les autres ayant pendant leur vie glorifié
« Dieu et dans leurs âmes et dans leurs corps, ils
« aient, après leur mort, part à votre gloire dans le
« ciel. Ainsi-soit-il. »

Rien de ce qui pouvait contribuer au bien des âmes et à la gloire de Notre-Dame n'échappait au zèle de ses gardiens. Ils faisaient à ses congrégations l'accueil le plus gracieux.

On a le cœur serré de douleur, à la vue de ces masses d'ouvriers, contraints en quelque sorte par des chefs irréligieux à profaner le saint jour du dimanche, éloignés ainsi des enseignements de la foi, de la pratique des devoirs du Chrétien, devenus la proie des sociétés secrètes, et posés devant la société tout entière comme un péril toujours menaçant. — Lorsque l'esprit de désordre et d'impiété a soufflé la haine contre les congrégations si nombreuses que les membres de la Société de Jésus avaient formées, il savait bien qu'il n'arriverait pas à ses fins tant qu'elles seraient florissantes. — Quelle force ces pieuses réunions ne trouvaient-elles pas aux pieds des autels de Notre-Dame, pour résister à la séduction du mal, et même à l'influence de maîtres peu religieux ou poussés par l'ambition ! Les ouvriers ainsi unis formaient une espèce de puissance qui s'opposait à la violation du jour du Seigneur. Comme les meilleurs artisans étaient enrôlés sous cette sainte bannière, il fallait compter avec cette vertueuse milice, respecter sa croyance, sa fidélité au devoir. — Ils se secouraient mutuellement, mais à condition qu'ils seraient toujours ce qu'ils devaient être : de généreux soldats de Jésus-Christ ; et qu'ils mettraient toujours son règne avant tout. Cet état de choses les préservait des atteintes de l'ambition toujours prête à sacrifier la loi de Dieu à un gain sordide, et les maintenait dans l'accomplissement de toutes les saintes pratiques de la vie chrétienne.

Quelle puissance pour le bien dans toutes ces congrégations que nous voyons groupées, à cette époque, autour du collége de l'Arc, à Dôle ! Avec quel plaisir nous les suivons à Mont-Roland ! Leurs pieux directeurs savent que là se trouve pour elles la source de toutes ces grâces dont elles ont tant besoin. Ces bons ouvriers étaient saintement fiers d'appartenir à de si belles réunions, c'était pour eux comme un titre de noblesse. Maintenant, hélas ! l'impiété met tout en œuvre pour les avilir.

Nous avons vu dans le chapitre précédent quels rapports la congrégation des grands artisans avait avec Notre-Dame de Mont-Roland. Les archives du Jura nous offrent aussi le souvenir qu'elles ont conservé de la congrégation des jeunes artisans. — Les pieux et zélés enfants de Saint-Benoît savaient quel bien cette congrégation opérait. Ils l'accueillaient. Cependant, comme on se persuade aisément que l'on a un droit réel, un droit acquis à ce qui n'est dans la réalité qu'une marque de bienveillance, ils voulurent qu'il fût bien constaté qu'ils n'avaient contracté vis-à-vis d'elle aucune obligation qui pût gêner plus tard leur liberté d'action. Ce fut bien évidemment ce qui donna occasion à une déclaration faite par le conseil de cette congrégation.

Voici cette déclaration. — Nous soussignés, préfet,

« assistants et principaux officiers de la con-
« grégation des jeunes artisans, érigée au collége
« de Dôle, sous le titre de la Purification de la
« très-sainte Vierge, déclarons que nous n'avons au-
« cun droit à la bénédiction du très-saint Sacrement
« que les RR. PP. Bénédictins de Mont-Roland
« veulent bien nous donner, lorsque nous allons en
« procession dans leur église : et que jusqu'ici ç'a
« été de leur part une pure politesse qu'ils nous
« ont faite sans obligation. En foi de quoi nous
« avons signé la présente déclaration faite à Dôle le
« second jour de mai 1702. »

En 1745, l'avocat Amyot, de Dôle, avait fait présent à Notre-Dame d'une robe en broderie d'or et d'un voile de damas. Le fond de ces deux ornements était vert. — Un passage de M. Jeannez résume quelques-uns des dons faits à cette époque. « En « 1733, dit-il, en 1735, 1745, 1747, 1775, divers « grands personnages augmentèrent la parure de « Notre-Dame de vêtements des plus riches étoffes. »

Et maintenant nous pouvons faire comme un dernier inventaire des trésors, des monuments de la reconnaissance, des ornements que possédait le sanctuaire de Notre-Dame, pour en demander compte à l'impiété qui a voulu tout détruire. Elle s'est déchaînée surtout contre l'église de Mont-Roland. Elle voulait étouffer le Catholicisme et avec lui la foi et les mœurs, et elle n'ignorait pas que, pour réussir dans cette entreprise sacrilége, il fallait faire oublier le culte de Notre-Dame. Au tribunal de Dieu, le souvenir de ce qu'elle a fait périr sera comme une pièce de conviction pour tous ceux qui, même au moment de la mort, n'auront pas voulu ouvrir leur cœur au repentir.

L'impiété va continuer l'œuvre que le protestantisme a commencé. Avant le passage à Mont-Roland des Suédois luthériens, l'église de Notre-Dame possédait une croix d'argent, dans laquelle se trouvait du bois de la vraie croix, et plusieurs statues de la même matière dans lesquelles étaient déposées de précieuses reliques, comme l'atteste un ancien catalogue déposé aux archives. — Dans une attestation authentique de 1635 on voit des reliques données par le Père Rochet, membre de la Société de Jésus et chargé des catacombes. — Dans un catalogue de 1747 on trouve des reliques du bois de la croix, des instruments de la passion, de la lance, de la couronne d'épines, de l'éponge, *de imagine Beatæ Mariæ*, du tombeau de la Sainte Vierge, de saint Etienne, de saint Barthelemy et de saint André, apôtres, de saint Sébastien, de saint Fabien pape et martyr, de sainte Marie Madeleine, de saint Benoît, de saint Hugues, abbé de Cluny, de saint Pierre martyr, de saint François de Sales, de saint Colomban, de saint Faustin martyr, de sainte Hélène Impératrice, de saint Maur, de saint Alexis, de sainte Gertrude, de sainte Christine, de sainte Marguerite, de saint Grégoire le Grand, de saint Gervrais, de saint Nicolas, de saint Ferréol, de saint Placide martyr, de saint Bernard, de sainte Agathe, de saint Protais, de saint Martin, évêque et confesseur, des saints Innocents, de saint N .erne, évêque de Trêves, et d'un grand nombre d'autres saints.

L'église de Mont-Roland possédait en outre un bon nombre de tableaux, dont Simplicien n'a pas parlé. En voici quelques-uns. — Une image de Notre-Dame sur satin était travaillée à l'aiguille. Deux grands tableaux sur bois représentaient l'un l'Assomption, l'autre le couronnement de la sainte Vierge. Dans un grand tableau noir, à filets d'or, la Vierge tient son Fils entre ses bras. Elle est dans une nuée et entourée d'anges. Un jeune gentilhomme est en prière devant elle, et près de lui se trouve un carrosse attelé de six chevaux blancs. La ville de Dôle était dépeinte dans un autre grand tableau. Un homme de la ville est sur le boulevard. Notre-Dame lui présente son fils et le délivre d'un grand danger. C'est l'explosion d'une mine qui menace ses jours. Dans un petit tableau sans cadre Notre-Dame est sous un dôme rouge. Un homme hydropique est à ses pieds. Un grand nombre d'autres tableaux rappellent différentes grâces, représentent des chevaliers, des soldats avec leurs armes, des maisons qui tombent en ruine.... etc.

Les archives du Jura nous fournissent encore un inventaire fort détaillé de tous les ornements dont la chapelle et l'image de Notre-Dame étaient enrichies. Nous nous contenterons d'en extraire les objets qui peuvent rappeler quelque pieux souvenir ou donner une idée du travail de cette époque. L'or, les pierres précieuses avaient là une noble destination. — La sacristie de Mont-Roland avait alors onze chasubles pour les jours de fêtes. L'une d'elles avait été donnée par la princesse d'Aremberg. Une autre chasuble, à fond d'or et d'argent, était chargée d'ornements de grand prix. On ne s'en servait guère, à cause de sa pesanteur. — Le satin était employé comme doublure. On mettait quelquefois des fleurs de laine ou de velours sur des tissus de soie, d'or et d'argent. — Plus d'une vingtaine de robes, de diverses couleurs, servaient à orner l'Image de la Vierge. La plupart étaient d'une grande richesse. — Les voiles et les manteaux de Notre-Dame étaient en grand nombre. L'un de ces ornements avait été donné par le prince de Lorraine. — Les devants d'autels étaient aussi fort riches. L'un d'eux avait été offert, avec une chape et une chasuble, par monseigneur l'archevêque de Rye. — Dans l'inventaire du linge de la sacristie on remarque treize serviettes *ouvragées*. — Un grand calice d'argent, doré et émaillé, avait été donné par Sa Majesté catholique. — L'argent était la matière des objets qui servaient au saint sacrifice et à la bénédiction du saint Sacrement, depuis le ciboire appelé alors Melchisedech jusqu'à l'encensoir et à ses accessoires. — Une grosse lampe d'argent et sept petites, des couronnes et des cœurs d'argent attestaient la tendresse dont

Notre-Seigneur et sa sainte Mère étaient l'objet.

En terminant toutes ces recherches, jetons un regard sur les bâtiments que les RR. PP. bénédictins avaient élevés depuis le siége de 1636. — « Ils étaient environnés, nous dit le Dictionnaire
« historique du Jura, d'une muraille percée d'une
« porte monumentale. L'église occupait une partie
« d'un des côtés du carré. Un grand corps de logis,
« destiné aux pensionnaires et aux novices, était
« bâti sur le côté opposé. Le cloître, habité par les
« religieux, était perpendiculaire à ces deux ailes;
« le bâtiment des hôtes était à l'un des angles de
« la cour. Il ne reste aujourd'hui que le bâtiment des
« pensionnaires. » La porte de la nef principale de l'église regardait l'occident. L'église elle-même était ainsi fort bien orientée.

CHAPITRE XXIV

NOTRE-DAME DE MONT-ROLAND DE 1705 A 1703.

« Au mois de novembre 1764, un édit du roi or-
« donnait la suppression de l'ordre des Jésuites. Plu-
« sieurs cours souveraines crurent voir dans cet
« acte du roi un abus d'autorité; elles demandè-
« rent que l'ordre fût maintenu. — Les magistrats
« de la province réclamèrent les Jésuites et firent
« valoir les services qu'ils avaient rendus à la

« Franche-Comté par l'éducation de la jeunesse et
« par l'exercice du saint Ministère.

« En janvier 1765, le parlement adressa des re-
« montrances au roi sur son édit et demanda la
« conservation de l'ordre de Saint-Ignace en
« Franche-Comté. Tout fut inutile : Louis répondit
« au parlement par des lettres de jussion pour
« l'enregistrement de son édit (1). »

Tel est le récit de l'un des successeurs des magistrats de cette époque. Les membres de cette société dont ils prirent la défense, les frères de ceux qui furent alors victimes n'oublieront pas ce témoignage d'affection, ce cri de détresse de la Franche-Comté si catholique, au moment où leur mère fut frappée.

Hélas ! comme toujours, le coup qui la frappa n'était que le signal des catastrophes les plus lamentables. Les autres corps religieux et le clergé lui-même durent pressentir les épreuves que ce premier triomphe de l'esprit du mal leur annonçait.

Les religieux de Mont-Roland seront bientôt confondus avec les membres de la compagnie de Jésus dans une commune infortune; mais avant cette triste époque la ville de Dôle leur donnera une marque publique de sa tendre affection, et nous laissera un monument précieux de son amour pour Notre-Dame.

(1) M. Jeannez.

Il s'agissait de supprimer les petits monastères. La ville bien-aimée de Notre-Dame craignit pour l'existence de celui de Mont-Roland. — Le conseil de la ville se réunit pour détourner le coup qui allait la frapper dans ses plus chères affections. Un mémoire constata les vœux unanimes de tous ses habitants. — Les archives du Jura nous ont conservé cette délibération et ce mémoire, et nous permettent de suivre tous les détails d'une scène qui ne manque pas de grandeur.

« L'an 1767, le 12 juillet, à deux heures après midi, en la chambre du conseil de l'Hôtel de ville de Dôle, s'est formée l'Assemblée générale en suite de convocation faite par billets à la manière accoutumée. M. Chalon procureur du roi du bailliage, quoique aussi invité par billet, n'y a point assisté.

« Monsieur le maire a dit qu'il avait convoqué cette assemblée pour lui annoncer qu'il avait plu au roi de supprimer, dans les ordres religieux de son royaume, les petits monastères pour les réunir et former ainsi des maisons capables d'entretenir un nombre de religieux suffisant pour vaquer avec plus de décence et de dignité au service divin ; que, par un zèle si digne d'un roi très-chrétien et d'un successeur de saint Louis, Sa Majesté avait nommé pour cela une commission composée d'évêques et de conseillers d'État. « On a commencé, a-t-il ajouté, « par l'ordre de Saint Benoît, par cet ordre si fa« meux dans l'Église, si célèbre par le nombre de « saints et de savants qui l'ont illustré.

« On a déjà réglé ce qui regarde la congrégation
« de Saint-Maur. On travaille actuellement pour la
« congrégation de Saint-Vannes et de Saint-Hydul-
« phe.

« Nous avons dans le voisinage de Dôle deux mai-
« sons de cette congrégation, Mont-Roland et Jouhe.

« Des intérêts particuliers font agir selon des
« vues différentes, et, tandis que les bénédictins de
« Jouhe sollicitent la réunion de Mont-Roland, ceux
« de Mont-Roland demandent, sans doute à plus juste
« titre, qu'on leur réunisse la maison de Jouhe.

« Ce n'est pas tout à fait à nous de balancer ces
« différentes prétentions; mais un intérêt particu-
« lier doit nous engager à solliciter la conservation
« du monastère de Mont-Roland et à demander
« qu'on y réunisse celui de Jouhe.

« Vous savez, messieurs, et vous l'avez appris
« dès le berceau, quelle a été depuis des siècle
« la dévotion des habitants de Dôle pour la sainte
« Vierge, patronne de la ville, et pour le culte reli-
« gieux qu'on lui a rendu à Mont-Roland. C'est
« une piété constante, éclairée, souvent couronnée
« du succès de nos vœux qui nous y conduit, à
« l'exemple de nos pères. Ne devons-nous pas tra-
« vailler avec ardeur à procurer le même avantage
« à ceux qui viendront après nous ?

« Je vois déjà, messieurs, le zèle qui vous anime
« et je vous prierai de donner vos avis, après qu'on
« aura fait lecture d'un mémoire que l'on pro-
« pose d'envoyer à la cour sur cet objet.

« Sur quoi il a été arrêté, après mûre délibération, qu'on adresserait un mémoire à M. le duc de Choiseul, à monseigneur l'archevêque de Reims, chef de la commission, et à M. de Boynes, conseiller d'État et commissaire, contenant toutes les raisons de justice et de convenance, pour réclamer la conservation du monastère de Mont-Roland et demander qu'on y réunît la maison des bénédictins de Jouhe.

« MM. le chevalier de Chaillot et Amiot ont été priés de rédiger le mémoire pour en faire ensuite rapport à l'Assemblée générale, ce qu'ils ont accepté. Signé de Chaillot, Viton, Grison, Roumette, Vaulcherot, Magdeleine, le chevalier de Chaillot, de Marenches, de Champvans, Maillard, Viton, Amiot, Ligier, Clerval, Panier, Magnin, Giboudot, Roch, Bergine, et Fourquet secrétaire. »

Jetons maintenant les yeux sur le mémoire qui fut le résultat de cette délibération.

REQUÊTE DES HABITANTS DE DOLE

AU ROI ET A NOS SEIGNEURS DE SON CONSEIL.

« Sire,

« Les officiers municipaux et les notables de la ville de Dôle, au comté de Bourgogne, secondant les vœux unanimes du peuple qui leur est confié, viennent se prosterner aux pieds du trône et supplier très-humblement Votre Majesté de recevoir leurs représentations, en faveur des religieux bénédictins de Mont-Roland, sur l'exécution de l'arrêt de son conseil du 3 avril 1767.

« Ce monastère est de la congrégation de Saint-Vannes et de Saint-Hydulphe. Selon une ancienne charte qui est consignée dans les archives de la chambre des comptes de Dôle, il doit son origine à Roland le Hardi, neveu de Charlemagne. Ce prince, passant par ces contrées, à la tête de l'armée de France, fut attiré sur la montagne, qui depuis a pris son nom, par la dévotion à la Sainte Vierge, qui était honorée dans ce lieu.

« La religion et la piété, qui furent toujours héréditaires dans la maison de France, engagèrent ce prince à y bâtir un oratoire où il fit déposer la statue miraculeuse de Notre-Dame, et il y fonda un monastère de moines noirs, auxquels il donna les revenus nécessaires pour leur subsistance. C'est en ce lieu que la Mère de Dieu a voulu être honorée d'un culte particulier. Elle y est l'objet de la dévotion des peuples. Les miracles y sont fréquents. Les murs du sanctuaire, du chœur et une partie de ceux de l'église, ornés des tableaux, drapeaux et étendards, que les guerriers y ont placés, fournissent des preuves authentiques des grâces et des faveurs obtenues par l'intercession de la Vierge.

« Il y a plus de dix siècles que ces religieux sont les dépositaires de la statue miraculeuse de Notre-

Dame. Les princes souverains de la province se sont fait une loi de donner des preuves de leur dévotion à la Vierge. Dans le cours du quatorzième siècle, Jeanne, reine de France et de Navarre, comtesse de Bourgogne, et Marguerite, fille du roi de France, aussi comtesse de Bourgogne, y ont fondé à perpétuité plusieurs messes. Dans le quinzième siècle, même fondation par Philippe duc de Bourgogne et par le prince d'Orange. Philippe IV, roi d'Espagne, a fait don, en 1659, à l'église de Mont-Roland d'un calice de vermeil d'une pesanteur considérable, sur le pied duquel sont gravées les armes du roi et qui subsiste dans le *sacraire* de ce monastère. Les anciens seigneurs d'Estrabonne y ont fondé particulièrement une messe pour les souverains de ce pays. Le duc d'Aumont y est en relief, ainsi que M. Lullier premier président du parlement de Dôle. Ils y ont fait différentes fondations et y sont inhumés comme bienfaiteurs. Grand nombre d'autres fondations ont été faites par des particuliers.

« Les guerres qui ont désolé la province dans le dix-septième siècle obligèrent les religieux à abandonner leur monastère. Ils transportèrent alors la statue miraculeuse de Notre-Dame chez les Pères capucins de la ville d'Auxonne, qui l'ont conservée nombre d'années et la conserveraient peut-être encore, si, par l'autorité de Louis XIV, roi de France, ils n'avaient pas été contraints de la rendre à Mont-Roland. La preuve de ces faits est consignée dans l'ordre du roi adressé le 22 mars 1647 au gouverneur d'Auxonne, sur les supplications des religieux.

« Le clergé et le magistrat de Dôle et tous les habitants de cette ville, formant différentes congrégations, vont annuellement en procession à Mont-Roland, ainsi que les particuliers des villages, à la distance d'une ou deux lieues. Les militaires eux-mêmes, quoique éloignés de la province, l'invoquent et réclament son secours avec confiance et avantage dans les dangers les plus pressants.

« Ce fut en 1710 que ces religieux y bâtirent une vaste et magnifique église, où repose la statue miraculeuse. Ils ont agrandi leur monastère de manière à pouvoir y loger dix-huit à vingt religieux. Ils ont fait à ce sujet des emprunts très-considérables; mais le bon ordre et l'économie qui règnent chez eux les ont mis en état de satisfaire à toutes leurs dettes.

« Quoique ce monastère soit placé sur le territoire de Jouhe, les magistrats qui composaient le corps de la ville, il y a plus de deux cents ans, ont accordé à ces religieux le titre et la qualité de bourgeois de Dôle. Ils jouissent comme les autres habitants des droits et priviléges attachés à cette qualité. C'est une faible marque de la reconnaissance qui leur est due pour les services spirituels qu'ils rendent. Il n'y a à Dôle qu'une seule paroisse, composée de près de quatorze mille communiants. Elle renferme toute la ville et la banlieue. Les faubourgs des Bruyères et de Landon seraient hors d'état d'en recevoir des secours spirituels, soit à cause de l'éloignement, soit à cause de l'impossibilité de leur administrer de nuit les sacrements, si les religieux du monastère ne se prêtaient pas à leur donner tous les secours nécessaires, ce qui a lieu très-souvent.

« Peut-il être permis, Sire, à la ville de Dôle de représenter au plus grand des rois, au protecteur et au défenseur de la religion, que le monastère de Mont-Roland étant composé de douze religieux, ne se trouve pas dans le cas de la réunion ordonnée par l'arrêt de votre conseil du 3 avril 1767; — que dans le même territoire de Jouhe est placé un monastère de bénédictins, de la même congrégation, composé de six religieux qui ne peuvent se soustraire à la réunion ordonnée? Leur réunion avec ceux de Mont-Roland convient d'autant plus qu'il n'est point dans la congrégation de maison plus proche, ces deux monastères n'étant éloignés l'un de l'autre que d'un quart d'heure de chemin.

Le titre du prieuré de Jouhe n'en sera nullement intéressé, puisque Mont-Roland est situé sur le même territoire et que le prieur titulaire a déjà les droits honorifiques dans l'église de cette maison.

« La maison de Jouhe ne suffit pas à loger le nombre de religieux qu'exige l'arrêt du conseil; et son église, soit par sa petitesse, soit par sa vétusté et son obscurité, est peu propre à y faire décemment l'office divin; la maison de Mont-Roland est vaste et son église est une des plus belles de la province.

« Enfin par cette réunion la régularité y sera mieux observée, l'office divin s'y fera avec plus d'exactitude et de décence, les études y seront mieux cultivées, et les religieux seront, par leur nombre, plus en état d'être utiles au public. »

Par de telles démarches la ville de Dôle s'est honorée elle-même.

Mais déjà il ne s'agit plus de supprimer les petits monastères. Ces mesures sont mesquines aux yeux de la philosophie voltairienne. Elle a hâte de procéder à la destruction radicale des corps religieux. — La guerre contre l'Église a commencé, ses enfants doivent s'armer de courage, ils vont être persécutés. L'impiété va priver Notre-Dame de ses gardiens, dévaster son sanctuaire, rendre désertes les routes qui y conduisent, opprimer la piété, lui ôter, au nom de la liberté, celle de montrer de la tendresse à Notre-Dame, interdire à sa ville bien-aimée elle-même ces manifestations publiques et si touchantes, ces processions qui se déroulaient de Dôle à Mont-Roland. Le silence ou les cris sauvages de la terreur vont succéder aux joyeux et pieux accents dont les collines voisines de la sainte montagne retentissaient en ces saints jours.

Les usages qui existaient avant cette triste époque se sont perdus. Ils étaient du nombre de ces saintes pratiques qui peuvent varier selon les temps. Nous ne devons pas toutefois les oublier.

Leur souvenir sera pour nous comme un aiguillon qui nous pressera de rendre à Notre-Dame tous les honneurs qui dépendront de nous.

Les processions que l'on voyait aller de Dôle à Mont-Roland étaient nombreuses. Quelques-unes d'elles se faisaient régulièrement à certains jours de l'année.

Laissons parler un auteur contemporain, témoin de ces pieux pèlerinages. Voici ce que dit Fransquin, dans ses notes topographiques et historiques sur Dôle, publiées en 1822. — « Depuis plusieurs siècles la ville de Dôle avait fondé, dans l'église de Mont-Roland, une grand'messe qui se célébrait le samedi après Pâques. Une procession de jeunes filles partait, au son de la grosse cloche, de la grande église de cette ville, à sept heures et demie du matin, avec le plus grand ordre. La statue de la Vierge était portée jusqu'au milieu de la rue du Repos, et déposée dans une chapelle que l'on appelait du nom de saint Joseph. Le clergé, MM. du magistrat, accompagnaient ces jeunes personnes, qui continuaient leur route deux à deux ou par petits pelotons jusqu'à Mont-Roland. Le cortége, arrivé au-desus du mont, faisait halte, puis formait deux files, et, en cet état, arrivait près de la belle allée de tilleuls qui conduit à l'église. Les bénédictins venaient avec la croix et en robes de chœur recevoir MM. du magistrat, MM. du clergé et les jeunes personnes ; ils les conduisaient à l'église ; on y disait la messe. A son issue, le magistrat faisait distribuer à chaque fille une brioche et trois sous. Il y avait gala aux frais de la ville dans la salle du réfectoire des moines, auquel assistaient MM. du clergé et une partie des bénédictins. A son départ, ces religieux, dans le même costume, reconduisaient la procession jusqu'au bout de l'allée des tilleuls. De retour au faubourg, elle rentrait dans la ville au son de la grosse cloche. »

Nous devons à M. Martin, ancien curé de Jouhe, le souvenir d'autres processions qui se rendaient à Mont-Roland. Voici ce qu'il ajoute au récit de Fransquin. « Outre cette procession annuelle, qui ne se composait que des filles en bas âge, on en faisait encore quatre autres. En effet, dit M. Bérignot, prêtre octogénaire, aujourd'hui curé de Byarne et ancien vicaire de Dôle, qui autrefois conduisait lui-même ces processions et de qui nous tenons ces détails, le premier dimanche après Pâques, toutes les filles de la conférence partaient en procession de l'église de la paroisse, de la même manière et avec les mêmes circonstances que dans la procession des petites filles. Quand la statue de la Vierge de Dôle était déposée dans la chapelle de Saint-Joseph, qui avait été donnée par la piété de quelques fidèles pour lui servir d'entrepôt, les filles continuaient leur marche deux à deux ou par groupes, récitant des prières en chœur, telles que le chapelet, ou chantant des cantiques. Arrivée sur la montagne, la procession se mettait en bon ordre : les Bénédictins venaient faire la réception, comme nous l'avons dit plus haut; on entrait immédiatement dans l'église du monastère où l'on chantait une messe solennelle. La grande majorité des assistants y communiait. Après cette grand'messe on en célébrait une basse en action de grâces; puis chacun sortait, allait former de nombreux cercles autour des tilleuls de l'allée qui existe encore en face de l'église. Là se faisait un dîner champêtre où régnait la joie la plus cordiale, la plus pure, et qui rappelait d'une manière frappante cette union des premiers chrétiens qui, selon les Actes des apôtres, n'avaient qu'un cœur et qu'une âme. C'était, nous dit M. Bérignot, l'image la plus sensible du bonheur des élus. On sentait couler les larmes de joie. Après ce tranquille, ce frugal, ce joyeux repas, fourni et apporté par les parents des personnes de la procession, la cloche se faisait entendre : on se réunissait dans l'église; puis la procession s'organisant, le départ avait lieu dans le même ordre et avec la même piété que pour l'arrivée, les Bénédictins faisant la *reconduite* jusqu'au bout de l'allée des tilleuls. On reprenait la statue de la Vierge déposée dans la chapelle de Saint-Joseph, et la grosse cloche de la ville se faisait entendre. On gagnait l'église de la paroisse et l'on finissait la cérémonie en chantant les vêpres.

« Le second dimanche après Pâques, une semblable procession se faisait dans le même ordre et avec les mêmes circonstances, mais c'étaient les femmes de la conférence qui la composaient. Le troisième dimanche après Pâques, c'étaient les garçons de la congrégation qui accomplissaient de la même manière leur pieux pèlerinage. Enfin, le quatrième dimanche après Pâques, les hommes de la congrégation faisaient le voyage, toujours dans le même ordre, toujours avec les mêmes sentiments de piété et de dévotion. Telles étaient les processions qui se faisaient jadis pour honorer Notre-Dame de Mont-Roland. »

Un pieux auteur parle de ces processions, de ces fêtes de Mont-Roland, qui étaient comme des fêtes de famille. — « Nous nous rappelons, dit-il, avec plaisir dans notre vieillesse, avoir assisté à ces fêtes de piété et de joie publique. Elles ont fini, il y a quarante ans, époque désastreuse de la révolution qui a inondé le monde de crimes, de malheurs, de larmes et de sang. Je puis dire : je connais le monde ; j'ai vu, éprouvé, épuisé même toute sa joie, sa malice, ses misères. J'ai vu les fêtes de la cour et de Paris, avant et depuis la révolution ; malgré leurs pompes elles n'offraient ni l.innocence ni la joie d'une fête à Mont-Roland. »

Nous sommes arrivés à la triste époque où ces fêtes ont cessé. — En 1790, au commencement des horreurs de la révolution, on montre encore un certain respect pour Notre-Dame. Plusieurs maisons religieuses vont être fermées, celle de Mont-Roland sera conservée. — Mais en 1791, les Bénédictins qui l'habitent deviennent suspects. — En 1792, le 31 mai, il est arrêté que trois des cloches du clocher de Mont-Roland seront vendues nationalement. — Enfin le décret de 18 août, de la même année, supprima toutes les corporations religieuses, même celles qui étaient vouées au service des hôpitaux. Les Bénédictins prirent la fuite (1).

CHAPITRE XXV

NOTRE-DAME DE MONT-ROLAND DE 1703 A 1843.

En 1793, Mont-Roland fut vendu nationalement. Ah ! si Roland s'était trouvé là et qu'il eût vu ces mains sacriléges se porter sur sa propriété qu'il avait donnée aux enfants de Saint-Benoît, il aurait bien cru que la France était tombée au pouvoir des ennemis du nom Chrétien, et il aurait voulu guerroyer encore contre ces nouveaux Sarrasins ; il aurait voulu souffrir encore « *pour que la foi de la Chrétienté fût exhaussée, ainsi que les louanges de Dieu et sa gloire,* » lui qui avait enduré « *à maintes reprises la faim et la soif et maintes angoisses.* » pour la défense d'une cause si belle, et succomba, enfin dans sa lutte contre les ennemis de la religion !

A Mont-Roland, comme ailleurs, une large brèche est faite à la propriété. Si les successeurs des spoliateurs de cette époque entrent par cette brèche,

(1) Ces trois dates et les faits qui s'y rapportent ont été fixés avec beaucoup de soin par M. Jeannez.

ce sera un grand malheur; mais personne ne pourra en être surpris. Pour ceux qui applaudissent peut-être dans le secret de leurs cœurs aux attentats du dernier siècle et aux tentatives de ce genre qui se renouvellent autour de nous, s'ils sont dépouillés à leur tour, ils ne devront pas se plaindre; car on aura tiré la conséquence pratique de ce principe posé par de telles spoliations : *la propriété n'est pas inviolable.*

On a ravi à Notre-Dame sa sainte montagne, sa statue a disparu, bientôt les pierres si fraîchement taillées de son sanctuaire seront éparses sur le sol, comme ces pierres rongées par le temps qui ont vu passer devant elles une multitude de siècles.

La statue de Notre-Dame est maintenant à Jouhe ; mais la paroisse de Jouhe ne peut pas la regarder comme un bien acquis, et n'a jamais pu se persuader qu'elle avait sur cette sainte image un droit réel. Cette commune pouvait avoir la charge de veiller à la conservation des monuments publics qui se trouvaient sur son territoire; mais cette fonction ne conférait pas la propriété de ces monuments.

La statue de Notre-Dame n'a jamais été aliénée par l'autorité civile, et, comme objet sacré, elle ne pouvait pas l'être. — Mais, comme l'autorité du souverain Pontife, pour le bien de la paix, a rendu valide la possession des biens de ce genre, en faveur de ceux qui les avaient acquis de l'autorité civile, si la statue de Notre-Dame avait été aliénée elle l'aurait été au profit des acquéreurs de Mont-Roland et leurs droits auraient passé à ceux qui tiennent d'eux la même propriété. — La paroisse de Jouhe n'a jamais prétendu l'avoir reçue en don de l'autorité civile et le citoyen Gruyer, préposé à la garde de Mont-Roland, lorsqu'il a déclaré, le 17 avril 1793, que deux tableaux *avaient été donnés à la communauté de Jouhe,* » n'a point parlé du don de la précieuse statue. — Tout concourt donc à indiquer que la sainte image a été enlevée avant que Mont-Roland ait été vendu nationalement et qu'ainsi elle n'a pas été comprise dans cette vente. Si elle n'a pas été aliénée, elle appartient à son sanctuaire qui lui est rendu, au pèlerinage de Mont-Roland. Elle sera toujours la statue de Notre-Dame de Mont-Roland, et son nom seul dira suffisamment où elle doit être.

On peut de plus se demander si la paroisse de Jouhe n'a pas contracté une obligation particulière de la remettre à l'église de Mont-Roland enfin sortie de ses ruines, et n'a pas à subir la loi d'une condition acceptée. — La réponse à cette question dépend du fait de la translation de la sainte image, au moment de la révolution.

Voyons d'abord comment M. Martin l'a raconté. « Peu de temps après la fuite des Bénédictins, en 1792, un des premiers dimanches d'octobre, veille des vendanges, le soir, après les vêpres, la statue miraculeuse fut descendue de sa place par le sieur Roch Robin, menuisier à Jouhe, et remise à mademoiselle Boillot, très-vertueuse fille, morte hospitalière à Dôle. — Les habitants de Monnières et de Mont-Roland s'opposèrent en vain à cette entreprise. Les préposés de la commune de Jouhe usèrent de l'autorité qu'ils avaient sur les monuments placés sur leur territoire. — Les habitants de Jouhe apportèrent en procession la statue dans leur église, en faisant retentir les airs de cantiques en l'honneur de Marie, et ayant à leur tête M. Bourcherot, prêtre résidant à Jouhe, où il mourut le 25 mai 1798. — Pendant toute la première nuit, craignant qu'on ne leur enlevât leur précieuse conquête, ils firent une garde active autour de l'église paroissiale. »

Cette narration est-elle exacte ? Le respectable prêtre qui nous l'a donnée aurait-il été induit en erreur, ou aurait-il omis une circonstance qu'on ne lui aurait pas fait connaître ? Sur ce point on peut élever des doutes. La source de ce récit est à Jouhe, partie un peu intéressée, il faut l'avouer. A côté de ce récit, il en existe un autre. Ce petit ouvrage doit se contenter de le transmettre.

Un homme bien digne de foi et fort érudit, M. Pallu, bibliothécaire à Dôle, membre de plusieurs sociétés savantes, dit à qui veut l'entendre qu'un habitant de Menotey s'était emparé de l'image miraculeuse, pour la préserver de toute profanation, qu'il l'avait placée dans son domicile, où elle a été vue, qu'elle n'a été confiée plus tard à Jouhe qu'à la condition qu'elle serait rendue à Mont-Roland lorsqu'on pourrait le faire. — Avec une bonté et un empressement bien dignes de reconnaissance, il a bien voulu communiquer à celui qui écrit cette histoire tout ce que la bibliothèque de Dôle renferme de documents sur le sanctuaire de Notre-Dame, et, de plus, des notes manuscrites fort précieuses qu'il a rédigées lui-même. Un jour il lui dit : Vous ne savez pas sans doute que la statue de Notre-Dame a été transportée à Menotey avant d'être déposée à Jouhe. Lorsqu'il eut exposé les preuves qu'il en avait, celui auquel il s'adressait lui demanda s'il serait prêt à attester la vérité de son récit. Non-seulement, reprit-il, je suis disposé à le faire ; mais encore je vous donnerai une attestation par écrit. Dans quelques heures vous l'aurez. Il accomplit exactement sa promesse. Cette attestation sera conservée avec soin. Elle porte la signature de M. Pallu et le sceau de la bibliothèque de la ville de Dôle. Elle mérite que nous la lisions. La voici.

« Je soussigné, Jean-Joseph Pallu, bibliothécaire de la ville de Dôle, membre de plusieurs sociétés savantes, déclare hautement, hardiment et librement, pour rendre hommage à la vérité, que de son vivant M. le capitaine Roy, membre de la Légion d'honneur, m'a tenu le langage suivant : —
« Lorsque les églises ont été fermées, à l'époque de
« la révolution de 1789, il ne faut pas croire, ce
« qu'on dit vulgairement, que la statue antique de
« la Vierge de Mont-Roland a été déposée dans

« l'église de Jouhe. Elle avait été primitivement
« recueillie par un habitant de Menotey, nommé
« Pernin, chez qui je l'ai vue, qui l'a conservée
« assez longtemps chez lui, et qui, à la réouverture
« des églises, rendues au culte, l'a déposée, lui-
« même, dans l'église de Jouhe, comme dans l'a-
« sile sacré le plus rapproché de Mont-Roland.
« Pernin fit plus, il ne l'a déposa là qu'en atten-
« dant la réédification d'une nouvelle église à la
« Vierge. D'où le capitaine Roy croyait fermement
« que la statue de la Vierge n'avait qu'un asile
« provisoire à Jouhe et que l'intention de Pernin
« était qu'elle fût placée à Mont-Roland, si on réé-
« difiait un nouveau sanctuaire. » — Pour donner
plus de poids à cette déclaration, je certifie que je
l'ai déjà faite par écrit, au mois de juillet 1851, au
R. P. Gloriot, lequel m'en a remercié par la lettre
que je joins à cette nouvelle déclaration.

« Bibliothèque de Dôle, le 31 août 1859.

« Pallu. »

Il faut remarquer que la date de 1789 n'est mise
dans cette pièce que pour rappeler la grande révolution. Cette date est en effet une des plus con-
nues. — A cette pièce, comme il le dit lui-même,
M. Pallu, a joint la réponse que lui fit le P. Gloriot,
mort depuis, en Orient, victime de sa charité. Voici
cette réponse. Elle sera pour nous comme un pieux
souvenir.

« Dole, 14 juillet 1851.

« Monsieur,

« J'ai reçu avec un vif sentiment de reconnais-
« sance la lettre que vous avez bien voulu m'adres-
« ser. Les indications qu'elle renferme, au sujet
« de la statue de Mont-Roland, pourront nous être
« fort utiles, elles devaient avant tout m'être agréa-
« bles, puisqu'elles me sont une preuve de plus de
« l'intérêt que vous portez au nouveau sanctuaire
« et à tout ce qui s'y rattache. L'œuvre restera in-
« complète tant que l'antique statue n'y aura pas
« repris sa place ; mais, Monsieur, que de difficul-
« tés à vaincre ! Le droit ne sera guère contestable,
« et pourtant il sera contesté, et il n'entrera jamais
« dans mes vues de le revendiquer par d'autres
« procédés que ceux de la conciliation. Je ferai ce
« qui dépendra de moi et Marie fera le reste. —
« Daignez agréer, avec la nouvelle expression de
« ma reconnaissance, l'hommage du profond res-
« pect avec lequel j'ai l'honneur d'être, Monsieur,
« votre très-humble serviteur *in Xto,*

« GLORIOT, S. J. »

Les deux récits que nous venons d'avoir sous les yeux pourraient peut-être se trouver conformes à la vérité. M. Pernin aurait transporté à Menotey l'image miraculeuse et dans un moment de calme il l'aurait reportée à Mont-Roland, après avoir invité la paroisse de Jouhe à venir la prendre sur la sainte montagne afin de donner quelque pompe à cette nouvelle translation.

On a recueilli depuis peu le témoignage d'un vieillard de quatre-vingt-trois ans, nommé Marmet, ancien serviteur des Bénédictins. Il assure que la statue miraculeuse de Notre-Dame a été apportée à Jouhe par les jeunes personnes de ce village, qu'elles sont allées la prendre un jour que le couvent était complétement désert ; mais ce récit, comme celui de monsieur l'abbé Martin, peut se concilier avec celui de M. Pallu.

En faveur du récit de monsieur Pallu nous avons encore les procès-verbaux de l'époque révolutionnaire.

Le citoyen Gruyer en 1793 a relaté avec exactitude que deux tableaux avaient été donnés à Jouhe, que ses habitants s'étaient eux-mêmes emparés d'un ex-voto. Pourquoi ne dit-il pas un mot de la statue de Notre-Dame ? Le récit de monsieur Martin nous apprend qu'elle n'est plus à Mont-Roland. Si elle se trouve à Jouhe, comment le citoyen Gruyer n'en parle-t-il pas ? Ne peut-on pas penser que l'on ne savait pas ce qu'elle était devenue ? et ce silence n'est-il pas de nature à confirmer le récit de monsieur Pallu ?

Quoi qu'il en soit, la statue de Notre-Dame, si bien accueillie à Jouhe et gardée avec respect, au moins comme un dépôt digne de toute vénération, fut pour la paroisse de Jouhe une source de bénédictions. Ainsi Dieu bénit Obédédom pendant le séjour que l'arche fît en sa maison, en attendant qu'elle fût portée au sanctuaire qui devait la recevoir.

De même que Obédédom dut concevoir pour l'arche du Seigneur une tendresse toute spéciale, de même on devrait être surpris si la paroisse de Jouhe n'avait pas pour Notre-Dame la plus ardente affection.

Comme le dit M. Martin, sa statue miraculeuse est restée en repos au-dessus du maître-autel pendant les années de terreur qui suivirent son apparition en l'église de Jouhe et cette église ne fut pas profanée, tandis que celles de Dôle et de l'arrondissement ne furent pas épargnées. — Un petit manuscrit sur Notre-Dame affirme que les habitants de cette paroisse sont persuadés qu'ils lui sont redevables d'avoir été préservés de plusieurs fléaux qui ont affligé les paroisses voisines. — Qui pourrait croire que Notre-Dame, fût-elle enfin rendue à son sanctuaire, oublierait cette paroisse qu'elle a tant aimée ? Qui pourrait penser qu'elle ne continuerait pas à bénir ceux qui se seraient imposé un sacrifice si pénible à leur tendresse ?

Depuis que l'image miraculeuse est à Jouhe, un cœur en or et un cœur en vermeil ont été offerts à Notre-Dame ; le premier par les jeunes personnes de Jouhe et d'Archelange ; le second par A. O. de Besançon, à la suite d'une guérison : on y lit cette inscription :

Montrez que vous êtes ma mère.   A. O.

Au nombre de ceux qui ont laissé à Jouhe des monuments de leur tendresse pour Notre-Dame, on remarque surtout les élèves des religieux de la société de Jésus. Sur un cœur en argent on lit d'un côté :

Petit séminaire de l'Arc, 15 juillet 1828.

de l'autre :

Hommage des trois congrégations à N.-D. de Mont-Roland.

Deux autres cœurs en argent représentent les élèves de cinquième et de sixième du même établissement. Sur le premier on lit ces mots:

Notre asile est dans ton cœur.

Sur le second :

Nos cœurs sont à Marie. Classe de sixième, 1826.

Une jolie lampe plaquée en argent est encore un don des élèves du petit séminaire de l'Arc. Elle porte cette inscription :

Hommage des élèves de la première division, 15 août 1828.

L'église de Jouhe a recueilli un ex-voto de 1784. On y lit le nom de Jean Chassey. — Un autre ex-voto de 1667 porte cette inscription :

Inviolatæ Virgini Matri Mariæ patronæ suæ posuerunt devotissimi Joannes Ernestus et Otto fratres.

Comme cette inscription l'indique, deux frères, Jean

Ernest et Otton, ont offert ce témoignage de leur ardente dévotion à la Vierge Mère, à la très-pure Marie, leur avocate. — Un troisième ex-voto semble vouloir rappeler que la statue de Notre-Dame n'est que provisoirement en l'église de Jouhe. Il est de 1846. On y lit ces mots :

A la gloire de la Vierge Marie N.-D. de Mont-Roland, sise en l'église de Jouhe. Offert par son serviteur J. Prost fils, d'Azan, en mémoire d'un secours et d'une grâce particulière obtenus par son intercession.

Il faut l'espérer, ces ex-voto suivront Notre-Dame. Un peu plus tôt ou un peu plus tard sa sainte image sera rendue à sa sainte montagne ; les habitants de Jouhe imiteront ceux d'Auxonne et Notre-Dame continuera à les bénir. — M. Louis de Vaulchier rappelle, dans un de ses écrits, la merveilleuse rudesse que le président Boyvin reprochait aux habitants d'Auxonne, et invite ceux de Jouhe à consacrer et compléter un acte de piété (celui qu'ils ont fait en lui donnant un asile), à replacer la statue de Notre-Dame dans son sanctuaire réédifié. « Ne serait-ce pas une justice ? ajoute-t-il, et le « contraire ne serait il pas *merveilleusement rude?* » — Il la décrivait à l'époque où l'on reconstruisait son église en 1851 : « d'un sentiment très-naïf, dit-« il, d'une sculpture très-primitive, d'une teinte « noircie par les siècles, elle porte tous les caractères « de l'antiquité la plus reculée ; mais on sent qu'elle

« est là en exil, et que c'est sa demeure qui se bâ-
« tit tout près sur ces hauts lieux. »

Si Notre-Dame comble de bienfaits ceux qui l'honorent, son divin Fils châtie ceux qui l'outragent. On a remarqué que la justice de Dieu a poursuivi ceux qui ont profané ou détruit le sanctuaire de Mont-Roland, à l'époque de la révolution.

CHAPITRE XXVI.

NOTRE-DAME DE MONT-ROLAND DE 1843 A 1851.

Lorsque les Hébreux eurent à subir une dure captivité, lorsqu'ils furent jetés en exil, lorsque le temple du Seigneur n'offrit plus que des ruines au regard attristé, les soupirs et les larmes devinrent le partage du peuple de Dieu dépossédé de la terre promise et donnée à ses ancêtres, et Jérusalem fut plongée dans la tristesse. Mais lorsque l'heure de la délivrance fut sonnée, cette douce patrie des enfants d'Israël tressaillit de bonheur. — De même la sainte montagne donnée par Roland aux enfants de Saint-Benoît, si elle n'eut pas la consolation de revoir ses anciens maîtres, dut au moins trouver quelque adoucissement à sa douleur, lorsque les enfants d'un autre patriarche vinrent racheter son sol béni, ignominieusement vendu, à une époque d'iniquité.

L'acquisition des ruines et du terrain de l'ancien

sanctuaire de Notre-Dame de Mont-Roland, faite en 1843 par les PP. de la compagnie de Jésus n'avait pas pour unique but d'offrir aux religieux fatigués par l'étude, ou les travaux de l'apostolat un abri solitaire, pour réparer, au contact d'un air pur, des forces épuisées. — Une pensée religieuse les guidait dans cette démarche et les y décida : c'était le désir et l'espoir de rendre à Marie son antique domaine, son sanctuaire, son autel.

Plusieurs familles de Dôle et des environs ne se bornèrent pas à les encourager dans ce pieux projet ; elles voulurent les aider à procurer un jour sa réalisation. Quelques-unes fournirent des sommes pour le déblaiement des ruines et la démolition des restes de la vieille tour d'où se détachaient souvent d'eux-mêmes de gros blocs de pierre ; d'autres concoururent au nivellement du terrain, aux divers terrassements, et fournirent l'argent nécessaire pour disposer une chapelle provisoire dans l'intérieur des quelques appartements qui restaient de l'ancien monastère des Bénédictins.— Ce fut le respectable M. Vernier, supérieur du pensionnat des orphelins à Dôle, qui fit don de l'autel en marbre de cette petite chapelle. Ce digne et saint prêtre que Dôle a perdu, et dont elle bénit et révère la mémoire, comme elle admira, jusqu'à ses derniers jours, ses vertus et son dévouement, ce tendre père de tant d'enfants du pays était heureux, disait-il, de poser là une pierre d'attente, celle qui relierait le passé glorieux de Mont-Roland à son avenir que préparerait Marie elle-même.

Des désirs si conformes à ceux de Notre-Dame ne tardèrent pas à se réaliser. Les pèlerins de Mont-Roland reprirent le chemin de la sainte montagne, les routes qui y conduisaient, pour me servir d'une expression que le Saint-Esprit a consacrée, ne furent plus affligées, et n'eurent plus à gémir de ce que les pieuses solennités du sanctuaire de Notre-Dame avaient cessé. « Viæ sion lugent eo quod non « sint qui veniant ad solemnitatem. » Ces fêtes si suaves recommencèrent et la petite chapelle vit bientôt ses murs parés de ces monuments de la reconnaissance qui ont plus de prix que l'or et l'argent.

Entrons dans ce pieux sanctuaire. Une église splendide le remplacera ; mais ne fera pas oublier les charmes de ce modeste abri donné à Notre-Dame et déjà tout rempli du souvenir de sa puissance et de sa bonté. — En visitant cette chapelle on y voyait, en grand nombre, des cœurs d'argent ou de matière plus précieuse (1); un ex-voto dont l'inscription bien simple était ainsi conçue :

Reconnaissance d'un bienfait ;

un petit cadre dans lequel on lisait ces paroles si belles et si naïves :

J'ai prié et j'ai été exaucée ;

plusieurs ex-voto sans indication ; quelques cou-

(1) Ils sont maintenant suspendus en forme de guirlandes à l'autel de la nouvelle église.

ronnes suspendues à la boiserie, de gros cierges offerts à Notre-Dame. — Dans un tableau récent la Vierge laisse tomber sur une jeune personne qu'on administre un rayon, symbole de sa puissance. Un ecclésiastique, de la famille sans doute, est à genoux. Ce que ce tableau exprime déjà si bien est reproduit dans l'inscription suivante :

Vœu rendu à Notre-Dame de Mont-Roland, pour la guérison d'une jeune personne, le 22 janvier 1847.

— Un souvenir d'une association établie à Mont-Roland, par les pieux Bénédictins, méritait bien d'être conservé : dans cette pensée on avait placé en cette petite chapelle un tableau de réception dans la congrégation des cœurs de Jésus et de Marie. Ces deux cœurs sont unis dans ce tableau, comme dans quelques gravures récentes. On lit au-dessous cette touchante prière :

Cœur immaculé de Marie, embrasez mon cœur de l'amour de Jésus, dont vous brûlez.

et plus bas :

Claude Joseph d'Hôtelan a été reçu en l'association de l'adoration perpétuelle des sacrés Cœurs de Jésus et de Marie, érigée dans l'église des RR. PP. Bénédictins de Mont-Roland, le 11 octobre 1701.

Ce fut en 1742 que Benoît XIV reconnut et enrichit cette sainte association. — Un tableau fait avec beaucoup de soin représente un guerrier couvert de sa pesante armure. Il est aux pieds de Notre-Dame et de son divin Fils. Le nom, l'âge de ce dévot serviteur de Marie, l'époque de cet ex-voto, se trouvent dans une inscription latine que voici :

Parem et devotam tabellam in honorem Deiparæ elaboratam humillimus clyens Jacobus Madeux, equitum turmæ pro catholica Majestate dux, pingi curavit, ecclesiæ Montis-Rolandini D. D., die 25ᵃ mensis januarii, anno 1631 ætatis 26°.

Cette inscription paraît indiquer que ce tableau n'est qu'une copie de celui qui fut exécuté en l'honneur de la Vierge-Mère et donné à l'église de Mont-Roland, le 25 janvier 1631, par Jacques Madeux son serviteur, âgé de vingt-six ans, et chef d'escadron au service de Sa Majesté catholique. L'original aura péri à l'époque du siége de Dôle, en 1636, et la famille de ce pieux client de Notre-Dame se sera fait une joie d'en offrir la copie à la petite chapelle de Mont-Roland. — Un ex-voto de 1770 met sous nos yeux une famille entière prosternée aux pieds de Notre-Dame. Cette famille est composée de neuf personnes. Deux petites filles tiennent un cœur à la main. Au bas on lit ces mots :

Ce tableau représente la famille Girault Noirot, de Châlons-sur-Saône, vouée en 1770 à Notre-Dame de Mont-Roland. Il était placé dans l'ancienne église des Pères Bénédictins. Retrouvé par les soins de Charles-Jules Girault, il a été rendu par lui à sa destination primitive, le 31 mai 1850, avec un exemplaire encadré, imprimé à

Besançon, de l'ancienne oraison à Notre-Dame de Mont-Roland.

Tels étaient les trésors du modeste oratoire qui attendait la construction d'une nouvelle église de Notre-Dame.

En 1848 ce petit sanctuaire vit une affluence extraordinaire. On savait que l'église de Notre-Dame, autrefois si célèbre en ces contrées, allait sortir de ses ruines, que l'architecte du nouveau sanctuaire était arrivé. — Quoique cette heureuse nouvelle fût capable toute seule d'exciter une sainte ardeur, il faut ajouter qu'un religieux de la société de Jésus ne fut point étranger à ce pieux mouvement. Trois fois chaque semaine, dans la grande église de Dôle, il entretenait les habitants de cette bonne ville de la vénération que leurs ancêtres avaient pour Notre-Dame de Mont-Roland, du culte qu'ils lui rendaient, et les exhortait à se montrer dignes de leurs pères. Ce ne fut pas en vain.

Chaque jour de nombreux pèlerins accouraient à Mont-Roland de Dôle et des villages voisins, soit pour y entendre la sainte messe, soit pour visiter Notre-Dame. — Le samedi surtout le concours était grand, et l'on voyait les personnes les plus distinguées de la ville gravir la sainte montagne pour prendre part au saint sacrifice. Le religieux dont il s'agit avait annoncé qu'il dirait lui-même la messe à Mont-Roland, le samedi, à une heure convenable, pendant tout le mois de mai, et l'on s'empressait d'y assister et d'entendre l'instruction qui accompagnait le saint sacrifice. — Dans le cours de ce mois un bon nombre de prêtres, conduits par leur tendresse pour Notre-Dame, vinrent aussi célébrer les saints mystères dans la modeste chapelle de Mont-Roland. — Le dimanche, dans l'après-midi, une prédication et la bénédiction du saint Sacrement y attiraient un grand nombre de fidèles.

Mais si le concours fut admirable, ce fut surtout le dernier jour de ce beau mois. Le dernier jour de mai est cher aux serviteurs de Marie. En 1848, à Mont-Roland, il fut un vrai triomphe pour Notre-Dame et contribua puissamment à donner à son culte un nouvel essor. — Deux autels avaient été dressés dans l'étroite enceinte de son sanctuaire; une grande affluence de prêtres et de fidèles devait montrer combien cette mesure était nécessaire. Un de ces autels fut placé près de la porte, afin que la foule pût de dehors voir et même entendre le célébrant. Des branches d'arbres, des tapis, et de blanches tentures formaient comme les murs et la voûte d'un nouveau sanctuaire qui venait s'ajouter au premier. Une chaire improvisée y avait été placée pour ceux qui devaient faire entendre, à diverses reprises, la parole de Dieu. Un trône splendidement orné avait été préparé pour la pieuse image que l'on offrait à la vénération des fidèles dans l'humble oratoire de Mont-Roland.

A trois heures du matin, ces préparatifs n'étaient pas encore achevés qu'une foule de ces bonnes servantes, qui dans le jour sont retenues par les soins domestiques, se privant d'un sommeil nécessaire, accouraient pour entendre la sainte messe et faire la communion. Notre-Dame ne manqua pas de réaliser en leur faveur ces belles paroles qui lui sont appliquées : Ceux qui me cherchent dès le matin me trouveront, « qui mane vigilant a me invenient « me. » — Cette pieuse assemblée, nourrie du pain eucharistique et de celui de la parole de Dieu, ne s'était pas encore retirée qu'une foule de personnes de toutes conditions arrivaient de Dôle et des environs. Le R. P. Provincial, le recteur de la maison des Jésuites de Dôle, et le prédicateur du mois de mai, parlèrent tour à tour aux réunions de fidèles qui se succédèrent dans le cours de cette belle matinée. Des messes furent dites aux deux autels jusqu'à midi, et la communion fut distribuée à un grand nombre de personnes. — Le soir un discours et la bénédiction du saint Sacrement terminèrent cette touchante journée, et l'on put dire que la sainte montagne avait retrouvé sa primitive splendeur. — Depuis cette époque elle a reconquis son ancienne célébrité. Il ne se passe presque pas de jours qu'elle ne soit visitée par de pieux pèlerins.

Toutefois il lui manquait encore une église digne de succéder à celle que les enfants de Saint-Benoît avaient construite. Monseigneur de Chamon voulut faire connaître à tout son diocèse le désir qu'il avait de voir se réaliser enfin cette pieuse restauration.

Il le fit dans une lettre qui doit être conservée : la voici. Il approuve le projet de réédification qui lui avait été préalablement soumis (1).

« Nous, Antoine-Jacques de Chamon, évêque de
« Saint-Claude, approuvant le projet susdit, et vou-
« lant recourir à tous les moyens qui peuvent en
« assurer l'exécution, nous réclamons avec instance
« la charité du clergé et des fidèles, en faveur
« d'une œuvre aussi propre à attirer sur ces con-
« trées les faveurs signalées de la reine des cieux.

« † Antoine-Jacques,

« Évêque de Saint-Claude. »

CHAPITRE XXVII

NOTRE-DAME DE MONT-ROLAND EN 1851.

Depuis que l'on avait songé à donner à Notre-Dame une splendide église, les projets formés à cet égard avaient mûri, d'habiles architectes avaient tracé des plans fort bien conçus, celui de M. Ducat, de Besançon, avait été adopté, l'on s'était mis à l'œuvre, et l'on pouvait déjà bénir et poser la première pierre de l'édifice ; mais Monseigneur de Chamon n'avait pu voir l'accomplissement des

---

(1) Lorsqu'il donna cette approbation, le vénérable Pontife avait déjà témoigné de vive voix le désir de voir se relever l'antique sanctuaire. Il avait même à plusieurs reprises exprimé énergiquement son intention à ce sujet.

vœux que sa tendresse pour Notre-Dame avait formés. Dieu l'avait appelé à lui.

Le siége était vacant et la première pierre ne pouvait être posée par l'évêque du lieu, lorsque par un bonheur inespéré un noble enfant de la Franche-Comté, Monseigneur Canoz, de Sellières, vint, du fond de l'Inde, chercher en Europe des secours pour sa chère mission, et revoir le sol qui l'avait vu naître. — Monseigneur Canoz, religieux de la Compagnie de Jésus, ne pouvait manquer de venir consoler par sa présence les Jésuites de Dôle. Ils lui proposèrent de vouloir bien faire la bénédiction de la première pierre de la nouvelle chapelle. Notre-Dame de Mont-Roland lui était trop chère pour qu'il n'accueillît pas avec bonheur cette invitation.

Le 24 juin un autel élégant était dressé sur les ruines de l'antique sanctuaire et Monseigneur Canoz offrait le saint Sacrifice, en présence de nombreux pèlerins accourus sur la sainte montagne. — Il procéda ensuite à la pose de cette première pierre en se conformant exactement aux rits sacrés de l'Église romaine. — Cette pierre contenait, outre un grand nombre de pièces de monnaie, une petite boîte scellée renfermant un écrit ainsi conçu :

Anno Domini millesimo octingentesimo quinquagesimo primo, mensis junii die vigesima quarta, in festo sancti Joannis Baptistæ, Præcursoris Domini nostri Jesu Christi, Pio IX, P. M., pontificatus vero anno quinto, mediante anno tertio reipublicæ in Gallia iterum vigentis, vacante sede Sanclaudiensi, vicariis vero capitularibus DD. RR. de Ferroul-Montgaillard vic-gen., Girod vic-gen., Bailly vic-gen., præposito seminarii diœcesani, Filsjean decano capituli, solenniter ritum peragente DD. RR. et Ill. Alexio Canoz S. J., Episcopo Tamacensi, vicario apostolico regionis Madurensis apud Indos, adstantibus R. P. Josepho Gloriot S. J., Rectore collegii inchoati et residentiæ Dolanæ, necnon nobilibus ac piis viris civitatis Dolanæ in cœtum jamdiu coadunatis ut invigilarent ædificationi templi Mariani in Monte-Rolandino prope Dolam, scilicet DD. Daniele de Boisdenemets, prætore urbis Dolæ et hujusce cœtus præside, Bernardo de Menthon, Huberto de Toytot, Xaverio Matherot, Ferdinando Rodet, Dyonisio-Xaverio Bourges, Joanne-Francisco Passier, R. P. Augusto Tourel S. J., Petro-Augustino Grusse ejúsdem cœtus a secretis, Alfredo Ducat vesuntino opifice, hujus sacri templi architecto, auspicante Deipara, positus est hic primarius lapis templi dicati B. M. semper virgini sub titulo : Dominæ de Monte-Rolando. — In cujus fidem sigillum et subscriptiones posuere supradicti adstantes.

Voici maintenant la traduction de ce procès-verbal.

L'an de grâce 1851, le 24 juin, fête de saint Jean-Baptiste, précurseur de Notre-Seigneur Jésus-Christ, en la cinquième année du pontificat de Pie IX, en l'an III de la deuxième république française, le siége de Saint-Claude étant vacant; sous l'administration de MM. de Ferroul-MontGaillard, vicaire-général, Girod vicaire-général, Bailly, vicaire-général, supérieur du séminaire diocésain, Filsjean, doyen du chapitre, vicaires capitulaires ; la cérémonie étant faite par le révérendissime et illustrissime, Monseigneur Alexis Canoz, de la Compagnie de Jésus, évêque de Tamase, vicaire apostolique du Maduré, aux Indes ; en la présence du révérend Père Joseph Gloriot, de la Compagnie de Jésus, recteur du collége et de la résidence de Dôle, ainsi que des hommes pieux et distingués de la même ville, réunis en commission pour veiller à la construction de l'église de la Vierge, à Mont-Roland, près Dôle : de MM. Daniel de Boisdenemets, maire de la ville et président de la commission, Bernard de Menthon, Hubert de Toytot, Xavier Matherot, Ferdinand Rodet, Denis-Xavier Bourges, Jean-François Passier, Auguste Tourel, prêtre de la Compagnie de Jésus, Pierre Augustin Grusse, secrétaire de la commission, Alfred Ducat, de Besançon, architecte de cette église, sous les auspices de la Mère de Dieu, a été posée cette première pierre du temple dédié à la bienheureuse Marie toujours vierge, sous le titre de : Notre-Dame de Mont-Roland.

En foi de quoi les assistants nommés ci-dessus ont signé et scellé le présent procès-verbal.

Cette cérémonie avait été trop belle pour que les journaux n'en fissent pas mention. Jamais peut-être ils ne saluèrent avec plus de transport un événement capable d'ajouter à la félicité publique. — Faire aimer le Catholicisme et ses saintes solennités, c'est bien là leur mission, et, lorsqu'ils ont le courage de la remplir, ils sentent très-bien que surtout alors ils contribuent au bien de la société.

L'*Album Dolois* fut admirable. M. Louis de Vaulchier tenait la plume ce jour-là. Son article nous dispensera d'entrer dans de plus grands détails. Voici cet article, du 29 juin.

« Mardi, 24 juin, était le jour fixé (pour la pose de la première pierre de l'église de Mont-Roland); aussi, presque dès l'aube, les invités et nombre de pieux pèlerins se mettent en marche, désireux qu'ils sont d'arriver des premiers au lieu du rendez-vous, et de donner ainsi la preuve de leur vive sympathie à l'œuvre de régénération entreprise au haut de la montagne. Un ciel d'une admirable pureté facilite et égaye cette promenade matinale; et rien de plus pittoresque à l'œil que ces longues files s'avançant doucement à travers les sinuosités du chemin, que ces groupes variés s'échelonnant gracieusement aux flancs reverdis de la colline; et puis, à son sommet, quel charmant et curieux spectacle ! Déjà une foule nombreuse y est rassemblée, et des divers points de l'horizon s'avancent encore nombre de retardataires; chevaux, voitures, cavaliers, piétons, tout ce monde rappelle le mouvement de nos grandes cités en leurs jours de fêtes ; chacun s'agite, mais bientôt chacun se range en bon ordre, grâce aux sages mesures prises par l'autorité prévoyante, grâce plus encore peut-être aux pensées sérieuses qui se pressaient au cœur de chacun.

« A l'entrée même du sanctuaire en construction, adossé à la seule colonne restée debout parmi les ruines de l'ancien édifice, s'élève, sur une haute estrade abritée par une tente de feuillage, un autel modeste dressé par des mains pieuses et habiles : au-devant une enceinte, munie de siéges, est destinée aux fonctionnaires, aux magistrats, aux membres de la commission, au jeune et modeste architecte du monument, aux personnes notables, et aux élèves déjà nombreux du petit collége des RR. PP. En dehors de l'enceinte, chacun se case à sa guise, sans autre souci que celui d'être placé pour voir et entendre le mieux possible ; ainsi chaque pierre devient-elle une estrade, chaque plateau une tribune, où la foule s'étage par gradins improvisés dans cette basilique immense qui a pour base une montagne, pour colonnade de vieux arbres, deux à trois fois séculaires, pour limites un horizon immense, et pour couronnement la voûte azurée d'un ciel sans fin.

« Chateaubriand l'a dit le premier de sa voix magique, et souvent depuis on l'a répété, rien n'est beau, rien n'est saisissant, comme les pompes du culte catholique développées au dehors, dans les rues de nos villes, et plus encore au milieu de nos riantes campagnes ! Aussi, n'est-ce pas sans une sorte de frémissement que la foule recueillie voit arriver l'imposant cortége : un clergé nombreux venu de Dôle et des environs, précédé de blonds choristes et dirigé par Monseigneur l'évêque de Tamaso, s'avance, se place et la cérémonie commence.

« Mais ici ce serait à une plume bien autrement exercée et savante qu'il conviendrait d'analyser et de traduire ces nombreuses et saintes formules, que la religion consacre à la pose d'une première pierre d'église, ces mystérieux détails, qui tous ont un sens secret, qui tous sont un symbole par fois d'une haute sublimité, ces chants divers dont la diction s'élève souvent au niveau de la plus belle poésie... Regardez, voici l'instant suprême : un maillet précieusement sculpté et une truelle à lame d'argent, sont remises à Monseigneur : Sa Grandeur arme ses mains de ces instruments de travail, en frappe la pierre, la cimente, et, s'aidant de la force divine qui réside en lui, imprime à ce fondement de l'édifice un irréfragable caractère de solidité et de durée. « Fundata enim... supra petram. »

« Voilà donc la première pierre posée : ah ! c'est bien là réellement et seulement la première, car que sont celles qu'entassent plus ou moins habilement les mains des hommes, quand l'idée religieuse ne vient pas présider au travail et en ennoblir les conditions ! — Une autre pensée vient joindre celle-ci dans la pose de la première pierre de l'édifice, et cette dernière est une pensée d'avenir, une pensée d'art et d'histoire, car la religion, préposée à la garde de tous les intérêts, sait également les couvrir de son égide. La pierre soigneusement creusée va receler dans son sein un souvenir palpitant, un témoignage irréfutable du fait accompli en ce moment. Un procès-verbal de la cérémonie, soigneusement dressé et doctement écrit, donne des noms, des dates, des indications précises, que le chroniqueur, avide du passé, sera peut-être appelé à recueillir un jour, et où il trouvera un phare lumineux dans la nuit des événements...

« A côté du procès-verbal se placent, suivant l'ancien usage, quelques médailles de circonstance et une série de signes monétaires de l'époque, riche butin pour l'antiquaire et l'archéologue appelés peut-être à la suite des siècles à fouiller dans des débris... Hélas ! oui, débris ; car ici encore la religion veut nous donner un triste mais précieux enseignement. Toute œuvre humaine est essentiellement périssable, et, quelle que soit la solidité que la main de Dieu nous aide à imprimer à nos édifices, leur durée n'a qu'un temps souvent bien court. Inclinons-nous donc devant cette volonté providentielle, et, s'il nous faut des preuves ou des exemples, n'allons pas les chercher bien loin, écoutons Monseigneur de Tamase nous rappeler que le monument auquel nous travaillons aujourd'hui, deux fois déjà dans peu de siècles, a croulé sous le marteau démolisseur, victime innocente des passions des hommes ; mais écoutons-le aussi nous dire de sa voix consolante et douce que *cette maison-ci sera plus belle que les précédentes*, et que la construction d'un édifice religieux est toujours une œuvre de civilisation et de progrès ; suivons-le par la pensée à travers les quelques mille lieues qui nous séparent de son diocèse, et voyons-y les pauvres Indiens de ces contrées commençant toujours par bâtir une église dans la nouvelle résidence que les exigences d'une vie errante leur assignent aux confins du désert. Reportons nos pensées maintenant sur les temps et les circonstances actuelles, sur l'incertitude de l'avenir, la mobilité des esprits, la faiblesse des institutions, les soucis, es préoccupations qui nous enserrent, et avouons que rien n'est plus admirable et consolant que cette œuvre régénératrice qui commence en haut du Mont-Roland, comme une protestation à toutes les idées de découragement et de craintes, comme une amarre solidement plantée pour retenir la nef qui en dérive. Cette œuvre sera nôtre, parce que notre coopération ne lui fera pas défaut, et les siècles futurs sauront qu'il n'a pas manqué parmi nous de gens de foi, de dévouement et d'énergie.

« Cependant la cérémonie s'achève aux chants de doux cantiques : la dernière bénédiction se donne, Monseigneur quitte l'autel, et qui l'eût vu alors descendant les degrés, revêtu de tout l'appareil pontifical, eût été frappé comme nous de la dignité de son maintien. C'est qu'une illumination d'en haut venait sans doute se refléter sur les traits vénérables de ce noble ouvrier que Dieu avait voulu spécialement choisir, lui, l'enfant du pays, et conduire par la main à travers les mers lointaines pour venir, comme autrefois saint Martin et Roland le preux chevalier, lui élever sur notre colline un monument, qui, cette fois, sera d'une éternelle durée.

« Ici les idées se pressent, aussi devrions-nous nous taire et laisser chacun à ses propres impressions.

« Un mot pourtant encore du reste de cette heureuse journée entreprise sous de si heureux auspices. Car il y a eu là haut de la joie pour tous ; pour ces jeunes enfants d'abord dotés d'un jour de *grand congé*, eux apprentis à la vie, ignorants encore de ses soucis et qui plus tard viendront sans doute s'agenouiller comme autrefois leurs pères et prier sous les voûtes de l'édifice qui s'élève; pour les nombreux pèlerins de ce jour, venus de loin, qui, divisés maintenant par troupes d'amis ou de familles émaillent les tertres verts, et se disposent au déjeuner champêtre que fait ardemment désirer un lever matinal et l'air d'une indicible pureté qu'on ne respire que là, et qu'égayera bientôt, par ses saillies, une franche cordialité; pour les ouvriers employés aux travaux de construction qu'un régal de circonstance met nécessairement en belle humeur, plus réjouis encore qu'ils sont d'une perspective de besogne qui leur assure pour de longs mois le pain de la famille; enfin pour les invités à la fête que la gracieuse hospitalité des RR. PP. réunit autour d'une table honorablement servie, table que préside Monseigneur lui-même et qu'il anime de sa conversation toujours bienveillante, gaie et éminemment intéressante.

« Avions-nous donc tort de le dire, cette journée a été bonne pour tous; elle aura son retentissement, et il en restera un bon souvenir et surtout des fruits précieux pour notre belle province de Franche-comté où se passent des faits semblables à ceux que nous venons d'essayer de retracer. »

A la fin d'un second article (*Union Franc-Comtoise* 11 juillet) M. L. de Vaulchier, après avoir décrit le magnifique horizon qui se déroule du sommet du

Mont-Roland, nous donne une gracieuse et savante description de la chapelle commencée.

« Nous terminerons, dit-il, par une description exacte de ce que sera la nouvelle chapelle, assise au milieu de cette splendide nature, où elle trouvera son horizon. Ses fondations en dessinent déjà le périmètre et ont été établies avec une solidité qui, comme ses formes gothiques, rappelle l'époque des travaux les plus consciencieux. Elle est orientée du côté de Dôle et présente à cette ville, d'où lui viendront les plus nombreux visiteurs, sa porte et sa façade principales. Elle a environ 120 pieds de long sur 24 pieds de large, hors d'œuvre. Nous employons à dessein les anciennes mesures, désormais bannies de tous les plans, parce que nous voulons avoir le bonheur d'être compris. Une seule nef, coupée avant le chœur par une sorte de transept qui contient deux chapelles latérales, un chœur d'abord quadrangulaire, puis terminé au chevet par une abside à cinq pans; derrière la saillie que forme le transept à droite, un campanile adossé au monument, se reliant, par sa position, aux bâtiments d'habitation, de façon à satisfaire à la fois la commodité et le pittoresque, et fournissant, au moyen de son rez-de-chaussée, une petite sacristie. Voilà tout le plan par terre: on peut déjà le vérifier dans les travaux.

« L'intérieur se compose, après le portail, d'un vestibule qui soutient la tribune de l'orgue, et de cinq travées, trois pour la nef, une double pour le transept, une pour le chœur, au fond duquel se développent les angles de l'abside. Le grand autel occupe la portion quadrangulaire du chœur. Les deux chapelles latérales ont de petits autels accolés au mur. Au-dessus de ces chapelles sont placées les tribunes des Pères, surmontées d'un motif d'ornement à jour, à travers lequel s'aperçoivent deux rosaces. Des groupes de nervures séparent les travées et vont jusqu'au sommet des voûtes. La galerie inférieure, de la fin du XIII° siècle, soutient un bandeau non interrompu, au-dessus duquel s'ouvrent les fenêtres, du même style. Une voûte en harmonie avec tout le reste complète l'intérieur de cette petite église. Au dehors, chaque travée est percée d'une fenêtre : simples pour la nef, ces baies sont géminées pour le chœur. Entre chaque fenêtre, un contre-fort soutient la poussée des nervures intérieures, sur lesquelles repose la voûte. La tour du clocher est adossée derrière la chapelle de droite. Son irrégularité apparente est habilement sauvée par sa position ; d'ailleurs, il n'y a pas une église de village dans tout le pays vénitien qui n'ait habitué nos yeux à ce caprice élégant, bien préférable aux gigantesques éteignoirs, à cheval, pour leur servir de clocher, sur la plupart de nos paroisses rurales. Les murailles sont en bas appareil ; les contre-forts probablement en pierres plus finement bouchardées, pour compter dans l'aspect général.

« Le portail est très-orné et pourtant sévèrement

dessiné dans le goût du XII⁰ au XIII⁰ siècle. Toute la la petite façade nous paraît excellente. On pourra ornementer les faces antérieures des transepts, au moyen d'une collection de débris intéressants, trouvés dans les démolitions de l'ancienne chapelle. Tous les siècles, depuis le X⁰, y seront représentés ; ce sera comme une histoire entière de l'art, jusqu'au siècle dernier, comme une intructive et respectable monographie du Mont-Roland. Chaque pierre sera un document, chaque morceau caractérisé sera une charte à l'appui de cette histoire. On pourra même relever sur un des côtés ce qui reste de la statue où l'opinion populaire a toujours cru reconnaître Roland, lui trouver un pendant, et composer ainsi deux groupes qui auront chacun leur centre. Le plus intéressant sera, sans contredit, celui où surgiront majestueusement les reliques frustes et gigantesques du héros presque mythologique dont la jambe est usée par les pèlerins, qui en mêlaient la poussière à leur boisson. Ce sera un intéressant chapitre de cette inévitable épopée carlovingienne que nos pas de voyageur ont rencontrée dans tous les coins de l'Europe.

« L'ornementation intérieure écrira aussi l'histoire de l'art gothique en miniature. Depuis les colonnes qui soutiennent le tombeau de l'autel, et qui appartiennent aux temps les plus reculés, jusqu'au motif fleuri des tribunes et aux caprices plus fleuris encore des boiseries, nous traverserons, en nous élevant dans ce petit monument, tous les siècles de l'art, chaque objet se rajeunissant à mesure qu'il se superpose. Cette pensée nous a charmé comme un souvenir; les yeux sont accoutumés à une semblable ordonnance pour la plupart des édifices du moyen âge. Le célèbre saint Géréon, de Cologne, commence, dans ses basses-œuvres, par le roman du douzième siècle, et se couronne enfin des arcs aigus et des efflorescences coquettes du dernier gothique.

« En examinant les profils, on voit, du reste, que le jeune architecte, plein de science et de goût, auquel est dû ce travail, les a plutôt étudiés dans le style le plus ancien que dans le plus nouveau. C'est son inclination; et, nous n'avons pas besoin de le dire, nous prétendons que cette réflexion soit une louange. Les chapiteaux le trahissent plus clairement encore, et la chapelle y gagnera un caractère de naïveté et de sérieux que ne permet point le gothique prétentieux et dégénéré des derniers jours.

« La couverture se composera d'une série de losanges coloriés, verts, rouges, jaunes et noirs, en terre cuite vernie, et ressemblera à un vaste tapis jeté sur toute l'étendue de la charpente.

« Les vitraux seront étudiés dans des formes analogues pour être exécutés en grisaille, à moins que des ressources imprévues ne permettent d'y peindre une série de sujets en rapport avec l'édifice, la province qui l'érige et les souvenirs qu'il rappelle. »

CHAPITRE XXVIII

NOTRE-DAME DE MONT-ROLAND DE 1851 A 1854. — TÉMOIGNAGES RENDUS A SA PUISSANCE ET A SA BONTÉ.

La maison des Jésuites de Dôle avait chargé un de ses religieux d'accueillir les pèlerins qui se rendaient à Mont-Roland. Celui-ci, confident habituel des faveurs nombreuses obtenues de Notre-Dame, eut enfin la pensée de les consigner dans une espèce de journal, où l'on retrouverait jour par jour les témoignages rendus à Notre-Dame.

En lisant cet écrit, on est frappé du ton de vérité qui y règne. Lorsqu'une prière a déjà été suffisamment exaucée pour exciter la reconnaissance, sans que cependant la faveur demandée ait été complétement accordée, le pieux journal le dit avec une exactitude presque scrupuleuse. Nous suivrons pas à pas ce simple récit. — Il ne se contente pas de rapporter les faveurs reçues ; il nous fait connaître certains faits qui peuvent nous faire juger de la grande confiance que les fidèles ont en Notre-Dame.

Mais, ne l'oublions pas, humble et simple, la piété ne voit pas des miracles dans tout ce que Notre-Dame lui obtient du ciel. Elle n'ignore pas que de telles merveilles ne doivent pas être le résultat habituel du recours à une protectrice si bienveillante, et elle veut recourir à elle aussi fréquemment que l'enfant à sa bonne mère.

Elle l'a invoquée et lui attribue sa délivrance, un secours, le retour à une santé parfaite.

Nous accepterons son témoignage parce que nous savons qu'une mère veille sans cesse sur l'enfant qui lui est cher, étend sur lui à toute heure son affectueuse protection; que Dieu, sans miracle, peut exaucer nos prières de mille manières, que d'ailleurs rien ne lui est impossible et qu'il ne sait rien refuser à Marie, parce que cette Vierge si bonne ne lui demande rien de ce qui pourrait être nuisible à nos intérêts éternels ou préjudiciable à sa gloire.

Des prières exaucées, sans que les faveurs accordées soient miraculeuses, sous un certain rapport, sont plus capables que des miracles d'exciter la piété à recourir à Notre-Dame. Si elle ne pouvait être exaucée que par des miracles, le plus souvent elle craindrait de se rendre coupable de témérité et la prière expirerait sur ses lèvres.

En parcourant les faveurs obtenues de Notre-Dame, nous n'aurons pas la prétention de discerner ce qui est miraculeux de ce qui ne l'est pas. Nous ne verrons que des prières exaucées. Nous imiterons ainsi la simplicité de la vraie piété. Cette simplicité éloignée de toute exagération donne des charmes au témoignage qu'elle rend à Notre-Dame.

— Et cependant, sans sortir de ces limites que nous devons respecter, quel tableau que celui de la bonté de la Vierge qui accueille, de la confiance filiale qui a recours à elle, et donne lieu à des faits que l'on ne trouve qu'au sein du Catholicisme !

Prenons donc en main notre pieux mémoire et remontons jusqu'au 22 juillet 1850, pour recueillir des faits laissés à dessein. Il convenait de les grouper avec ceux que nous allons avoir sous les yeux.

Un bon vieillard gravit avec peine les pentes assez rapides de Mont-Roland. Soixante et dix-neuf ans sont difficiles à porter, surtout lorsqu'on sort d'une maladie grave. Il a cependant fait à pied son pieux pèlerinage. La reconnaissance le soutient. Deux fois il a été administré; mais enfin il s'est recommandé à Notre-Dame et il vient lui faire hommage de la santé qu'elle lui a obtenue. — Trois jours après le 25 juillet, vous voyez au contraire trois pèlerins dans toute la vigueur de l'âge. Des environs de Bordeaux, ils vont en Suisse exercer leur profession, celle que saint Joseph a tant honorée, et ils ne veulent pas passer près de Mont-Roland sans visiter Notre-Dame. — Ces deux prêtres que vous apercevez viennent lui consacrer leurs paroisses.

Déjà le mois d'août a commencé. Un groupe pieux se dirige vers le petit sanctuaire de Mont-Roland et vient rendre grâces à Notre-Dame. Deux des personnes qui le composent sont fort âgées. L'une a 81 ans et l'autre en a 78. Si vous voulez savoir quel est le motif de leur pèlerinage, transportez-vous par la pensée à Amiens. Un des enfants du Jura a été nommé receveur des contributions directes en cette ville. Il est père de famille et la conservation de cet emploi est pour lui de la plus grande importance ; mais il va le perdre si une opération fort dangereuse ne lui fait pas recouvrer la vue. En ce péril une personne de sa famille fait vœu d'aller en pèlerinage à Mont-Roland si Notre-Dame veut bien le protéger. — Ce ne fut pas en vain. Trois opérations devaient avoir lieu. Le succès de la première a été tel qu'elle a suffi. — Le malade, apprenant ce qu'on avait fait pour lui, a reconnu qu'il était redevable à Notre-Dame de sa prompte délivrance, et a promis de venir la visiter lui-même. Le groupe pieux que vous avez vu le précède sur la route de la sainte Montagne et porte aux pieds de la Vierge si bonne le tribut de sa reconnaissance.

Le même jour la fondatrice d'une maison d'orphelines du diocèse de Langres et un prêtre de la Côte-d'Or lui ont consacré l'une la maison qu'elle a fondée, l'autre la paroisse qui lui est confiée.

Les premiers jours de ce mois sont féconds en témoignages rendus à la puissance et à la bonté de Notre-Dame. — Cette personne que vous voyez se diriger à pied vers le sanctuaire de Mont-Roland est de Salins. Après une maladie qui a duré un an elle a été délivrée par Notre-Dame et vient la remercier. — Cette jeune personne, qui se promène sur la sainte Montagne ; est de Dôle, malade depuis deux ans, elle ne laissait plus aucune espérance aux médecins ; mais elle a mis sa confiance en Notre-Dame, et c'est pour lui rendre grâces qu'elle est venue la visiter. — Mais écoutez ! cette autre personne, dont tout l'extérieur annonce la joie, se charge elle-même de vous exprimer sa naïve reconnaissance : « C'est un vrai miracle ! dit-elle, « j'étais dans une triste position pour le spirituel « et pour le temporel et, depuis que j'ai fait dire « une messe à Mont-Roland, que j'y suis venue en « pèlerinage, tout va mieux, tout a réussi au delà de « mes espérances, et la conduite de mon mari, qui « laissait à désirer, me rend heureuse maintenant. » — Celle qui la suit de près demeure à Mâcon. Elle est venue remercier Notre-Dame de deux guérisons et elle décrit elle-même la double infirmité dont la puissance de Notre-Dame a triomphé.

Mais conservons le style concis et les dates de notre pieux journal. Le 4 octobre de la même année, remercîments adressés à Notre-Dame pour un ménage où elle a mis la paix. La conduite du mari y avait mis le trouble. — Le 17, une personne délivrée d'une maladie que les médecins regardaient comme dangereuse vient en témoigner sa reconnaissance à Notre-Dame. — Le 18 une autre personne atteste qu'elle l'a préservée de bien des dangers; et un vieux soldat, âgé de plus de 80 ans, lui rend le même hommage. — Le 19, Notre-Dame reçoit encore des remercîments pour une grâce qu'elle a obtenue de son divin Fils. — Le 24, c'est une pauvre servante qui vient la remercier de lui avoir rendu la santé, qu'elle lui avait demandée. — Le mois d'octobre met encore sous nos yeux une guérison fort remarquable. Une jeune personne, condamnée par les médecins et par tous ceux qui l'approchaient, était, depuis quinze jours, à l'agonie. Une messe fut dite pour elle à Mont-Roland. Ce ne fut pas en vain; Notre-Dame lui rendit la santé.

Le 4 juillet 1851 nous apporte une nouvelle guérison que l'on attribue à Notre-Dame de Mont-Roland. — Le 14 nouveau témoignage rendu à sa bonté; c'est une guérison spirituelle, ou plutôt une résurrection qu'elle opère. Un pauvre pécheur, même à ses derniers moments, repoussait les secours de la religion. Plusieurs prêtres avaient fait auprès de lui d'inutiles démarches. Il se rendit enfin et cessa de lutter contre la divine miséricorde, lorsqu'on eut prié Notre-Dame de Mont-Roland et promis une messe en son honneur. — Il venait de lire la prière à Notre-Dame de Mont-Roland lorsqu'il a rendu le dernier soupir. — Vers la même époque, une des provinces de la compagnie de Jésus, celle de Turin, rend hommage à la bonté de Notre-Dame et lui offre un beau calice en reconnaissance de la protection qu'elle lui a accordée.

Sous la date du 9 juin 1853, se trouvent réunies plusieurs faveurs signalées. — Une personne de Sernanges, Jura, devait subir une cruelle opération, on devait lui couper un doigt. En ce péril elle vint se recommander à Notre-Dame de Mont-Roland. Huit jours après, elle revenait guérie. — Plusieurs autres personnes sont redevables à Notre-

Dame : la première de sa guérison ; la seconde de la consolation qu'elle est venue, de loin, chercher à ses pieds, plongée qu'elle était dans une grande affliction ; la troisième du secours qu'elle a reçu dans une position bien pénible. Estropiée d'une main, fort pauvre, sans ouvrage depuis quatre mois, mais d'une foi vive, elle vint plusieurs fois à Mont-Roland. Sa confiance a été exaucée ; elle commence à travailler. — Notre pieux chroniqueur nous fait remarquer en passant qu'une personne de plus de 80 ans est venue, de loin et à pied, visiter Notre-Dame. — Vers la même époque un jeune homme a fait une sainte mort. Il doit cette faveur à Notre-Dame de Mont-Roland. Sa mère et sa sœur sont venues la remercier d'une si grande grâce. — Une femme, malade depuis trois ans, perdit l'usage de la raison. Les associés de la confrérie de Notre-Dame de Mont-Roland prièrent pour elle et obtinrent sa guérison. Par reconnaissance cette protégée de Notre-Dame a voulu être reçue dans cette pieuse association. Nous trouvons une grâce semblable sous la date du 15 août, celle que nous venons d'avoir sous les yeux est du mois de septembre.

Le 4 octobre, une femme en travail d'enfant souffrait depuis 48 heures. Deux personnes accoururent à Mont-Roland et prièrent pour elle. La délivrance ne se fit pas attendre, et, six semaines après, l'heureuse délivrée apportait à Notre-Dame son nouveau-né, demandait qu'il fût béni à Mont-

Roland, et offrait un ex-voto. — La même date nous rappelle la joie d'une bonne mère. Son fils s'éloignait des sacrements. Elle pria Notre-Dame et obtint sa conversion. — Un prêtre condamné par tous les médecins, il y a environ deux ans; obligé d'avoir un vicaire à ses frais, pendant un an au moins; respirant souvent à peine, et tenu comme agonisant, est aujourd'hui guéri. Il est venu dire la messe à Mont-Roland et est convaincu qu'il doit sa guérison à Notre-Dame. Ah ! quel amour il lui a voué.

La série des faits de 1854 s'ouvre par quelques traits de protection qui n'ont pas de date précise. — Un homme allait périr dans la rivière de l'Ognon, il s'est recommandé à Notre-Dame de Mont-Roland et a été délivré. — Le succès d'un procès important, au dire de l'avocat, était bien douteux; mais on a prié Notre-Dame, on a dit une messe, fait une neuvaine, plusieurs communions, et le succès a couronné tant de prières. Elles ont été exaucées. — Le 17 mars de cette année nous apporte un nouveau témoignage rendu à la bonté de Notre-Dame. Une personne avait été bien des jours entre la vie et la mort, par suite de couches. Une messe fut dite pour elle à Mont-Roland. Elle attribue sa guérison à Notre-Dame. — Le 25 mai une personne fort âgée vient à pied témoigner à Notre-Dame toute sa reconnaissance. Elle atteste qu'elle lui doit la santé. Pendant sa maladie, on avait fait pour elle un pèlerinage à Mont-Roland. Elle vient elle-même rendre grâces de sa délivrance. Son fils l'accompagnait. Tous deux ils ont fait la communion. — Le 30 mai, un petit enfant est apporté à Mont-Roland par son père et sa mère. Ils veulent le consacrer à Notre-Dame. Cette pauvre mère, au moment des douleurs de l'enfantement, avait été, quarante heures durant, entre la vie et la mort, et les médecins allaient commettre une iniquité monstrueuse, faire mourir l'enfant pour sauver la mère. Il était au moins question de le faire, lorsque cette femme s'est recommandée à Notre-Dame de Mont-Roland. Elle ne l'eut pas plutôt invoquée, qu'elle fut délivrée. Cet enfant et sa mère sont pleins de vigueur et de santé. — Le 31 mai, une autre personne rend témoignage à la puissance de Notre-Dame, lui attribue sa guérison. — Le même jour nous signale la conversion de deux personnes que l'on avait recommandées à la Vierge si bonne et si miséricordieuse de Mont-Roland.

Le 4 juin, une enfant de dix ans environ est partie vers trois heures du matin et est venue de cinq lieues remercier Notre-Dame. Dans le cours d'une fièvre typhoïde, qui a duré deux mois, elle fut condamnée par les médecins; mais Notre-Dame, à qui elle a été vouée, ne l'a pas abandonnée. Trois personnes qui l'accompagnaient ont fait la communion. — 10 juin. Un enfant de dix à douze ans avait la tête en un si triste état que les vers y habitaient. Sa sœur l'a recommandé à Notre-Dame de Mont-Roland et est venue communier dans son petit sanctuaire. Sa prière a été exaucée. La guérison est presque complète, et la mère elle-même, après avoir parcouru avec cet enfant une distance de six lieues, est venue remercier Notre-Dame et la prier d'achever l'œuvre qu'elle a si bien commencée.

Le 1ᵉʳ juillet, une famille d'Arbois est venue entendre une messe d'action de grâces. Elle se reconnaît redevable à Notre-Dame de la vie d'un enfant que le ciel lui avait donné. Cette vierge si bonne le leur a conservé. — Un bon père de famille se croyait estropié. Une de ses jambes avait été froissée. Il a pu se traîner jusqu'à Mont-Roland. Il a prié... Son état s'est amélioré. Il est venu une seconde fois et le voilà entièrement guéri. Une fois déjà il avait dû son salut à Notre-Dame de Mont-Roland. Il se noyait dans le canal du Doubs; mais il a été sauvé, après s'être recommandé à Notre-Dame. — Le 18 une personne de Dôle est aussi venue la remercier de sa guérison. — Le 20, une mère est venue rendre grâces à Notre-Dame de ce que son fils, en Afrique, a été sauvé dans une circonstance où sa vie était fort exposée. Cette personne âgée de 84 ans a cependant fait à pied ce pieux pèlerinage.

Le mois d'août met sous nos yeux le témoignage qu'un vieux soldat rend à Notre-Dame. Jusqu'à l'âge de vingt ans il a habité Mont-Roland et la confiance que la vue de la sainte montagne et de ses pieuses ruines a nourrie dans son cœur l'a délivré, de plus d'un danger. — Dans une maladie qu'il fit à l'armée les médecins l'avaient abandonné. Il eut recours à celle qui avait protégé son enfance et fut guéri. Dernièrement il fit une chute et une voiture pesante passa sur sa tête. Elle devait être broyée ; mais il s'était recommandé à Notre-Dame et il n'eut que quelques dents cassées.

En septembre, un grand nombre de personnes se sont reconnues redevables à Notre-Dame d'avoir échappé aux ravages du choléra. L'une d'elles a été guérie en l'invoquant. Une famille entière est venue de quatorze lieues pour la remercier. Ces faits suffisent : il ne sera plus fait mention désormais des pieux pèlerinages que le fléau de 1854 a motivés. — Le 24 du même mois nous apporte un de ces témoignages auxquels la franchise militaire donne tant de charmes. Un gendarme de Dôle devait subir l'amputation d'une jambe cassée pour la seconde fois. Il se refuse à cette opération, aimant mieux mourir. Pour ne pas le contrister, quoique l'on n'ait aucune espérance d'arrêter le sang qui coule de sa blessure, on se contente de la lier étroitement dans une grande quantité de charpie. Le sang cesse de couler. Cinq jours après deux docteurs viennent visiter notre malade. L'appareil dont on s'était servi est levé, « il tombe, et, avec lui, « dit le gendarme, tombe le mal : » la jambe est guérie. Les docteurs sont étonnés. « Je me suis « adressé, réplique le gendarme, à un meilleur « médecin ; je me suis recommandé à Notre-Dame

« de Mont-Roland, lui promettant d'aller la visiter
« aussitôt que je le pourrai. » Il est venu avec sa
femme. Toute la caserne, où se trouvent les chefs, a
été témoin de cette prompte guérison. — Un jeune
homme de bonne famille se voyait à l'extrémité.
Il s'est voué à la sainte Vierge, promettant, pour
rétablir son sanctuaire, une somme de trois cents
francs. Il a été guéri et a accompli sa promesse.

Le 2 novembre, une mère de famille a parcouru
une distance de six lieues pour remercier Notre-
Dame d'avoir conservé la vie à son enfant qui était
dans un état désespéré.

C'est l'humble, le petit sanctuaire de 1843 qui a
reçu tant de témoignages rendus à la puissance de
Notre-Dame et qui en a reçu bien d'autres que l'on
n'a pas recueillis, ou que cette histoire ne men-
tionne pas ; mais un de ses plus beaux trophées,
c'est la conversion d'une personne éloignée de
Dieu depuis trente ans. C'est dans ce petit sanctuaire qu'elle a été opérée. Qu'elle soit comme
l'indice de beaucoup de grâces du même genre
qu'il est impossible de rapporter.

O modeste abri de la Vierge si bonne, si miséricordieuse, sois donc béni. Si un sanctuaire plus
beau est dû à Notre-Dame la splendeur dont elle a
bien voulu te parer ne saurait être oubliée !

CHAPITRE XXIX

NOTRE-DAME DE MONT-ROLAND EN 1854. — ELLE DÉLIVRE SA VILLE BIEN-AIMÉE DU FLÉAU QUI LA DÉCIMAIT.

Lorsque Jeanne d'Arc vint délivrer Orléans, lorsqu'elle mit le pied sur ce sol affligé, quelle joie dut saisir ses habitants si longtemps éprouvés. Comme ils durent bénir leur libératrice !

Ah ! sans doute les anges leur ont fait pressentir leur délivrance et les cœurs enivrés d'espoir,

> De tous les maux passés n'ont plus de souvenir,
> Heureux celui qui peut toucher sa main bénie,
> Ou du son de sa voix entendre l'harmonie !
> Heureux celui qui peut baiser ses vêtements,
> Ou de son destrier suivre les mouvements,
> La voir plus d'une fois, et la revoir encore (1) !

Selon la pensée d'un ancien auteur, ils tressaillaient de bonheur, comme s'ils avaient vu Dieu lui-même venir à leur secours. » Ils se sentaient « déjà tout reconfortés, et comme désassiégés, par « la vertu divine qu'on leur avait dit être en « cette simple fille qu'ils regardaient moult affec- « tueusement. »

O bonne Dame de Mont-Roland, Vierge si douce et si miséricordieuse, tel fut le saint transport de votre ville bien-aimée, lorsque vous vîntes la visiter en ses angoisses et y mettre un terme. Vous aviez toujours veillé sur elle du haut de votre sainte

---

(1) Alexandre Guillemin.

montagne. Vous ne pouviez pas l'abandonner, lorsqu'elle était accablée sous le poids d'une indicible calamité, et, dans l'espèce d'exil qui vous était imposé, vous deviez rompre en quelque sorte vos liens et venir à son secours.

Le choléra la décimait...

Monseigneur Mabile fut comme l'instrument dont Notre-Dame se servit pour accomplir le dessein qu'elle avait formé de visiter, de délivrer son peuple.

« A la première nouvelle de l'invasion du fléau (1) il avait adressé une circulaire au clergé de son diocèse, afin d'ordonner des prières publiques. Mais sa grandeur ne devait pas se contenter de prier de loin pour *sa bonne ville de Dôle;* Elle voulait, par sa présence, la consoler et relever son courage. La population l'avait parfaitement compris, elle pensait bien que celui qui, dans les années précédentes, venait donner à ses fêtes un éclat inaccoutumé, viendrait encore partager ses peines, essuyer ses larmes, en bravant tout danger. Elle l'attendait avec anxiété et impatience.

« Mardi, 8 août, Monseigneur est arrivé à Dôle, accompagné de ses vicaires-généraux et du supérieur de la mission. Il est difficile de croire tout ce que, dans d'aussi pénibles circonstances, la pré-

(1) Tout le monde sait quels ravages le choléra fit à cette époque.

sence d'un Evêque apporte de force, de courage et de consolation.

« Le lendemain, mercredi, par les soins de Sa Grandeur, l'antique et miraculeuse image de Notre-Dame quittait le village, où, depuis la révolution, elle a reçu asile ; accompagnée des habitants, qui, à juste titre, la regardent comme leur protection contre les fléaux, elle traversait le village d'Authume, bénissait cette population éprouvée aussi par l'épidémie et arrivait à 5 heures du soir à l'entrée de la ville de Dôle, où Monseigneur, accompagné de tout le clergé de la ville et des prêtres des environs, la recevait solennellement au milieu d'une foule innombrable. A l'exception des émigrés, des malades et des personnes occupées à les soigner, la population entière était présente. Nos premiers magistrats, dont le dévouement pendant les mauvais jours est au-dessus de tout éloge, les officiers de la garnison, qui viennent avec tant de zèle, donner de l'éclat à nos cérémonies religieuses, ne pouvaient y manquer.

« La procession se mit en marche, traversa les rues de la ville et rentra dans l'église cathédrale, dont les nefs furent remplies comme au jour des plus grandes solennités. On comprend la foi, les sentiments de piété dont cette immense multitude était pénétrée ; on comprend les larmes qui coulaient de bien des yeux au moment de l'arrivée de la Vierge miraculeuse et à jamais bénie ; on comprend l'émotion, le recueillement de la foule attentive, lorsqu'au milieu de cette église, de cette chaire où plusieurs fois déjà il avait fait entendre sa voix paternelle et éloquente, Monseigneur adressait ces paroles qui doivent laisser de si profondes impressions dans tous les cœurs.

« Jésus-Christ s'étant approché de Jérusalem regarda la ville et il pleura sur elle. Comment, N. T.-C. F, comment Nous, votre premier Pasteur, pourrions-nous regarder cette ville et ne pas verser des larmes ! Le fléau qui vous a jetés soudainement dans une affliction si vive et si profonde nous donne des regrets et des douleurs que nous ne saurions exprimer. Oui, vous êtes nos enfants, nous devons vous aimer; nous devons nous sacrifier pour vous; par conséquent vos peines sont nos peines, vos souffrances sont nos souffrances, vos larmes sont nos larmes, et, sachez le-bien, ce que nous éprouvons dans notre âme, ce n'est pas seulement l'affliction d'une famille désolée, mais l'affliction qui pèse sur toutes les familles atteintes et frappées par le mal dont il s'agit.

« Les larmes que répandait Jésus-Christ, à la vue de Jérusalem, n'étaient accompagnées d'aucune consolation ; mais, N. T.-C. F, hâtons-nous de le dire, les larmes que nous mêlons aux vôtres portent avec elles de grandes consolations, et ces consolations, nous voulons les verser dans vos cœurs, afin de relever votre courage et de ranimer votre confiance.

« 1° Tous ceux d'entre vous qui ont succombé,

nous le savons, ont reçu les secours de la religion ; ils sont morts dans les sentiments de la foi, du repentir, de la résignation. Eh' bien ! ils sont sauvés ; oui, ils sont sauvés. Ils ont quitté cette vallée de larmes, ils sont entrés dans la terre des vivants ; familles affligées, familles désolées, essuyez vos larmes ; vous avez dans le ciel de nouveaux protecteurs : que cette pensée est douce, est consolante !

« 2° En voyant la mort frapper à vos côtés, dans tous les rangs, vous êtes rentrés en vous-mêmes, vous avez médité la grande pensée de l'éternité, et cette pensée, qui a produit tant de merveilles dans le monde, en produira parmi vous, n'en doutons pas. Plusieurs devront leur salut à cette circonstance, terrible, il est vrai, selon la nature, mais souverainement avantageuse au point de vue de la foi.

« 3° La charité de Jésus-Christ se réchauffera parmi vous. Elle embrassera dans son amour tous ceux qui auront besoin, tous les pauvres, surtout les enfants privés de leur père et de leur mère ; elle en fera une famille extrêmement intéressante. Ceux qui ont jugé à propos de se retirer de la ville au moment du danger, comprendront au moins qu'ils doivent donner, et donner beaucoup en cette circonstance.

« 4° Et cette image que vous venez de porter en triomphe, que vous dit-elle ? Marie, notre bonne mère, ne peut-elle pas faire pour vous ce qu'elle a fait pour tant d'autres ? Oui, dès ce moment je la vois prosternée aux pieds de son divin Fils, lui disant : *C'est assez, c'est assez de victimes ; épargnez cette ville qui vous est si dévouée, cette ville où il y a tant d'âmes pieuses et tant de zèle pour la religion.*

« Or, Dieu pourrait-il résister à ce que lui demande si instamment la mère de Jésus-Christ ?

« 5° Cette épreuve terrible que vous traversez, a mis en évidence des qualités, des vertus que l'on ne connaissait pas assez peut-être. Les exemples donnés par vos premiers magistrats, par les médecins, par tous les hommes bourgeois et militaires qui les ont si bien secondés, ont quelque chose de ce qu'on appelle héroïsme. Ces exemples seront, pour leurs auteurs et pour leur postérité, une bénédiction, une gloire, un héritage, qui vaudront mieux que les biens de ce monde. Ces hommes, je ne les nomme pas; tous, vous avez leurs noms sur les lèvres et dans le cœur.

« Pour nous, N. T.-C. F, et quand je dis nous, je ne dis pas notre individualité, je représente ici le clergé : je parle au nom de ce vénéré pasteur qui a fait tant de bien parmi vous, et qui aurait voulu se sacrifier pour vous sauver, je parle de ces dignes coopérateurs et des prêtres qui sont venus partager leurs fatigues et braver le danger; je parle de ces religieux si connus, de ces religieuses qui passent avec plaisir les jours et les nuits au chevet du moribond; je parle de toutes ces personnes pieuses qui se sont dévouées avec tant de générosité ; oui, quoi qu'il arrive, avec la grâce nous resterons à la hauteur de nos devoirs. « Dieu « aura pitié de nous ; Dieu nous exaucera, et nous « aurons tous à le louer et à le bénir dans les sen- « timents de l'amour et de la reconnaissance. »

« Il était 7 heures, et chacun se retirait avec plus de force, plus de courage, avec une confiance particulière que la religion seule sait donner. Il semblait vraiment que bientôt nous serions délivrés du fléau. Et il faut le dire, pour la première fois, depuis trois semaines, aucun prêtre n'a été appelé pour administrer les sacrements aux malades.

« Pendant la journée du jeudi, Monseigneur a visité l'asile des aliénés, où l'épidémie s'est déclarée assez vivement, puis un grand nombre de malades dans sa ville.

« La veille déjà, Sa Grandeur, accompagnée de M. le sous-préfet, de M. le maire et de M. Chipon, membre de la commission des hospices, avait porté des consolations à l'hôpital et à l'ambulance de la garnison. Monseigneur a parcouru les paroisses voisines où le fléau sévit encore : Champvans, Sampans et Authume, et tous ces pauvres malades, consolés et surtout animés, par là, d'une nouvelle force et d'un plus grand courage, revenus à la santé, conserveront longtemps le souvenir de sa paternelle bonté.

« En même temps, l'image miraculeuse, exposée dans l'église cathédrale, ne cessa de recevoir les hommages de la population ; et les malades qui ne pouvaient la visiter, comprenant qu'on priait sans interruption pour eux, se sentaient soulagés.

« Le soir encore, à 8 heures, le son de toutes les cloches appelait la population à l'église, et chacun y arrivait, un cierge à la main. Au milieu de tous ces flambeaux allumés, au chant du psaume *miserere*, les prêtres portèrent en procession l'Image miraculeuse, dans l'intérieur de l'église ; Monseigneur monta en chaire et adressa, au nom de toute la paroisse, une touchante prière à Marie pour obtenir la cessation du fléau. (1) »

Tant de prières pouvaient-elles être sans résultat ? Une confiance si vive, lorsque tout un peuple, lorsqu'une population si chère à Notre-Dame la manifestait si hautement, pouvait-elle être trompée ? Non !

Le fléau diminua d'intensité d'une manière subite, et Notre-Dame eut bientôt délivré sa ville bien-aimée.

Au mois de décembre, Monseigneur lui offrait une robe précieuse en témoignage de sa reconnaissance et de celle de la ville de Dôle.

(1) M. Sylvestre du Perron.

CHAPITRE XXX

NOTRE-DAME DE MONT-ROLAND DE 1854 A 1858. — NOUVEAUX TÉMOIGNAGES RENDUS A SA BONTÉ.

Nous allons reprendre le pieux mémoire de Mont-Roland, le journal des faveurs de Notre-Dame, des prières qu'elles a exaucées.

Février 1855. Un enfant perdait la vue. Sa mère commence une neuvaine en l'honneur de Notre-Dame de Mont-Roland et la maladie diminue d'intensité ; mais la pauvre mère oublia la neuvaine commencée et la maladie reprit son cours. Cette neuvaine fut enfin achevée et la guérison obtenue. — La même année nous apporte plusieurs autres guérisons obtenues par l'intercession de Notre-Dame et en particulier celle d'une dame abandonnée des médecins. — Nous voyons dans ces précieuses annales que le recours à Notre-Dame est continuel et persévérant, que l'on vient quelquefois de loin pour la remercier. La bénédiction même temporelle s'attache à ceux qui ont pour elle une véritable tendresse ; mais il est impossible d'entrer dans tous les détails. Les guérisons qui lui sont attribuées par les fidèles qui l'ont invoquée sont si nombreuses qu'il n'en sera plus fait mention désormais, à moins que quelque circonstance particulière ne vienne piquer notre pieuse curiosité.

Le 27 mais 1856, une mère se reconnaît redevable

à Notre-Dame de sa délivrance au milieu des douleurs de l'enfantement, d'une multitude de grâces, et en particulier de la joie qu'elle a de voir son mari s'approcher des sacrements. — Le même jour nous apporte le souvenir d'un trait de protection qui remonte au moins à 1778. Une personne, qui a vécu jusqu'à l'âge de 84 ans, tomba dans un puits, lorsqu'elle n'avait que trois ans. Quoique fort jeune, elle invoqua Notre-Dame de Mont-Roland et fut retenue par des buissons qui avaient crû dans l'intérieur de ce puits. Ce fait sans doute n'est pas miraculeux ; mais qui pourrait ne pas y reconnaître au moins une prière exaucée ?

Le 18 avril nous signale une grande constance dans la prière, une guérison qui n'a été obtenue qu'à la troisième neuvaine. Cette troisième neuvaine fut faite en l'honneur de Notre-Dame de Mont-Roland. — A la même époque deux couronnes précieuses ont été envoyées de Paris, en reconnaissance d'une faveur obtenue de Notre-Dame.

Nous sommes arrivés au mois de mai. Vous le savez, cher lecteur, il est consacré à Marie, et le nom seul de ce beau mois réjouit votre piété si tendre. Pour ajouter à notre commune joie, cherchons ensemble quelque nouvelle preuve de la bonté de Notre-Dame de Mont-Roland.

Venez et voyez cette bonne servante. Avec quelle ferveur elle prie Notre-Dame. La tristesse a rempli son âme et elle conjure celle qu'on n'implore jamais en vain de soulager sa peine. Mais quelle

peut être la cause de son affliction ? Est-ce pour elle-même qu'elle est inquiète ? Oh ! non. Séparée de sa famille, elle accepte sa position et s'abandonne entre les bras de la Providence. « Elle a
« reçu peut-être, dites-vous, quelque nouvelle fâ-
« cheuse ; son père ou sa mère sont peut-être dans
« la détresse, ou quelque maladie grave l'expose à
« les perdre. » Il n'en est pas ainsi ; mais la religion lui a fait en quelque sorte une nouvelle famille et c'est de ce côté que lui vient l'amertume dans laquelle elle est plongée. Formé par la piété, un bon serviteur prend à cœur tous les intérêts d'une maison qui l'a en quelque sorte adopté, et cette bonne servante se préoccupe des intérêts éternels du maître qu'elle sert. Déjà il incline vers la tombe et depuis quarante-cinq ans il est éloigné des sacrements. Elle demande avec instance sa conversion. Notre-Dame pouvait-elle ne pas l'exaucer ? Elle a accueilli une prière si touchante et a triomphé des résistances de ce pauvre pécheur. La vie de ce bon vieillard est maintenant tout à fait exemplaire. — Le pieux mémoire de Mont-Roland a bien fait de nous conserver un trait si édifiant. Il l'a placé sous la date du 5 mai.

Sous celle du 31 mai nous trouvons une faveur qui ne méritait pas moins d'être constatée avec soin. Qu'une maison est à plaindre lorsqu'elle est divisée ! Une famille, dont il est inutile de dire le nom, connaissait toutes les angoisses de ces déchirements intérieurs, auxquels il est si difficile de mettre fin. Une personne de cette famille entreprend d'obtenir de Notre-Dame la cessation d'une si grande peine. Elle fait une neuvaine en son honneur. La neuvaine se termine sans résultat ; mais l'espérance ne s'est pas affaiblie en son cœur. Elle commence une nouvelle neuvaine, et Notre-Dame veut éprouver encore sa confiance. Enfin une troisième neuvaine est accompagnée d'un plein succès : une réconciliation vivement désirée s'est opérée.

Le 3 juin, continue notre pieux chroniqueur, on est venu de quatre ou cinq lieues, remercier Notre-Dame de beaucoup de grâces obtenues par son intercession.

Le 1er juillet une offrande est envoyée de Lyon. Cette offrande est un témoignage de reconnaissance. Elle nous rappelle l'inondation que cette ville eut à subir à cette époque et atteste une délivrance attribuée à Notre-Dame. — Le 6 juillet les filles et les femmes de Sampans sont venues en pèlerinage à Mont-Roland et ont offert à Notre-Dame un beau cierge, une belle couronne. Cette pieuse démarche ne devait pas être sans fruit. Elle valut à ce village une protection toute spéciale. Il fut préservé d'une manière toute providentielle des ravages d'un incendie qui suivit de près ce dévot pèlerinage et pouvait avoir les conséquences les plus désastreuses. Notre-Dame qui fut invoquée au moment du danger accourut au secours de ses fidèles serviteurs. Une maison surtout fut sauvée comme par miracle : c'était celle d'une veuve, qui, à Mont-Roland, avait prononcé, au nom de ses compagnes, un acte de consécration à Notre-Dame. — Le 25 juillet nous signale une protection du même genre. Une famille de Monnières en a été l'objet.

Le 8 septembre, une femme de Bourgogne est venue rendre hommage à la bonté de Notre-Dame. Depuis deux ans, elle avait l'œil gauche comme perdu. Pour elle, comme pour l'hémorroïsse de l'Évangile, les médecins avaient fait de vains efforts. Ils lui avaient causé beaucoup de souffrances sans résultats. Elle s'est enfin adressée à Notre-Dame et sa prière a été exaucée. — Approchons maintenant de cet enfant encore au berceau. On l'apporte à Mont-Roland. Les parents habitent Sampans. Ah ! quel spectacle ! il est couvert de boutons noirs et tellement malade que l'on craint pour sa vie. Suivons-le jusqu'aux pieds de Notre-Dame. De quelle tendresse cette vierge si bonne l'a entouré ! Il a été guéri presque sur-le-champ. — A ce bienfait vient s'ajouter une nouvelle faveur. La mère de cet enfant était dans la peine. On lui niait une somme considérable qu'elle avait donnée. Elle a eu recours à Notre-Dame, et on a avoué qu'en effet cette somme avait été donnée.

Transportons-nous maintenant à Authume. Ce père de famille que vous apercevez va éprouver les heureux effets de la bonté de Notre-Dame. Il a perdu la vue. Son épouse l'engage à venir à Mont-Roland; mais, lorsqu'on n'y voit pas, un voyage n'est pas fort agréable. Il fait quelques difficultés. Enfin il se décide à faire avec sa charitable compagne ce pieux pèlerinage. En chemin il commence à voir un peu. Arrivé à la chapelle, il ne voit plus rien. En s'en retournant il recouvre la vue. — Cet homme vit encore (25 janvier 1860) et sa guérison ne peut être révoquée en doute. Il a perdu sa vertueuse épouse. C'est à la foi de cette bonne personne, à sa constance, à son amour pour Notre-Dame qu'il doit la faveur qu'il a reçue. Pendant environ deux ans, elle a prié pour lui. Lorsqu'elle l'a déterminé à gravir la sainte montagne, elle l'avait déjà fait elle-même bien souvent. Qui dira le nombre de petits cierges qu'elle a fait brûler devant l'autel de Notre-Dame de Mont-Roland ? Qui pourrait, dans un fait aussi touchant, ne pas reconnaître au moins une prière exaucée ?

Nous sommes au 10 septembre. Cette voiture que vous voyez vient de Saint-Jean de Losne et amène plusieurs pèlerins. L'un d'eux se fait remarquer par une expression de joie qu'il est difficile de dépeindre. Il est instruit, et cependant naguère encore il était entièrement incrédule. Maintenant il est aussi fervent qu'il était impie. Il est admirable par sa franchise à raconter ce qu'il était et à parler de son bonheur présent. A qui doit-il ce bonheur ? Ah ! vous le comprenez sans doute. On l'a recommandé à Notre-Dame. On lui a demandé sa conversion et il vient lui-même la remercier.

Tous les témoins qui nous ont parlé de la puissance de Notre-Dame de Mont-Roland sont bien dignes de foi. Cependant certains témoins semblent captiver notre confiance d'une façon toute particulière. Celui que vous venez de voir à la sainte table est de ce nombre. C'est un médecin de Besançon. Ne pouvant ignorer que son épouse en couches était en grand danger, sans trop connaître Notre-Dame de Mont-Roland et sans savoir où était son sanctuaire, il s'est recommandé à elle et a été exaucé. Pour la remercier, il est venu la visiter, s'est confessé et a laissé une riche offrande.

Le 5 octobre, trois personnes ont demandé une messe d'action de grâces. Dans le cours d'un voyage, la voiture qui les portait a été renversée. Elles se sont écriées : *Notre-Dame de Mont-Roland, sauvez-nous !* et n'ont eu aucun mal.

La guerre de Crimée a donné lieu, de la part des familles qui avaient leurs fils à l'armée et de la part de nos braves soldats eux-mêmes, à des marques de confiance et de reconnaissance que nous ne suivrons pas dans leurs détails. Un seul fait nous suffira. Il est du 21 de ce mois. Ce jour-là Mont-Roland a vu un de ces braves qu'une guerre si pénible a endurcis aux fatigues. Se croyant redevable de la vie à Notre-Dame de Mont-Roland, il a profité de son congé pour venir la remercier. Son langage simple et énergique va nous exprimer sa reconnaissance. « J'ai toujours été exposé, « disait-il ; mais une fois surtout les projectiles « tombaient comme la grêle. Je ne pouvais échap-

« per que par miracle. Je me croyais perdu ; j'ai
« invoqué Notre-Dame. »

L'année 1857 sera-t-elle moins riche que celle qui la précède ? Vous ne le pensez pas sans doute ; mais vous comprenez sans peine, cher lecteur, que nous serons obligés de nous borner. Le premier fait qui se présente est du mois de février. Un malade condamné par deux médecins avait été administré. Le médecin, qui le visitait habituellement, avait déjà dit à son épouse de passer dans la chambre voisine, pour ne pas le voir expirer ; mais dans ce péril on eut recours à Notre-Dame de Mont-Roland, une messe fut promise, et le malade se trouva bientôt hors de danger.

Avec quelle confiance on s'adresse à Notre-Dame, soit pour trouver quelque position convenable, soit pour éviter la conscription ; pour obtenir quelques secours pécuniaires absolument nécessaires, ou retrouver la paix dans de grands troubles de conscience ; tantôt pour sortir d'embarras multipliés et fort pénibles, tantôt pour obtenir de la pluie en un temps de sécheresse ! et avec quelle bonté Notre-Dame exauce des prières faites avec tant de simplicité ! Cette année nous fournit plusieurs exemples de cette nature ; mais il faut savoir se restreindre. Nous laissons déjà, comme nous en sommes convenus, une multitude de guérisons obtenues par l'intercession de Notre-Dame. Elles sont trop nombreuses et la ressemblance qui existe nécessairement entre des faits du même genre donnerait un peu de monotonie à ce résumé ; nous pouvons bien dire toutefois que c'est à regret que nous les omettons et que la protection de la Vierge de Mont-Roland est visible dans un grand nombre de traits que nous passons sous silence.

Le mois d'août apporte à la pieuse image de Notre-Dame une nouvelle parure. C'est un beau collier. Ce présent est un monument de reconnaissance. Une pauvre personne était bien éloignée de Dieu et bien exposée à mourir dans l'impénitence ; mais Notre-Dame lui a obtenu la grâce insigne d'une sainte mort, et cet ornement qui lui a été offert est destiné à rappeler même aux plus grands pécheurs qu'ils ne doivent pas s'abandonner au désespoir, mais recourir à la Vierge si bonne de Mont-Roland.

Le mois de septembre met sous nos yeux une grâce d'un autre genre. Une femme en couches était réduite à l'extrémité. Une fièvre typhoïde s'était jointe aux premières douleurs. Elle allait mourir et faisait déjà ses adieux à ses proches. Toutefois espérons encore. En ce moment on dit pour elle une messe à Mont-Roland. Une crise qui semblait devoir emporter cette pauvre malade survient et le mieux se déclare. Le médecin avait dit que, si elle revenait de cette maladie, quatre mois de soins seraient nécessaires avant qu'elle cessât d'être alitée. Après quelques jours seulement, elle a pu se mettre à table avec les autres personnes de la maison.

Parcourons encore quelques dates.

Octobre 1857. Une jeune personne était dans une peine extrême. Son père devait passer aux assises. Elle a fait dire une messe à Mont-Roland, offert un cierge, fait une neuvaine, communié, et la calomnie a été découverte. Son pauvre père était au désespoir ; Notre-Dame lui a en quelque sorte rendu la vie. — Un vieillard, pécheur endurci, allait mourir. Personne n'osait lui parler de confession. Une servante pieuse, d'un village voisin, le connaissait un peu. Envoyée par sa maîtresse, elle est allée le voir et l'a prié de recevoir une médaille de Notre-Dame de Mont-Roland. Ce grand pécheur l'a acceptée... Il a été changé, a demandé M. le curé, et a fait une sainte mort.

Lorsque quelque personne vient remercier Notre-Dame de quelque grâce qu'elle a reçue, notre précieux journal a soin de nous en avertir. Il le fait quelquefois sans nous donner les détails que nous pourrions désirer. Lorsque ces détails manquent, ce résumé ne fait pas toujours mention de ces pieux pèlerinages. Il doit nous suffire de connaître une fois pour toutes ce mouvement si général, cet élan de reconnaissance qui conduit à Mont-Roland un si grand nombre de personnes.

Avril 1858. On a célébré le saint sacrifice de la messe pour un homme malade de la pierre. Les médecins le délaissaient et il souffrait depuis trois mois. Le jour où l'on a dit la sainte messe il s'est trouvé comme guéri. — Mai 1858. Une neuvaine a

été faite pour un enfant de huit ans. Sa maladie était fort grave. Le scorbut et la gangrène dans les deux jambes ôtaient tout espoir au médecin et à ses parents. Ils le regardaient comme perdu. Le jour où les enfants de sa classe commencèrent une neuvaine en l'honneur de Notre-Dame de Mont-Roland il commença à aller mieux. Il est venu lui-même avec ses condisciples remercier Notre-Dame.
— Le 30 juin, une chaîne d'or a été offerte à Notre-Dame. Monument muet de ses inappréciables faveurs, elle nous dit assez que nous n'en connaissons qu'une bien faible partie.

CHAPITRE XXXI

NOTRE-DAME DE MONT-ROLAND EN 1858. — INAUGURATION DE SA STATUE SUR LE FRONTON DU NOUVEAU SANCTUAIRE.

Après avoir jeté un regard bien rapide sur tant de faveurs obtenues de Notre-Dame, et sur la délivrance de sa ville bien-aimée, en 1854, nous comprenons sans peine que la reconnaissance publique devait accueillir tout le soin que l'on prenait de l'honorer sur sa sainte montagne. La joie fut grande lorsqu'on vit sa statue s'élever sur le fronton de son nouveau et splendide sanctuaire.

Ce fut en 1858, la veille du mois de mai, qu'eut lieu l'inauguration et la consécration de cette statue haute de six à sept pieds.

Les Dames de la Sainte Enfance avaient déployé, pour donner de l'éclat à la fête, toutes les ressources d'un esprit inventif et d'un goût délicat. Des banderoles et des oriflammes flottaient sur tous les clochetons de l'église. — Le respectable curé de la ville, M. de Vaulchier, à la tête de sa paroisse rangée en longuefile de procession, voulut bien venir lui-même présider à la cérémonie et bénir la statue de Notre-Dame. — La sainte montagne était couverte ce jour-là d'une foule pieuse accourue des environs, de Bourgogne et de Frange-Comté, pour assister au triomphe de Marie. Il était beau de voir un si grand nombre de pèlerins recueillis adresser à la Vierge de Mont-Roland leurs ferventes prières et leurs pieux cantiques. — Une voix chaleureuse et sympathique redit à cette foule avide de l'entendre les louanges de Marie, les cris de *Vive Notre-Dame de Mont-Roland !* retentirent ensuite sur la montagne, et les échos voisins se chargèrent de les répéter, de porter au loin l'expression de la plus douce comme de la plus sainte joie.

Au moment de l'inauguration de la statue de la Vierge de Mont-Roland, un fait bien digne d'attention se passait sur la sainte montagne. L'hémorroïsse de l'Évangile, perdue dans la foule, touchait en secret le vêtement du Sauveur et était guérie. A Mont-Roland une pauvre infirme touchait le cœur de Notre-Dame. — Une demoiselle de Besançon tourmentée depuis deux ans de cruels maux d'entrailles, et n'osant par pudeur en parler au médecin, se trouvait au milieu de la foule heureuse de témoigner à la Vierge toute sa tendresse. Les douleurs de cette personne avaient redoublé lorsqu'elle avait dû gravir la sainte colline. Accablée de fatigue et de souffrances, elle demanda sa guérison à Notre-Dame. Au moment où sa statue fut découverte, où le voile qui la couvrit fut enlevé, le voile de tristesse qui s'était répandu sur le cœur si pur de cette personne affligée fut déchiré ; elle dit à sa mère : « *Je suis guérie !* » Elle aurait bien éclaté en cris de joie, si elle eût osé. Depuis elle n'a plus ressenti son ancienne infirmité. — En descendant la montagne, elle se sépara de sa mère et de ses amies pour dire son chapelet en action de grâces.

Empruntons encore quelques faits au journal de Notre-Dame. — Le 26 juillet 1858, un médecin de Dôle est venu à Mont-Roland remercier Notre-Dame de la guérison de son enfant dangereusement malade. Il a eu le bonheur d'y communier. — Une communauté avait promis un pèlerinage à Mont-Roland pour la guérison d'une sœur malade. C'est le 25 du mois d'août que ce pèlerinage a eu lieu et celle qui avait été l'objet de tant de sollicitude est venue elle-même.

Un enfant était dans un état désespéré. Quelques personnes se mirent à genoux près du lit de ce jeune malade et adressèrent à Notre-Dame de Mont-Roland une prière fort courte. Cette prière fut exaucée presque subitement. Une heure après au plus, cet enfant était debout et paraissait avoir autant de vigueur et de santé qu'auparavant.

La guerre d'Italie a renouvelé, en 1858, le mouvement de confiance que celle de Crimée avait déjà excité, en 1856. Un capitaine a échappé à la mort comme par miracle, et, pour reconnaître un si grand bienfait, on a demandé à Mont-Roland une messe d'action de grâces. Ce fait nous tiendra lieu de tous les autres faits du même genre.

Rien de beau, dans notre pieux journal, comme la reconnaissance que l'on vient témoigner à Notre-Dame après des accidents qui pouvaient avoir les plus fâcheuses conséquences. La simplicité, la confiance, la joie d'avoir été préservé, se dépeignent avec une naïveté ravissante.

CHAPITRE XXXII

NOTRE-DAME DE MONT-ROLAND EN 1859.

Le ciel est dans la joie ... La cour céleste se presse autour du trône de Notre-Dame et la félicite. — Sur la terre l'ange de l'église de Saint-Claude, l'évêque de ce diocèse, se prépare à un jour de fête. En ce lieu d'exil et de pénitence, c'est par le jeûne et la prière que cette préparation s'accomplit. — A Dôle, les dames pieuses de la ville mettent la dernière main aux ingénieuses et élégantes décorations dont elles vont parer la sainte montagne. Les jeunes et brillants élèves du collége des jésuites achèvent les pièces de vers, les beaux discours qui donneront des charmes à la journée du lendemain.

Une nuit se passe dans la plus sainte impatience, et, dès que les clartés du matin ont donné le signal de la commune allégresse, des groupes nombreux sortent de la ville et des environs, s'échelonnent sur la sainte colline que l'on gravit sans peine ; parce que la plus douce satisfaction est dans tous les cœurs. Des familles entières se sont mises en marche, emportent les provisions de toute la journée, et rappellent ces anciens pèlerinages que l'on exécutait au prix de plusieurs jours de marche. Des prêtres, de vertueux ecclésiastiques accourent de toutes parts. On en compte jusqu'à cent soixante. Bientôt la foule est immense. Quatre ou cinq mille personnes se trouvent réunies, et les vieux tilleuls de Mont-Roland ne pourront plus leur donner un abri contre les ardeurs d'un soleil du mois d'août. Mais qui se préoccupe d'un si léger désagrément ? Une seule pensée remplit les esprits.

Un sanctuaire brillant de jeunesse et de beauté a succédé aux ruines de celui de 1719, il offre aux regards attendris l'image de Notre-Dame, mais il n'a pas encore été consacré. Ses murs, ses colonnades si bien travaillées n'ont pas encore tressailli, à l'heure de la célébration des saints mystères, en la présence du corps adorable de Jésus, de la sainte Eucharistie. Svelte et gracieux, il jette au ciel ses clochetons et semble s'unir d'avance à l'offrande du saint sacrifice ; mais la victime d'un prix infini n'a pas été offerte en son enceinte. Son autel si monumental n'a pas été en quelque sorte arrosé du sang du Fils de Dieu. Il faut qu'il soit sanctifié, avant de prêter son concours au pontife qui le premier doit y célébrer les saints mystères, et tous sont dans l'attente de la consécration de ce sanctuaire et de ce nouvel autel. — Le jour est bien choisi : c'est le 2 août. La chapelle de la Portioncule, si chère à Notre-Dame et à saint François d'Assise, est en fête et elle doit communiquer à celle de Mont-Roland son insigne privilége.

Partout flottent les étendards de Marie. Des inscriptions aux lettres de mille couleurs et de mille formes habilement disposées captivent les regards et élèvent l'âme. Des oriflammes aux couleurs de Notre-Dame portent en caractères d'or les prières des litanies de la Vierge. Une tente gracieuse destinée à recevoir un nombreux clergé indique assez que le pontife ne doit entrer dans le nouveau temple que pour le consacrer et qu'il n'y pénétrera que lorsqu'il en aura sanctifié l'enceinte extérieure.

Tout est prêt. Cependant un de ces préparatifs qui semblent faire toujours défaut au dernier moment avait causé quelque anxiété. Au sein de la ville bien-aimée de Notre-Dame de Fourvière on avait préparé à grands frais un manteau d'honneur dont Notre-Dame de Mont-Roland devait être revêtue ; des médailles avaient été frappées et devaient rappeler un jour de bonheur. Tous ces objets si précieux aux yeux de la piété et si impatiemment attendus manquaient. Un respectable vieillard, enfant de Dôle, prêtre de la compagnie de Jésus, les apporta de Lyon, où il se trouvait ; et, depuis, comme s'il avait eu assez de bonheur en ce jour, il a rendu à son créateur son âme si belle.

Enfin le pontife paraît. Déjà il a béni l'eau qu'il doit répandre sur les murs extérieurs de la chapelle. Suivi du clergé, il en fait trois fois le tour, et, se servant d'un faisceau d'hysope, il l'asperge avec l'eau qu'il vient de bénir. Un diacre seul est à l'intérieur. Arrivé devant la porte le pontife en frappe le linteau avec son bâton pastoral, en disant : « Princes, ouvrez vos portes ; ouvrez-vous, portes éternelles, et le roi de gloire entrera. » Le diacre demande « quel est ce roi de gloire ? » « Le Seigneur fort et puissant, le Seigneur puissant dans le combat, » reprend le pontife, et, à la troisième fois, il entre enfin, en disant : « Paix à cette maison ! » — Déjà il s'est prosterné et a récité les litanies des saints. Une croix de cendre et de sable est formée sur le pavé du sanctuaire ; il y écrit tout l'alphabet en lettres grecques et latines, bénit une autre eau, consacre l'autel. Enfin, se servant du saint chrême, il oint douze croix peintes sur les murs de la chapelle.

Mais qui nous donnera l'intelligence de tous ces actes que le vénéré pontife accomplit sous nos yeux ?

Le temple chrétien cache de sublimes et de touchants mystères. Il est l'emblème de ce qu'il y a de plus grand dans la religion, dans les rapports de l'homme avec Dieu ; il est la figure de l'âme et de l'Église. Il est la figure de l'âme qui est elle-même consacrée au culte de Dieu, lui appartient, et est destinée à être à jamais son sanctuaire. Il est aussi celle de l'Église. Elle a Jésus-Christ pour fondement, pour pierre angulaire. Nous sommes, avec l'humanité, avec toutes les nations données au Sauveur, les matériaux, les pierres vivantes qui doivent entrer dans sa construction et être étroitement liées par le ciment de la charité.

Au treizième siècle, que la chapelle de Mont-Roland nous rappelle si bien, un évêque de Mende laissait dans ses doctes écrits l'explication des cérémonies de cette consécration. Prions-le de nous éclairer.

Cette consécration, dit-il, représente les divines fiançailles, l'union de l'Église et de notre âme avec son Dieu. Lorsqu'on consacre une chapelle, elle passe entre les mains de Jésus en qualité d'épouse. C'est un sacrilége que de la laisser violer par l'adultère d'une destination étrangère ; et plus coupable encore est l'adultère que l'âme commet par le péché. — C'est par le baptême qu'elle est consacrée au culte de Dieu, unie à Jésus-Christ. L'eau sainte que le pontife a répandue sur les murs de ce sanctuaire représente le sacrement de la régénération, et la triple aspersion intérieure et extérieure nous rappelle la triple immersion observée dans l'administration de ce sacrement. — Le triple circuit que l'évêque fait autour de la chapelle désigne le triple avénement du Fils de Dieu pour la sanctification de l'Église, lorsqu'il descendit du ciel sur la terre, de la terre dans les limbes, et lorsque de la terre il monta au ciel. Il rappelle aussi la sainte Trinité à qui cette chapelle est dédiée, comme nous le sommes nous-mêmes par le baptême.

La triple percussion au linteau de la porte signifie le triple droit que le Fils de Dieu a sur son Église par l'incarnation, la rédemption, et par la promesse qu'il lui a faite de la glorifier. — Nos oreilles sont les portes destinées à donner entrée à la parole de Dieu et les trois coups donnés à l'entrée de ce sanctuaire désignent la prédication de l'Évangile. La demande faite par le diacre, lorsqu'il dit : « Quel est ce roi de gloire ? » indique l'ignorance des hommes qui ne savent pas ou semblent ne pas savoir qu'ils doivent écouter Jésus-Christ, son Église, son Évangile, sa loi ; qu'ils lui appartiennent. — La triple proclamation « ouvrez-vous ! » signifie la triple puissance que le Sauveur a sur le ciel, la terre et les enfers. Les autres paroles : « Paix à cette maison ! » rappellent que le Sauveur est venu apporter la paix entre Dieu et l'homme.

— Le pontife qui prie prosterné représente le Fils de Dieu qui, s'étant humilié avant sa passion, pria pour tous ceux qui croiraient en lui.

L'alphabet écrit sur la croix a plusieurs sens cachés. La croix marque l'union des deux peuples juif et gentil produite par la passion et la mort de Jésus-Christ. — Les lettres représentent les articles de la foi et elles sont tracées sur la croix parce que la foi n'est pas en celui qui ne reçoit pas le mystère de la croix. L'absence des lettres hébraïques rappelle tristement que les Juifs l'ont repoussé. La cendre et le sable nous disent que nous ne sommes réputés que cendre et poussière, nous en qui sont en quelque sorte écrits les enseignements du Fils de Dieu et de son Église. — Le bâton pastoral, la crosse dont l'évêque se sert pour frapper et pour écrire, sont l'emblème de la puissance que Jésus-Christ lui a communiquée et du droit qu'il a d'enseigner.

Le pontife asperge l'intérieur de ce sanctuaire sans faire aucune différence entre les plus grandes pierres et les plus petites, parce que devant Dieu il n'y a pas d'acception de personnes.

Au jour du baptême nous avons été marqués du sceau de la croix comme ces murs vénérés. Ces douze croix que vous voyez et sur lesquelles le pontife a fait une onction du même chrême dont il se sert pour la consécration d'un autel rappellent aussi la passion du Sauveur. C'est par elle qu'il a consacré son Église au jour de ses souffrances ; et les douze lumières placées devant ces croix signifient les douze apôtres qui, par la foi du Crucifié, ont illuminé le monde entier. — Ces croix sont sur les quatres murs de l'édifice, parce que par les apôtres les quatre parties du monde ont été conduites à la connaissance de Jésus-Christ, ointes de son amour, amenées à l'éclat de la conscience désigné par l'huile, et à l'odeur de la vertu représentée par le baume qui se trouve dans le saint chrême.— Il n'est pas jusqu'à l'hysope, dont on doit se servir dans une consécration de ce genre, qui ne cache des sens mystérieux.

Remercions notre docte évêque de Mende. Depuis qu'il nous a découvert tous ces symboles, tous ces enseignements, la consécration de notre pieux sanctuaire nous paraît plus belle.

Déjà le soleil a atteint la moitié de sa course, le saint sacrifice a été offert, et Jésus résidera désormais en ce lieu. Le pontife consécrateur a épanché son cœur si paternel en quelques paroles pleines d'onction : la satisfaction est dans tous les cœurs et rayonne sur tous les fronts. Chacun se retire pour respirer l'air si pur de la sainte montagne, prendre quelque nourriture, et attendre la fête du soir.

Jetez cependant un regard rapide et respectueux sur ces beaux vitraux qui achèvent de donner au sanctuaire de Notre-Dame ce cachet religieux et mystique auquel l'ogive toute seule ne peut atteindre. C'est l'histoire de ce pèlerinage qui se présente à vos yeux. Ces vitraux sont l'œuvre de Maréchal, de Metz, un de nos plus habiles restaurateurs de la peinture sur verre. — Dans ceux du sanctuaire, vous apercevez au centre Notre-Seigneur et Notre-Dame. A la droite du Sauveur vous voyez saint Benoît et vous vous rappelez sans peine le monastère de Mont-Roland, ses onze siècles d'existence, les enfants de ce glorieux patriarche, les gardiens de la Vierge. A la droite de saint Benoît se trouve saint Bernard, une des gloires de la Bourgogne. Vous croyez l'entendre encore célébrer avec une indicible ardeur les louanges de Marie. Il représente admirablement cet ancien duché dont l'amour pour Notre-Dame de Mont-Roland fut au-dessus de tout éloge. A sa droite saint Lin vous fait remonter à l'origine de ce pieux pèlerinage et il semble vous présenter saint Martin qui est aussi à sa droite et a consacré un autel dans le sanctuaire de Notre-Dame, vers la fin du quatrième siècle. A la gauche de Notre-Dame vous avez saint Ignace, fondateur de la société de Jésus; saint François Xavier, saint Louis de Gonzague et saint Stanislas. — Au haut de ces sujets si bien choisis, cinq petites rosaces vous disent la puissance de Notre-Dame et mettent sous vos yeux les cinq miracles que l'autorité ecclésiastique a proclamés. Ce sont comme des fleurs choisies placées sur la tête de la Vierge, pour lui former une couronne. Ces rosaces contiennent le nom des cinq personnes guéries et quelques passages de la sainte Écriture qui se rapportent au genre de maladie dont elles étaient affligées. Avec le nom de Claudine Patornay vous lisez ces mots : « *Clamavi ad te et sanasti* « *me,* je vous ai fait entendre le cri de détresse et « vous m'avez guérie ; » avec celui de la mère Anne de Crécy : « *Surdi audiunt*, les sourds entendent. » Celui de la sœur Marie Maillot vous rappelle que la fièvre a obéi au commandement du Sauveur : « *Imperavit febri*. » Celui de Nicolas Largeot vous dit que les boiteux marchent : « *Claudi ambulant ;* » et celui de la sœur Barbe Baret reproduit en quelque sorte une scène touchante, offre à votre admiration cette femme de l'Évangile qui toucha la franche du vêtement de Notre-Seigneur et fut guérie : « *Tetigit fimbriam vestimenti ejus et salva facta est*. » — Dans la chapelle voisine de la tour, du côté de l'épître, apparaît la noble figure de Roland. Il est aux pieds de Notre-Dame et lui offre le monastère qu'il a fondé. — En face de Roland vous voyez Béatrix. Dans les vitraux qui regardent l'orient, saint Claude, patron de ce diocèse, saint Pierre, patron du village de Jouhe, et saint Bénigne, si cher à la ville de Dijon, semblent vous inviter à visiter Notre-Dame. — Dans une magnifique rosace, à l'entrée de l'église, vous pouvez reconnaître les armes et les noms des villes principales des contrées qui ont eu pour Notre-Dame de Mont-Roland une tendresse toute spéciale. Ces villes sont Dôle, Saint-Claude, Gray, Besançon, Dijon, Lons-le-Saunier, Vesoul, Salins.

Allons enfin jouir du spectacle et de l'horizon magnifique que la sainte montagne déroule à notre vue.

Mais pourquoi Notre-Dame a-t-elle placé sa demeure si haut ?

« La Mère des pécheurs, nous répond M. Brunet dans l'Album Dolois, doit dresser son trône bien haut. — Chaque année des millions de voyageurs passent au pied de la montagne. Dans cette foule, comptez les hommes trop attentifs aux bruits de la terre ! mais tous ont eu des jours de piété, de vertu ! la vue du sanctuaire réveille le souvenir de temps qui ne sont plus ; une bonne pensée naît au sein des pensées coupables, comme la fleur au milieu des ronces du sentier : au fond du cœur une voix répète doucement : « Ils sont loin ces jours, et ce-
« pendant j'étais heureux ! »

« La Consolatrice des affligés doit avoir son temple au sommet des collines.

« Il faut que beaucoup puissent l'apercevoir ; il est tant de malheureux sur terre ! Sa vue, c'est le rayon d'espérance à l'âme affligée, c'est plus que les larmes d'un ami dans la douleur, c'est le souvenir du Golgotha, le souvenir de ces paroles du divin Crucifié : « Femme, voilà votre fils ! »

« Pour nous, fils de ceux qui s'agenouillaient devant Marie avant de battre l'ennemi, qui, vainqueurs, suspendaient à l'autel les armes et les drapeaux conquis ; pour nous, qui portons cette noble devise : « La justice et des armes pour la défendre, » nous lèverons les yeux vers Notre-Dame de Mont-Roland, et nous lui dirons : « Protégez notre ville bien-aimée ; donnez aux plaines de riches moissons, aux arbres des fleurs et des fruits, à tous l'amour de la justice et l'union. »

CHAPITRE XXXIII

NOTRE-DAME DE MONT-ROLAND LE 2 AOUT. — FÊTE DU SOIR.

Ce matin Monseigneur l'évêque de Saint-Claude a porté tout le poids d'une longue et laborieuse cérémonie : la célébration des saints mystères à une heure si avancée, ajoutée au jeûne de la veille. Sa Grandeur daignera prendre un peu de repos au milieu des jeunes élèves des jésuites de Dôle. Ils veulent lui témoigner toute leur reconnaissance et son cœur si bon accueillera l'engagement qu'ils prendront de prier plus que tout autre la Vierge de Mont-Roland pour le premier pasteur du diocèse. C'est le sens des deux derniers vers du prologue qui va ouvrir leur petite séance :

> At si Tibi quis Virginem rogat, *Pater*,
> Nobis eat nemo prior.

Ils s'efforceront, dans leur sainte ardeur pour Notre-Dame, de faire du beau site qu'elle a choisi la description la plus poétique, de célébrer en beaux vers latins la noble histoire de son sanctuaire, et Roland, du haut du ciel sans doute, les bénira lorsqu'ils évoqueront son pieux souvenir.

Mais hâtons-nous. Déjà nos futurs savants ont préludé à ces jeux littéraires. Un parfum de piété s'attache à leurs productions et fait oublier l'imperfection inséparable de la jeunesse de leurs auteurs. Un auditoire bienveillant garde un profond silence. Ecoutez.

UNE VISION DE SAINT MARTIN

C'était l'heure où la nuit enveloppe les cieux.
De son astre paisible un rayon solitaire,
A travers les vitraux du sombre sanctuaire,
Glissait, comme l'espoir dans les cœurs malheureux.
A sa pâle clarté l'œil attendri contemple
Un vieillard à genoux sur le pavé du temple.
Son visage riant respire la bonté,
Et sur son front serein règne la majesté.
Sa barbe à blancs flocons roule sur sa poitrine ;
A le voir, on dirait un prophète inspiré !...
Ce vieillard, c'est Martin, l'apôtre vénéré,
Qui vient de consacrer, sur la sainte colline,
Ce temple où chaque jour les populations
S'abreuvent au torrent des consolations.
Il prie avec amour la Vierge tutélaire.
Le silence des nuits, le calme, et le mystère
Ont un charme secret pour ce cœur vertueux ;
Ses prières alors, sur des ailes de flamme,
Jusqu'au trône de Dieu s'élancent de son âme.

« O Vierge, disait-il, ô Reine de ces lieux,
« Ne permets pas qu'un jour cette antique chapelle,
« Où tu vois à tes pieds ton serviteur fidèle,
« Ait à craindre le fer des profanations ;
« Qu'elle brave du temps les révolutions ! »

Il dit, et sur la terre il reporte sa vue,
Et la terre, à ses yeux, brillante est apparue.
Les plaines se couvraient de fertiles moissons
Et les arbres, de fleurs ; douce et frêle espérance
Qui promettait à l'homme une heureuse abondance !
Partout on n'entendait que joyeuses chansons...

Mais, hélas ! ce bonheur et cette quiétude
Ont au cœur des mortels jeté l'ingratitude.
Ils blasphèment déjà leur Dieu, leur Créateur,
Et de leurs biens en lui méconnaissent l'auteur !...

Martin lève les yeux, et soudain, dans la nue,
Il contemple un guerrier d'une forme inconnue.
Un glaive dans sa main brillait comme l'éclair
Et son regard était menaçant et farouche.
C'est l'ange du Seigneur qui descend de l'éther,
Et ces terribles mots sont sortis de sa bouche :

« La terre, confiante en sa prospérité,
« A bravé le Seigneur justement irrité ;
« Contre elle il va lancer les traits de sa vengeance,
« Et des mortels ingrats exterminer l'engeance !

Il dit, et les fléaux, conduits par la fureur,
Parmi les nations répandent la terreur.
Tout fuit à leur approche, et des peuples féroces
Ont délaissé du Nord les rivages glacés,
Pour être l'instrument de ces fléaux atroces.
Dans le crime et le sang leurs jours se sont passés,
Par le fer et la flamme ils dévastent le monde.
Rien pour eux n'est sacré, leurs désirs sont leurs lois.
On voit fuir devant eux les peuples et les rois,
Remplis à leur aspect d'une terreur profonde !...

« Ciel ! » Martin pousse un cri, mais un cri de douleur,
Et la voix des soupirs s'échappe de son cœur :
Ces sauvages humains, enfants de la Norvége,
Ont porté sur son temple une main sacrilége.
Ils renversent l'autel respecté par les temps,
Et par le bras de Dieu protégé si longtemps.
Ils approchent des murs une torche enflammée ;
Le feu monte et s'élance en tourbillons affreux.
Puis on n'aperçoit plus, dans la noire fumée,
Que l'antique statue à demi consumée,
Et l'ange protecteur s'envolant vers les cieux !...

Martin était tombé la face contre terre...
Tout son cœur est rempli d'une tristesse amère.
Sa bouche en ce moment laisse échapper ces mots,
Qu'interrompent trois fois ses pleurs et ses sanglots :
« O Vierge, tu n'as pas exaucé ma prière ;
« Ce temple, que ma voix a consacré naguère,
« Doit tomber sous les coups de monstres furieux,
« Et tu supporterais cet outrage odieux ! »

Il dit, et lève au ciel ses deux mains suppliantes...
Mais son œil étonné, sur les ruines fumantes,
Voit s'élever soudain, plus splendide et plus beau,
D'un temple rajeuni le portique nouveau.
Un pontife pieux, de ses mains vénérables,
Venait de consacrer ses murs inébranlables.

« Ah ! plus heureux que moi, s'écrie alors Martin,
« Tu bénis, ô mon fils, ce jeune sanctuaire,
« Qui doit avoir un jour le plus brillant destin,
« Et répandre partout la joie et la lumière.
« En lui vivra ton nom, Pasteur béni du ciel,
« Et tes nombreux enfants, au pied de cet autel,
« Adresseront pour toi leurs vœux et leurs prières
« En apprenant ta gloire et tes vertus sincères. »

Quel est ce jeune chevalier ? C'est d'Aumont, issu des seigneurs d'Estrabonne. Le président Boyvin nous dit qu'il préserva le tombeau de ses ancêtres de la fureur des Suédois. Cette tombe était dans l'ancienne chapelle qui eut tant à souffrir, à l'époque du siége de 1636. Notre-Dame elle-même ne fut pas respectée. Prêtez l'oreille au cri d'indignation que pousse d'Aumont, à ses mâles accents, à la vivacité de sa foi.

« Arrêtez, Suédois, ici reposent mes ancêtres.

« Ils ont, avec mes pères, versé leur sang pour la
« patrie. Ce temple, sacriléges ! de quel droit y
« mettez-vous les pieds ? Vous avez osé violer notre
« sanctuaire, le profaner, traîner dans la fange
« notre madone entourée de la vénération de plus
« de douze siècles !... Ah ! que ne suis-je arrivé
« plus tôt ! ! Et maintenant, impies, vous voudriez
« porter la main sur la tombe des Estrabonne !...
« Insensés ! vous pensiez sans doute n'avoir à com-
« battre que des morts... Hé bien ! me voici sur la
« tombe de mes pères ; avancez donc !... Ah ! sans
« doute, j'aurais dû ne faire parler que mon épée ;
« mais croyez-le ! pour un peu de retard sa trempe
« ne s'est point émoussée !...—Sortez, impies, sortez
« de ce temple auguste ! Hâtez-vous ; votre présence
« profane ces lieux. Je crois voir s'agiter, sous ces
« décombres, les cendres de mes pères ; j'entends
« leur voix. Sortez, dis-je ! ou préparez-vous à la
« mort. »

Ici la scène change. Une grave assemblée, le parlement de Dijon sans doute, va terminer des débats trop longtemps prolongés. La statue de Notre-Dame était à Auxonne depuis le siége de 1636 et les habitants de cette ville refusaient de s'en dessaisir. — Le mayeur d'Auxonne veut justifier ce refus, affirme que la statue de Notre-Dame a été donnée à Auxonne par le prince de Condé, et semble reprocher aux habitants de Dôle de ne pas avoir su la défendre.

Le mayeur de Dôle à son tour a la parole. Il devrait bien revenir sur la terre, ce défenseur des droits de Mont-Roland ; car la statue de Notre-Dame est de nouveau exilée. Écoutons.

« Messieurs, dit-il, devant des assertions aussi hardies, des prétentions aussi exagérées, pour ne rien dire de plus, j'ai quelque peine à maîtriser mon indignation. Je ne sais ce que je dois relever d'abord, ou de la basse flatterie qui insulte des juges intègres, ou des mensonges accumulés avec tant d'audace pour dénaturer des faits avérés, dont la plupart d'entre vous ont été les spectateurs et les témoins. Mais devant votre auguste tribunal, le droit vaut mieux que l'indignation ; aussi, sans plus tarder, vais-je me hâter de confondre cet adversaire, et pour cela, je crois, il suffira de rétablir les faits.

« Lors du siége de Dôle par M. le prince de Condé, les Suédois campés sur le Mont-Roland se livrèrent à tous les excès d'une fureur sacrilége ; tout ce que le monastère et le temple avaient de précieux et de sacré devint la proie de ces barbares. La statue même de la Vierge, cette image, qui était notre plus riche trésor, fut arrachée du trône antique élevé par la foi de nos pères. Et, comme elle n'avait d'autre valeur que celle qu'y attachaient notre dévotion et notre reconnaissance, ils la jetèrent avec mépris dans la fange. M. le prince de Condé, sans doute pour décliner la responsabilité de ces odieux sacriléges, commis par ses soldats, et craignant avec raison d'exaspérer des ennemis tels que ceux qu'il avait en face, la fit retirer du milieu des décombres, et transférer chez les capucins d'Auxonne.

« Tels sont les faits où vous prétendez trouver des titres à la possession de notre statue. Il est plus convenable, dites-vous, à l'honneur de la Vierge, que son Image soit dans une place comme Auxonne qu'au milieu d'un peuple insouciant qui ne sait pas même la défendre.

« Nous n'avons pu la défendre !!! O comble de l'impudence ! comment nous qui, durant trois mois, avons déjoué tous les efforts du prince de Condé, repoussé les assauts d'une armée entière, taillé en pièces ses meilleures troupes, nous qui l'avons forcé de lever honteusement le siége, nous n'aurions pu soustraire à des mains sacriléges l'Image de la Vierge que nous regardions comme notre plus puissant secours ! Eh ! qui nous empêchait de la renfermer avec nous, dans cette enceinte, que ni le prince de Condé ni les braves guerriers d'Auxonne ne franchirent jamais l'épée à la main ? Mais pouvions-nous supposer à un ennemi, si acharné qu'il pût être, un excès de fureur impie et sacrilége, que condamnent à la fois, et le droit des gens, et les lois de la guerre, et le simple sentiment de la nature et du respect dû à la Divinité ? Pouvions-nous supposer que la parole donnée serait trahie avec tant de bassesse, et qu'après ces belles assurances si souvent répétées, de vive voix et par écrit, que rien ne serait plus sacré que nos champs, nos villages, nos églises, nous verrions tous les jours, du haut de nos remparts, les flammes de l'incendie ravager nos moissons, anéantir nos temples et nos villages?... Oui, vous dites vrai, nous n'avons pas su nous défendre ; oui, nous nous sommes trompés, mais c'est en traitant en chevaliers ceux qui n'étaient que des barbares ; en supposant à nos ennemis du respect pour Dieu, et à vous, gens d'Auxonne, la loyauté.

« Mais je laisse de côté vos autres injures ; voyons si vos raisons auraient plus de valeur. Si je ne me trompe, Messieurs, au milieu des longues périodes, des insinuations adroites, des interprétations ingénieuses de ma partie, les raisons et les preuves sont faciles à compter : un titre, un seul titre auquel il revient sans cesse, faute de mieux apparemment, lui paraît établir les droits d'Auxonne d'une manière péremptoire. Cette image, dit-il, nous ne l'avons point enlevée par violence, nous ne sommes point venus l'arracher de son sanctuaire, nous ne l'avons point prise, mais reçue. M. le prince de Condé, usant des droits de la guerre, nous a donné cette statue à cause de notre bravoure.

« C'est bien là ce que vous avez avancé. Vous insistez ensuite sur la valeur d'un titre aussi sacré que celui de la donation, et vous prouvez avec abondance ce que nul ne vous conteste. Vous n'avez omis qu'une chose, c'est d'établir le fait de cette donation. Toute la question est là. Y a-t-il donation, oui ou non ? Dans le premier cas, je n'ai rien à dire, et je déclare que nos réclamations sont mal fondées. Mais si vous ne pouvez établir le fait de cette donation, si je démontre qu'un tel acte n'a jamais eu lieu, bien plus, qu'il était même impossible, il faudra bien convenir que votre titre, votre seul titre, est radicalement nul et chimérique. De plus, je ferai remarquer qu'en avouant qu'elle vous a été donnée, vous reconnaissez qu'elle n'était pas à vous, et que, sans cette prétendue donation, vous n'avez absolument aucun droit. Si donc je vous montre à l'évidence qu'elle ne vous a pas été donnée, vous reconnaissez nos droits, puisqu'il est constant qu'avant le siége de Dôle, Mont-Roland avait toujours possédé la statue.

« Ah! sans doute, nous serions injustes, si nous oubliions la manière dont vous vous êtes mis en possession de notre trésor! Non, assurément, vous n'êtes pas venus à Mont-Roland, magistrats en tête, arracher cette Image à son sanctuaire. Vous ne nous avez point dépouillés de vive force; votre *bravoure* nous a épargné cet affront! Nous sommes heureux de reconnaître que la piété seule vous a fait recevoir la sainte Image durant les horreurs de la guerre, et que la piété seule vous a inspiré de nous la *garder*. Loin de nous l'idée de méconnaître *l'intérêt* que vous prenez à la *conservation* de notre bien et le soin que vous mettez à le conserver. Mais il ne s'agit pas des intentions qui vous ont portés à la recevoir, il s'agit de savoir si les intentions peuvent vous tenir lieu de la donation prétendue que vous invoquez, et si, sans avoir poussé l'effronterie jusqu'à la *prendre*, vous devez être cependant obligés à la *rendre*.

« Or je dis premièrement que M. le prince de Condé ne pouvait pas vous donner la statue du Mont-Roland, j'établirai en second lieu qu'il ne l'a pas fait.

« Je dis d'abord que M. le prince de Condé ne pouvait pas vous donner la statue de Mont-Roland. Depuis quand, en effet, les droits de la guerre s'étendent-ils aux objets consacrés à Dieu ? Depuis quand les droits de la guerre permettent-ils de dépouiller les temples et de porter une main téméraire sur les ornements de nos églises ? Quoi donc ! un mayeur, un bénéficier, un prieur, n'ont pas le droit, je ne dis point d'aliéner, mais même de transférer à un autre lieu ou à un autre usage les biens de la communauté, dont ils se regardent moins comme les maîtres que comme les dépositaires, et un ennemi, les armes à la main, pourrait s'arroger des droits supérieurs aux droits des possesseurs eux-mêmes ? Il pourrait non-seulement approprier à son usage un objet sacré, le transférer d'un lieu à un autre, mais encore l'aliéner ! Et qui donc a jamais reconnu un tel droit au vainqueur ?—Et si la victoire même ne saurait le donner, comment le trouverait-on dans le simple titre d'ennemi ? Car, grâces à Dieu, Dôle n'a pas été vaincue.

« Mais quand bien même je vous céderais ce qui n'est pas, quand bien même je reconnaîtrais à la guerre des droits aussi exorbitants, aussi inouïs, et tels que jamais ils n'ont été reconnus chez aucun peuple chrétien, vous n'en pourriez rien conclure en faveur de votre prétendue donation ; car ces droits de la guerre, si étendus qu'ils puissent être, qu'il vous plaise de les supposer, M. le prince de Condé y a solennellement et formellement renoncé.

« Donc M. le prince de Condé ne pouvait vous donner la statue de Mont-Roland, puisque, premièrement la guerre ne lui donnait aucun droit sur des objets sacrés, puisque, en second lieu, les droits même de la guerre, que nous aurions pu, quoique à tort, interpréter en votre faveur, M. le prince de Condé y a renoncé. Que dis-je ? il n'a pas même pu en avoir la pensée.

« Comment, voilà plus de douze siècles que cette statue est vénérée dans le sanctuaire de Mont-Roland ; c'est Mont-Roland que la Vierge a choisi pour y faire éclater ses merveilles ; à Mont-Roland que les ducs, les princes, les rois, les provinces ont fait les dons les plus magnifiques ; à Notre-Dame de Mont-Roland qu'ils ont de tout temps adressé leurs vœux ; aux autels de Mont-Roland qu'ils ont fait les fondations les plus riches, les plus solennelles ; dans le sanctuaire de Mont-Roland que tant d'illustres personnages ont voulu être inhumés... En un mot, ce titre de Notre-Dame de Mont-Roland est confondu dans l'esprit et la piété des fidèles avec la Vierge qu'ils y vénéraient, titre consacré par une prescription de douze cents ans, par le concours universel des peuples, par la munificence des rois, par tout ce qu'il y a de saint et de sacré dans le culte catholique, tout ce qu'il y a de vénérable sur la terre, tout ce qu'il y a de puissance et de miséricorde dans le ciel.

« Détruisez cette église, renversez ces autels, arrachez cette statue à son trône et transportez-la où vous voudrez, à Dijon, à Besançon, à Auxonne, elle ne cessera point pour cela d'être la Vierge de Mont-Roland, pas plus que les armes du roi de France, en quelque lieu qu'on les rencontre, ne cessent d'être les armes du roi. Et qui donc, depuis treize ans que vous la retenez exilée dans vos murs, est allé jamais visiter la Vierge d'Auxonne. Nous allions à Auxonne vénérer la Vierge de Mont-Roland.

« C'est à Mont-Roland que les peuples continuent d'offrir leurs dons à la Vierge, à Mont-Roland qu'ils accourent aux fêtes accoutumées, à Mont-Roland enfin qu'ils espèrent de Marie ces faveurs *miraculeuses* qu'elle vous refuse à Auxonne ? depuis treize années, pour vous faire comprendre et sentir qu'elle se regarde comme exilée et que son trône et son sanctuaire privilégié, c'est le sanctuaire de Mont-Roland.

« Et vous voulez que M. le prince de Condé instruit de ces faits, comme il l'était, témoin du prix que nous attachions à l'image sacrée de la Vierge, intéressé à ménager la susceptibilité d'un ennemi qu'il voulait gagner, engagé enfin par sa parole la plus solennelle, ait pu seulement songer à donner à

Auxonne la Vierge de Mont-Roland ? Ah! qu'il ait voulu, se vengeant, à sa manière, lui donner pendant la guerre un asile désagréable pour nous ; que la crainte de la voir de nouveau indignement profanée l'ait porté à la soustraire aux regards de ses soldats hérétiques, je le comprends ; mais transférer dans votre ville un culte localisé à Mont-Roland, depuis douze cents ans! transporter Mont-Roland à Auxonne, quelle absurdité !

« Et bien cependant cette supposition si absurde qu'elle soit, je vous la cède. Avec des adversaires tels que vous on peut être généreux. Bien plus, que M. le prince de Condé ait choisi Auxonne, comme plus digne de ce trésor, à cause de sa bravoure et de sa piété singulière, soit.

« Ne parlons plus ni des droits de la guerre si étrangement méconnus ou ignorés par un gouverneur aussi éclairé que M. le prince de Condé ; laissons de côté et la justice foulée aux pieds et la parole du général trahie et violée, et l'intérêt qui dictait si impérieusement des égards pour un ennemi que l'on voulait ménager ; passons sur les contradictions, les impossibilités, les invraisemblances ; je vais plus loin, admettez encore, si vous le voulez, que non-seulement M. le prince de Condé avait le droit de vous donner la statue, qu'il en avait le pouvoir et la facilité, mais encore la volonté formelle. Est-ce assez ? Ajoutons encore... Admettons que non-seulement nous n'ayons voulu ni protester ni réclamer contre cet acte, mais encore que nous ayons voulu de notre côté vous céder tous nos droits et reconnaître la validité et la légitimité de la donation. Voilà, je pense, des concessions assez larges. Je ne me réserve qu'un point; mais c'est là que je vous attends.

A cause de votre bravoure et de votre piété M. le prince de Condé voulait vous donner la statue. L'a-t-il fait? Oui, dites-vous. Eh bien, montrez vos pièces. Oui ou non, en avez-vous? Si vous en avez, produisez-les; si vous n'en avez pas, comment osez-vous soutenir avec tant d'acharnement une assertion aussi mensongère? Mais parlez, avez-vous des actes qui prouvent en votre faveur? Vous ne répondez rien? Quoi! vous n'auriez absolument aucune preuve! Je ne le puis croire. Mais si les écrits vous manquent, sans doute vous avez des témoins. Il y a si peu de temps que la translation a eu lieu! En treize ans tous ne sont pas disparus! Quoi! vous n'en pouvez produire aucun! Ah! vous n'avez ni pièces ni témoins! Avez-vous du moins quelqu'un qui sache par ouï-dire que M. le prince de Condé a prétendu céder cette statue à Auxonne? Je l'accepte comme témoin. Et sans écrit, sans témoins, sans aucune preuve, sans autre raison que votre opiniâtreté et votre entêtement, vous osez bien soutenir devant une assemblée aussi respectable une prétendue donation faite par M. le prince de Condé!!!

« Ainsi, Messieurs, vous le voyez, la seule, l'unique raison de nos adversaires repose sur un fait entièrement supposé. M. le prince de Condé n'a nullement prétendu donner un bien dont il n'était point maître ; l'eût-il voulu, l'eût-il pu, il ne l'a pas fait, voilà qui est désormais acquis à ma cause et qui me dispense de plus longs discours. Le droit d'Auxonne réduit à néant, le nôtre se trouve par le fait même pleinement rétabli.

« Aussi m'en tiendrais-je à ces conclusions qui parlent d'elles-mêmes si je n'avais à relever quelques paroles peu convenables.

« Avez-vous remarqué l'aplomb avec lequel ma partie affirme que la ville de Dôle a laissé à Auxonne la Vierge de Mont-Roland pendant treize années sans aucune réclamation ?

« Sans doute, tant que l'église de Mont-Roland ne fut qu'un monceau de ruines, tant que nous ne pouvions pas rendre à la Vierge son antique demeure, nous n'avons point insisté auprès de la ville d'Auxonne ; nous pensions que le dépôt que lui avaient confié les Pères Bénédictins, par l'entremise de M. le prince de Condé, ne pouvait être mieux placé, et nous voyions même avec bonheur nos bons voisins jouir pour un temps d'un trésor qu'ils savaient bien apprécier.

« Mais dès que notre église fut relevée de ses ruines, dès que le trône, où l'image vénérable avait accoutumé de reposer depuis douze cents ans fut replacé dans le sanctuaire, quel ne fut pas notre empressement à l'y rappeler ? Que dis-je ? le zèle que nous mettions à réparer son temple n'était-il pas une protestation suffisante de nos vœux et de nos désirs? Nous envoyons des députés à Auxonne pour redemander notre précieux dépôt. Combien fut grande notre surprise, lorsqu'au lieu des remerciments auxquels nous nous attendions, nous apprenons les difficultés que l'on met à nous rendre la statue? Ce n'est point d'abord un refus formel. Ce sont des délais, des lenteurs, des restrictions cauteleuses. Nous insistons, on nous répond par de nouvelles défaites; on n'avait pas encore inventé la fameuse donation de M. le prince de Condé. Enfin, lorsque, lassés de tant de délais et de tergiversations, nous élevons la voix, on nous allègue l'autorité de Sa Majesté le roi de France. Il est saisi de cette affaire. Il serait indécent de prévenir sa décision; d'ailleurs puisque Sa Majesté le roi d'Espagne nous appuie auprès de lui, nous pouvons nous tenir pour assurés de notre cause; ce n'est qu'une affaire de forme et de convenance à observer. Enfin, Messieurs, je n'en finirais pas, si je voulais vous énumérer tous les spécieux prétextes avec lesquels MM. d'Auxonne ont exercé notre patience depuis tantôt dix ans.

« Une seule chose. Tant que le roi de France, feu le roi Louis XIII, fut saisi de cette cause, sur laquelle il a toujours gardé le silence, rien n'était plus sacré que l'autorité du roi. C'était le mot avec lequel on nous fermait la bouche : « Quoi donc ! nous appellerions au parlement ; quand Sa Majesté le roi de France est saisi de cette affaire ! quand il s'en réserve la décision ! »

« Aujourd'hui cette décision est donnée, elle est pour le bon droit et l'on nous dit : « Quoi donc! vous faites au parlement l'injure de décliner sa compétence ! . . . . »

C'est bien ainsi que l'on agit, lorsqu'on n'a pas le droit de son côté.

Dans la suite de son discours, le jeune orateur produisit la lettre de Louis XIV et celle de Condé ; mais déjà la cause était gagnée.

De nos jours, comme à cette époque, il est évident que la protection de Notre-Dame, qui sera toujours Notre-Dame de Mont-Roland, s'attache à la sainte montagne qu'elle a choisie.

Nos jeunes académiciens avaient terminé leur séance.

« Le R. P. Ducreux, prenant la parole en plein air, et au pied même de l'église, dont les murs abritaient de leur ombre un vaste auditoire, prononça un sermon approprié à la circonstance. Un salut solennel mit fin aux exercices de cette journée, qui sera une date précieuse pour notre Mont-Roland. (*Le Publicateur.*) »

CHAPITRE XXXIV

NOTRE-DAME DE MONT-ROLAND EN 1859. — PRIÈRES EXAUCÉES.

Et maintenant, cher lecteur, il faut que je vous rapporte un fait, dont vous avez été peut-être le témoin sans le savoir, le jour de la consécration de notre pieux sanctuaire. Vous avez peut-être remarqué une personne de Dôle qui marchait difficilement, et gravissait avec beaucoup de peine la sainte montagne, le jour de cette belle cérémonie. — Elle souffrait beaucoup depuis longtemps dans tout le côté droit, depuis les pieds jusqu'au bras. Elle s'était traînée comme elle avait pu jusqu'à Mont-Roland, espérant recevoir ce jour-là quelque faveur. Elle raconte elle-même que, pendant que tout le monde suivait les cérémonies, elle s'était mise à l'écart pour invoquer Notre-Dame. « Là, dit-elle, je « la priai de tout mon cœur pour obtenir ma gué- « rison. » Elle disait ensuite : « Maintenant je ne « sens plus de mal du tout. »

Ce récit me rappelle deux faits que je tiens d'un respectable ecclésiastique.

Il voulut lui-même, par dévotion, faire pendant neuf jours les prières d'une neuvaine composée en l'honneur de Notre-Dame de Mont-Roland. Il voulait aussi, pour dire toute la vérité, savoir si les prières de cette neuvaine étaient agréables à Notre-

Dame, si elles lui obtiendraient quelque faveur. Il avait alors grand besoin de secours spirituels. De plus il souffrait depuis longtemps d'une toux opiniâtre contre laquelle il ne connaissait plus de remèdes. Il affirme que les secours spirituels qu'il a reçus ont été très-sensibles et qu'il a été délivré tout à coup de la toux qui le faisait languir depuis si longtemps.

Dans un village situé à plus de quinze lieues de Dôle se trouvait une femme affligée depuis très-longtemps. Elle avait une jambe prodigieusement enflée. Après avoir consulté tous les médecins du pays, employé tous les remèdes, elle n'avait obtenu aucune amélioration. Cette femme est mère de famille et à la tête d'une grosse maison. Elle avait entendu parler de Notre-Dame de Mont-Roland. Un jour, n'en pouvant plus, désolée à la vue du travail auquel elle ne pouvait plus se livrer, des besoins de son ménage auxquels elle se trouvait incapable de subvenir, elle se souvint de Notre-Dame de Mont-Roland et la pensée lui vint de partir pour aller lui demander sa guérison. Ne voulant cependant rien faire sans l'avis de son curé, elle va le trouver, se disant à elle-même: «S'il me conseille « d'aller, je pars; s'il me dit de rester, je resterai. — Bien loin de vous détourner de votre bon projet, « lui dit cet excellent prêtre, je vous engage au con- « traire à l'exécuter; je vais vous donner une lettre « pour un religieux de Dôle que je connais. » — Elle part, arrive à Dôle, le religieux auquel elle se présente la met sur le chemin de Mont-Roland, et reconnaît en elle cette foi qui peut transporter les montagnes : il l'encourage. — Elle avait parcouru la moitié de la distance qui sépare Dôle de Mont-Roland, lorsqu'elle se trouva si fatiguée, si épuisée, qu'elle fut tentée de renoncer à son pieux dessein. « Que viens tu faire ici? lui disait en secret l'ennemi de tout bien. Les prières ne sont-elles pas bonnes partout ?... Puis qu'obtiendras-tu ? » Son bon ange sans doute soutint son courage ; elle acheva sa pieuse ascension et trouva près de Notre-Dame le remède à ses maux. — Au retour elle marchait sans difficulté. Elle voulut même faire à pied une grande partie des quinze lieues qui la séparaient de sa famille. Quelques jours après, on écrivait à celui auquel on l'avait adressée qu'elle était revenue guérie.

Le maître serrurier chargé de poser les ferrements des vitraux de la nouvelle chapelle de Mont-Roland, prévoyant les dangers auxquels lui-même ou ses ouvriers seraient exposés, avant d'entreprendre ce travail, offrit à Notre-Dame deux candélabres, afin d'obtenir de sa puissance et de sa bonté d'être préservés de tout accident. Ce n'était pas sans raison. — Un jour il eut un travail fort difficile à exécuter, à plus de quarante pieds au-dessus du pavé du nouveau sanctuaire. Il allait terminer sa périlleuse opération, lorsque tout à coup le point d'appui auquel il avait cru pouvoir se confier manque sous ses pieds : à l'instant il se regarde comme perdu, s'évanouit, et tombe la tête renversée. Il devait mille fois périr. Mais Notre-Dame était venue à son secours. Il se relève et bientôt après reprend son travail. — Un ouvrier sur lequel tomba la pièce de bois qui avait servi de point d'appui à son maître devait lui-même être victime de ce funeste accident. Il n'eut aucun mal. — Aussi ce bon maître serrurier est persuadé que Notre-Dame l'a sauvé. Il veut lui offrir un ex-voto, et monsieur le curé de Dôle, apprenant ce fait, n'a pu s'empêcher de dire : « On offre des ex-voto pour des faveurs moins « grandes que celle-là. »

CHAPITRE XXXV

EFFICACITÉ DU CULTE DE NOTRE-DAME DE MONT-ROLAND.

Vous vous en souvenez, cher lecteur, nous nous sommes proposé d'étudier ensemble *l'antiquité* et *l'efficacité*, la fécondité du culte de Notre-Dame de Mont-Roland, sans nuire toutefois à l'intérêt de l'histoire, sans en interrompre le récit.

L'antiquité de ce culte a été traitée, d'une manière générale, dès le début, et elle s'est déroulée devant nous dans l'ordre des siècles qui s'est présenté tout naturellement à nos investigations. En découvrant un peu les racines de ce grand arbre qui s'offrait à notre admiration, nous avons vu avec bonheur qu'elles touchaient aux fondements de l'édifice sacré du catholicisme. Le culte de Notre-Dame nous a montré son origine au premier âge de l'église.

Examinant ensuite les fruits que ce grand arbre a portés, la fécondité, l'efficacité du culte de Notre-Dame, nous aurions dû, ce semble, grouper tous les faits qui s'y rapportaient, cueillir à chaque époque ces fruits abondants, et les offrir à Dieu lui-même; le bénir de ce que ce culte lui avait procuré tant de gloire et avait répandu si souvent la paix dans les âmes de bonne volonté et même dans le cœur du pécheur enfin touché; le bénir de tout ce que ce culte avait produit de bien non-seulement pour chaque fidèle, mais encore pour des contrées entières, pour la société elle-même. L'enchaînement du récit ne le permettait pas, et nos deux pensées principales se sont simultanément développées.

Le culte de Notre-Dame de Mont-Roland soutenait les premiers chrétiens de ces contrées, lorsque le sang des martyrs coulait encore. Dans les âges suivants il conservait la foi, maintenait la pureté des mœurs. — Que de conversions s'opérèrent dans le sanctuaire de Notre-Dame! quelles pensées de retour la seule vue de la sainte montagne faisait naître! comme nous l'a dit l'Album Dolois. Que de grâces de persévérance s'attachaient à ce culte si doux! quelle force on y trouvait, au sein de l'adversité, pour vaincre le découragement! mbien de fois n'a-t-il pas produit au sein des familles et des cités la bonne harmonie, l'ordre et le calme parfait ! Ce n'était pas en vain que des villes entières étaient représentées à Mont-Roland. — Les fruits de cet arbre si fécond opéraient le retour à la vigueur de la santé, la délivrance dans les calamités publiques ; mais nous ne voulons pas reprendre toute cette histoire.

Toutefois, de même qu'il nous a été permis, en commençant, de faire quelques considérations générales sur *l'antiquité* du culte de Notre-Dame, de même il nous sera non-seulement permis, mais utile et agréable de faire, à la fin de notre étude, quelques réflexions sur l'ensemble de ce second caractère, sur l'efficacité de ce culte qui nous est si cher. — Or je dis que Dieu l'a revêtu d'une force toute divine pour conserver au milieu de nous *la foi* et *les mœurs*.

1° C'est une pieuse pratique que celle de prier à Mont-Roland pour la conservation de la foi en Franche-Comté, et nous ne saurions trop nous y livrer ; mais n'eussions-nous d'autre soin que de propager ce culte de Notre-Dame de Mont-Roland, nous lutterions avec succès contre toutes les erreurs et nous contribuerions au triomphe de la foi.

Selon la pensée d'un orateur célèbre, la haine jurée à la divinité de Jésus-Christ : telle est la grande personnification de l'hérésie dans le monde. En lisant l'histoire des grandes et si déplorables scissions provoquées par l'esprit de mensonge, on les ramène aisément à ce grand objet de la lutte : l'Homme-Dieu. Peu lui importe le nom ou le titre de l'erreur, dès que ce n'est plus la foi en l'Homme-Dieu. — De tout ceci la raison est simple. Renverser la divinité de Jésus-Christ, étouffer sa divine lumière, c'est ouvrir le champ large à tous les désordres (1).

Cette considération ne nous suffirait-elle pas pour comprendre comment le culte de Notre-Dame lutte sans cesse contre le déchaînement de l'erreur et de l'hérésie, pour la défense et la conservation de la foi? Ce culte ne vient-il pas se grouper autour de sa maternité divine? Sainte Mère de Dieu, priez pour nous! n'est-ce pas là le cri affectueux de tous les fidèles qui l'honorent, le résumé de leurs hommages? Ce cri d'amour peut-il saluer la maternité divine sans proclamer sans cesse la divinité du Sauveur? N'est-ce pas une profession de foi continuelle, une protestation incessante contre les attaques de l'impiété?

L'esprit d'erreur essuya sans doute une sanglante défaite, lorsque l'Église entière condamna l'impie Arius; mais en jetant les yeux sur le concile d'Éphèse, on ne peut s'empêcher de penser que Dieu destinait le culte de Notre-Dame à remporter en faveur de la foi une victoire non moins insigne et peut-être plus éclatante encore. Je vous le demande, la divinité de son fils fut-elle jamais reconnue d'une manière plus touchante et avec plus d'énergie que lorsque Nestorius osa attaquer le titre de mère de

(1) P. de Ravignan.

Dieu, outrageant ainsi et le fils et la mère ? — L'affection brûlante de la chrétienté, l'amour de l'Église pour cette mère bien-aimée éclate alors en indignation publique. C'est comme un coup de foudre qui tombe sur ces novateurs sacrilèges. — Lorsqu'ils commencent à se faire entendre, l'on voit à Constantinople un peuple entier leur répondre par des cris d'effroi et d'horreur. Au jour de leur condamnation la ville d'Éphèse se livre aux transports d'une joie inouïe, une allégresse inexprimable saisit bientôt l'Asie entière, et tout le monde chrétien.

Rappelez à votre souvenir cette femme de l'Évangile, qui, sur le passage de Jésus, se met à louer sa mère, et rend ainsi à Notre-Dame un culte véritable. « Bienheureuse, dit-elle, celle qui vous a porté « dans son sein et vous a nourri ! » L'Église, dans ses prières, exalte sa foi et va jusqu'à dire qu'elle a ainsi couvert de confusion non-seulement ceux qui blasphémaient alors le Sauveur, niaient sa divinité, mais encore ceux qui l'outrageraient dans la suite. — Mais s'il en est ainsi, si cet hommage rendu à Notre-Dame a tant de force contre l'erreur, de quelle honte l'esprit de mensonge n'est-il pas accablé lorsque des milliers de personnes réunies dans le sanctuaire de Notre-Dame, ou sur sa sainte montagne, par leurs chants, leurs prières, ou par leur seule présence la proclament bienheureuse, saluent tout à la fois sa maternité et la divinité de son fils ? — Contre une profession de foi si solennelle que pouvent les attaques isolées de l'impiété. Ah ! n'en doutez pas à la vue de ces milliers de fidèles attirés par leur tendresse pour Notre-Dame, lorsque les voûtes de son sanctuaire ou les échos voisins retentissent de ce cri d'amour : sainte mère de Dieu, priez pour nous, « sancta Dei genitrix, ora pro nobis, » les anges, les apôtres qui nous ont transmis le trésor de la foi, les martyrs qui l'ont scellé de leur sang, tressaillent de joie, le prince des ténèbres mugit d'une impuissante rage, et tout ce que l'impiété avait préparé contre Jésus-Christ expire sous le poids accablant des hommages rendus à sa mère. — Par ce seul salut adressé à la Mère de Dieu la foi a reconquis des âmes qui allaient lui être arrachées. Avec le culte de Notre-Dame la foi se conserve et se propage.

Et comme la puissance de Dieu se joue de l'impiété ! A ses yeux le culte de Notre-Dame est la part des âmes ignorantes et c'est de ce culte que Dieu se sert pour faire triompher la vérité.

Nous l'avons remarqué à l'occasion de cette antique prière adressée à Notre-Dame de Mont-Roland et encore conservée dans son sanctuaire, depuis bien longtemps l'on a soin d'honorer en Notre-Dame de Mont-Roland son plus beau privilége : sa conception sans tache. — Mais le mondain, l'impie sourit. — "Ah! laissez-lui son sourire de dédain, et propagez le culte de Marie conçue sans péché ! L'expression de cette vérité si glorieuse à Notre-Dame est la négation la plus énergique et la plus radicale de toutes les erreurs modernes; et lorsque tout l'univers, interrogé par le successeur de saint Pierre, lorsque deux cents millions de chrétiens saluent la conception immaculée, ils protestent de la manière la plus éclatante contre toutes ces monstrueuses doctrines vomies par l'enfer pour tout bouleverser. Sous l'influence de Notre-Dame cette protestation triomphera, comprimera le désordre intellectuel, rétablira le règne de la vérité, et la société, ébranlée par le choc de l'erreur, verra ses bases chancelantes se raffermir. — Déjà l'espérance de ce triomphe, comme un pressentiment prophétique, réjouit les fidèles et les Évêques, et préoccupe la terre entière.

Mais comment ce culte de Marie conçue sans péché est-il la négation énergique de ces erreurs ? — Pour arracher de ses fondements la société humaine et la reconstruire sur les plans insensés qu'il a rêvés, un rationalisme impie déifie la raison, l'homme tout entier, rejette la misère de notre pauvre humanité, non sur le péché originel, mais sur les lois qui ont pour objet la religion, la famille, la propriété; veut renverser toutes ces lois, et ne parle plus que des *futures destinées de l'hmanité, des hommes de l'avenir*, et d'une *rédemption nouvelle*. Comme il nie le péché d'origine, par une conséquence inévitable il affirme qu'il ne fut jamais nécessaire de nous racheter et blasphème ainsi le divin Rédempteur. Tel est l'abrégé de ce système infernal. Il ne nie ce péché, il n'outrage Jésus-

Christ que pour arriver à la ruine de tout ce qui existe. — Mais lorsque, de toutes les contrées de l'univers, les fidèles félicitent Notre-Dame d'avoir été préservée, par la grâce de Jésus-Christ, de cette souillure commune à tous les enfants d'Adam, leur accord unanime n'affirme-t-il pas ce péché lui-même? ne proclame-t-il pas la gloire du Rédempteur qui nous a rachetés ? Quelle lutte toujours vivante ! quelle victoire se prépare !

Comme Dieu semble avoir à cœur d'assurer au culte de Notre-Dame la réalisation plus complète que jamais de ces paroles si belles : « vous avez « vaincu toutes les hérésies, *cunctas hæreses tu sola* « *interemisti !* » Comme il proportionne les formes variées que ce culte revêt à la lutte qu'il doit exercer contre toutes les erreurs naissantes !

Mais il ne conserve pas seulement *la foi*, il est encore investi d'une force divine pour conserver *les mœurs*.

2°. La conservation des mœurs se rattache au maintien de trois vertus : le détachement, la pureté, l'humilité. Or qui ne voit avec quelle efficacité le culte de Notre-Dame lutte contre les passions opposées à ces trois vertus : contre *l'ambition, la luxure,* et *l'orgueil ?* Qui pourrait aussi ne pas voir que ces trois passions constituent le désordre moral capable de bouleverser les sociétés chrétiennes?

Le pauvre, séduit par les biens de la terre qu'il poursuit en vain, s'indigne, dans son ambition toujours déçue. L'œil plein de menace à la vue du riche,

il se demande s'il n'est pas homme comme lui, s'il n'a pas les mêmes droits, et semble attendre l'heure de lui faire rendre compte de ce qu'il possède. — Mais lorsque, entraîné par l'exemple, il revient au culte de Notre-Dame, le bandeau tombe, une douce lumière brille à ses yeux ; la foi se réveille, et la pauvreté de Notre-Dame l'émeut. « Ah ! se dit-il à
« lui-même, n'avait-elle pas autant de droit que
« moi à ces avantages que j'envie ? Si j'avais quel-
« que droit, la mère de Dieu n'en avait-elle pas
« plus encore ? Dieu l'a privée de ces douceurs ; il
« faut donc que ces délices soient méprisables, que
« le bonheur ne soit pas là, que la vraie grandeur
« ne soit pas dans les richesses. Elle était pauvre
« et cependant heureuse, avec son secours, je le
« serai comme elle par la vertu, l'espérance et
« l'amour. » Il dit, et, le cœur soulagé, il reprend avec courage le fardeau de la privation et des souffrances, et continue sa course dans cette vallée de larmes. A ses yeux dessillés, ce poids n'est plus qu'un trésor, le prix des éternelles joies ; et la pauvreté, qu'il accueille comme une compagne bénie parce qu'elle fut celle de Notre-Dame, le défend contre les atteintes de la volupté. — Il est devenu serviteur de Marie; ne craignez plus qu'il écoute des doctrines de spoliation et d'infamie. — Voyez cette jeune personne indigente, lorsque, aux pieds de Notre-Dame, elle a compris que le bonheur est dans la vertu, se relever avec une sainte fierté et couvrir de confusion le séducteur qui fait briller l'or à ses

yeux. Ah ! que pourraient contre elle tous les trésors de la terre ? La pauvreté de Notre-Dame lui en a révélé le néant.

Le riche perverti par l'ambition, et déjà plongé par l'opulence dans les jouissances voluptueuses, s'enrichit encore avec une dureté révoltante des sueurs de ses semblables. Il spécule, d'une manière inique, sur le besoin de travail qui se fait sentir. Il abuse de sa position. Ce n'est qu'à regret que sa main s'ouvre pour secourir l'infortune. Ce secours cependant serait un appui pour la vertu, pour l'innocence. — Vierge sainte, faites donc sentir vos attraits, que ce riche vous honore et bientôt tout sera changé. A la vue de votre pauvreté il se détachera, l'ambition et la dureté disparaîtront comme la gelée de la nuit au lever d'un soleil vivifiant. Cet honnête artisan, qu'il immole à sa cupidité, en le contraignant à violer la loi du repos ; qu'il éloigne de nos saints autels, qu'il prive ainsi de la nourriture de l'âme et qu'il expose à perdre la foi et les mœurs, cet honnête artisan, ce pauvre est votre enfant. Pour l'enfant de sa mère il aura l'affection d'un frère. Avec quelle bonté il reportera sur lui son amour pour vous. Même sans se rendre compte de cette touchante fraternité, il en aura la tendresse, la compassion.

Qu'il est grand le nombre de personnes riches qui multiplient sans cesse leurs bienfaits jusqu'à se priver des satisfactions les plus légitimes ! Qu'il est grand le nombre de pauvres saintement résignés !

N'en doutez pas, cette *patience* et cette *charité* seraient bientôt sans vigueur, si elles n'allaient se retremper dans le culte de Notre-Dame. — N'est-ce pas d'ailleurs à ce culte, à Marie dépositaire de toutes les grâces, qu'il appartient de donner l'intelligence des enseignements de la foi, de la pauvreté du Sauveur ? Oui ! sans doute ! Telle est la gloire d'un culte qui nous est si cher : il lutte contre tous les désordres de l'ambition.

Ne lutte-t-il pas avec la même efficacité contre ce vice infâme que nous pouvons comparer à un ulcère infect? — Que de tentations impures le seul souvenir de Marie si pure n'a-t-il pas comprimées? Combien de fois la vertu chancelante ne s'est-elle pas raffermie aux pieds de ses autels ? Combien de fois n'a-t-elle pas rendu au lis déjà flétri sa première blancheur ! L'histoire du culte de Notre-Dame, n'est-ce pas celle des combats et des victoires de la plus belle, de la plus délicate des vertus ? N'est-ce pas l'histoire de dix-huit siècles ?

Cette vertu dont le nom rappelle toujours celui de la Vierge des vierges, dont elle a levé l'étendard sur le monde chrétien ; cette vertu devenue le plus bel ornement du catholicisme, courut le plus grand danger à l'époque des croisades. L'Europe alors allait assister au spectacle des mœurs musulmanes et de la religion des sens. Ce fut alors aussi que Dieu ranima d'une manière admirable le culte de Notre-Dame, comme s'il avait voulu nous apprendre une fois de plus qu'il lui réserve le soin de conserver à cette fleur si belle toute sa fraîcheur. Ce fut alors que saint Bernard trouva des accents d'une inexprimable douceur pour célébrer Marie, comme si une lumière supérieure lui eût révélé que, au moment où la chrétienté allait se trouver exposée à la fascination de l'esprit impur, il fallait en toute hâte réveiller l'enthousiasme pour la Vierge divine qui l'a terrassé, et opposer à la séduction la chaste magie de son culte.

Dans ce trait qui pourrait ne pas voir un fait providentiel ? et est-ce sans dessein que, au moment où la corruption des mœurs nous envahit, Dieu excite plus que jamais le culte de Marie conçue sans péché ? Ne devons-nous pas admirer ce dessein de sa bonté, le seconder ? Oui ! nous le devons. Il veut nous sauver. — Oui ! le culte de Notre-Dame est un arome, un parfum destiné à nous préserver, et à préserver le corps social lui-même de la corruption la plus effrayante. Oui ! c'est la glorification, l'apothéose de la virginité dans la Vierge mère de Dieu qui a suscité, depuis l'origine du catholicisme, des multitudes innombrables de vierges, leur a donné l'énergie, la liberté du dévouement, et opéré les prodiges de la charité. Propageons ce culte et nous verrons les mêmes prodiges. Nous serons sauvés !

Ce culte, en nous rappelant l'exemple de l'humilité la plus profonde, lorsqu'il nous dira sans cesse que la mère de Dieu ne se glorifiait que du titre de servante, ne parlait que de sa bassesse, « respexit « humilitatem ancillæ suæ, » ne guérira-t-il pas encore une de nos plaies : celle de l'orgueil ? — L'orgueil s'enivre de ses propres idées, brise tout frein, renverse toute autorité qui s'oppose à la réalisation des chimères qu'il poursuit, bouleverserait le monde pour la satisfaction des plus pitoyables utopies. — Mais ces flots d'orgueil ne s'abaisseront-ils pas devant cette Vierge si grande et si humble qui se laissa toujours diriger et ne sut qu'obéir ? Ne s'évanouiront-ils pas sous l'impression de cette étude et de cette imitation de la vie de Marie, partie essentielle de son culte ? Oui ! c'est incontestable, et il n'est pas moins hors de doute que l'orgueil enfante la corruption des mœurs, et que l'humilité répare les brèches faites à la chasteté.

Et remarquez comme le culte du privilége de la conception immaculée semble préparé par Dieu lui-même pour abattre l'orgueil insensé de notre époque. — Cet orgueil, au lieu d'attribuer notre imperfection, notre misère à la faute originelle, à ses tristes suites, l'attribue aux lois sociales et religieuses qu'il veut renverser. Il exalte l'homme à l'égal de Dieu, lui suppose au moins une perfection imaginaire, ne reconnaît d'autre autorité, d'autre souveraineté que celle qui part de lui. — Le culte de Marie conçue sans péché répond : « La postérité « d'Adam n'est ni pure, ni sainte, ni parfaite dans « son origine; elle est viciée, coupable, dégradée ; « la mère de Dieu elle-même n'a échappé à cette « dégradation que par un privilége spécial ; « l'homme ainsi vicié ne peut se passer de l'expia-

« tion, de la peine, de l'humiliation, de la péni-
« tence que Dieu lui-même lui fait subir par toutes
« les misères de la vie ; il y a au-dessus de lui une
« loi supérieure d'où émanent pour lui une multi-
« tude de devoirs et d'où procède l'autorité parmi
« les hommes ; c'est parce qu'il ne s'est point sou-
« mis à cette loi qu'il s'est dégradé, et tout acte de
« révolte contre ces devoirs ou cette autorité le
« fait retomber dans la dégradation à laquelle le
« Rédempteur veut l'arracher. »

Ah ! qui ne voit toute la fécondité de ce culte si simple ? — La subordination, l'humilité, la pureté, le détachement, l'union entre les hommes, l'amour du riche pour le pauvre vertueux, du pauvre pour le riche détaché, la tranquillité commune, sont ses heureux fruits. La foi se réveille et apporte à tous le seul bonheur que nous devions chercher sur la terre.

Dans cette étude sur l'efficacité du culte de Notre-Dame nous pouvons nous élever à des considérations encore plus générales et rattacher à ce culte le bonheur de ces belles provinces au sein desquelles il a pris naissance, l'intérêt de la société elle-même.

Que voyons-nous, en effet, depuis la venue de Jésus-Christ ? d'un côté les sociétés régénérées par la vérité et la vertu que le Sauveur et son Église déposent sans cesse dans leur sein comme le germe d'une admirable civilisation ; de l'autre l'esprit du mal occupé sans cesse à leur arracher la vérité et la vertu, la foi et les mœurs, pour les replonger dans l'abîme de la dégradation par le désordre *intellectuel* et *moral*. — Or le culte de Notre-Dame est investi d'une force divine pour lutter sans cesse contre ce double désordre qui bouleverserait les sociétés chrétiennes. — Tel est le double triomphe de ce culte qui nous est si cher. Entrons un peu dans le développement de cette double pensée.

1° La vérité est la vie véritable des intelligences et de leurs sociétés, et, lorsqu'elles viennent à perdre cette vérité vivifiante, elles tombent nécessairement dans la honte de la décadence.

Les sociétés anciennes l'avaient perdue. — Pour les relever, le Fils de Dieu leur rendit ce flambeau sacré. — Pour les bouleverser de nouveau, l'esprit du mal devait chercher à l'éteindre, à déchaîner toutes les erreurs.

Et comme la foi est la gardienne de la vérité, le phare brillant destiné à éclairer ceux qui la cherchent, à leur montrer l'écueil de l'erreur, à les faire marcher d'un pas ferme et sûr, et que sans elle ils useraient leur vie à poursuivre les fantômes d'un esprit égaré, comme aussi la divinité de Jésus-Christ est une vérité mère qui donne naissance à toutes les autres, c'était contre la foi et contre la foi en l'Homme-Dieu que l'esprit de mensonge devait surtout soulever le désordre intellectuel. Il le fait sanscesse.

Or, nous l'avons compris, le culte de Notre-Dame proclame sans cesse la divinité de Jésus-Christ, et conserve la foi, il lutte donc efficacement contre le désordre *intellectuel.*

2° Trois passions constituent le désordre *moral* capable de bouleverser les sociétés : *l'ambition, la luxure, l'orgueil.*

L'ambition, foyer de haines et de guerre entre les différentes classes de la société, détruit l'union qui lui est nécessaire ; *la luxure,* comme un ulcère infect, l'énerve, lui ôte toute énergie, la ronge, et la consume ; *l'orgueil,* comme un volcan, la livre à des commotions continuelles, et, après avoir renversé tout principe de stabilité, ne laisse que des ruines.

Mais, nous l'avons vu, le culte de Notre-Dame, pour conserver les mœurs, lutte sans cesse contre ces trois passions si destructives. Notre preuve est toute faite. Ce culte enchaîne ces trois passions.

Il lutte donc efficacement contre le désordre *intellectuel* et contre le désordre *moral.* Il retient les peuples sur le bord de l'abîme de la décadence et de la dégradation.

CHAPITRE XXXVI

CONCLUSION.

Et maintenant, mon cher lecteur, en présence de la fécondité, de l'efficacité merveilleuse du culte de Notre-Dame ; lorsque la foi se perd, lorsque la vérité s'obscurcit dans un si grand nombre d'intelligences; lorsque les passions, les plaisirs mondains, licencieux recommencent à profiter d'un instant de repos, pour reprendre leur empire affaibli naguère par de salutaires frayeurs, que nous reste-t-il à faire ? A donner l'exemple du culte de Notre-Dame, à l'inspirer par nos paroles, à prier afin qu'il se propage.

Ce culte conservera la foi, purifiera les mœurs, nous préservera de l'envahissement du libertinage, de la corruption qui étend chaque jour ses funestes ravages. — Il luttera contre le désordre intellectuel et moral, empêchera ces belles contrées de tomber dans l'abîme de la dégradation, maintiendra la vérité et la vertu, ce double germe de civilisation que le Sauveur et son Église y déposent sans cesse. Il affermira la société elle-même sur ses bases chancelantes, et nous serons sauvés.

Que nous reste-t-il à faire ? — Cet antique sanctuaire de Mont-Roland, tant de fois renversé et relevé avec tant de persévérance, est un héritage de grand prix, un monument de la piété des ancêtres. Son origine au premier âge de l'Église est une nouvelle preuve des grandeurs de Notre-Dame, de Marie notre mère; une nouvelle preuve de notre propre noblesse, de la divinité de notre foi. C'est un pieux souvenir de saint Martin, d'un apôtre des premiers siècles; de Roland, de Jean de Vienne, de la vivacité de la foi unie à l'énergie du chrétien. Ce sanctuaire nous rappelle la puissance et la bonté de

Notre-Dame ; la délivrance dans les calamités publiques, le secours dans tous les périls. — Il faut maintenir intact cet héritage; ce monument de la piété des aïeux ; cette nouvelle preuve de notre sainte et glorieuse noblesse, de la divinité de notre foi. Il faut conserver ces pieux souvenirs qui s'y rattachent, ce gage de la puissance et de la bonté de Notre-Dame. — Pour garder intact un tel trésor, contribuez à l'entourer de la confiance, de l'affection de tous. Que vous seriez heureux si vous pouviez concourir à faire revivre ces anciennes démonstrations de la dévotion publique, dont Notre-Dame de Mont-Roland était l'objet, et qui attiraient sur tous de si abondantes bénédictions.

Enfin, en finissant, je dois vous prier de remercier avec moi tous ceux qui ont fourni à ce travail les ouvrages anciens et modernes, les manuscrits capables de jeter quelque lumière sur Notre-Dame de Mont-Roland et se sont empressés de nous ouvrir les trésors de la bibliothèque, de la mairie de Dôle, et les riches archives du Jura à Lons-le-Saunier.

NEUVAINE

A

N.-D. DE MONT-ROLAND

NEUVAINE

A

NOTRE-DAME DE MONT-ROLAND

Pour cette neuvaine on peut lire et méditer le sujet donné pour chaque jour et terminer cet exercice par une des consécrations placées à la suite de la neuvaine.

On pourrait aussi réciter l'oraison jaculatoire qui suit.

O bonne Dame de Mont-Roland, obtenez-nous un grand amour pour le Cœur de Jésus-Christ.

Pour s'unir aux chœurs des Anges, l'on ferait bien de la répéter neuf fois.

Comme nous ferons cette neuvaine en union avec les chœurs des Anges, il ne sera pas hors de propos de chercher à connaître un peu ces différents chœurs. — Nous prendrons pour guide Suarez. Tous les détails dans lesquels il entre ne sont pas des articles de foi ; mais, pour intéresser la piété, il suffit qu'ils aient la valeur qu'un grand théologien donne à l'opinion qu'il embrasse.

Les neuf chœurs des Anges forment trois hiérarchies différentes et supérieures les unes aux autres. La première se compose *des Anges, des Archanges, des Principautés ;* la seconde *des Puissances, des Vertus, des Dominations.* La troisème, élevée au-dessus des deux autres, se compose *des Trônes, des Chérubins, des Séraphins.*

Les *Anges* sont les messagers de Dieu, ils sont commis à la garde des simples fidèles. Les messages les plus importants sont confiés aux *Archanges.* Il est probable que les Archanges sont ainsi appelés parce qu'ils ont des fonctions plus élevées ; qu'ils sont les gardiens des rois, des princes, des pontifes et autres personnes de ce rang. — Les *Principautés* dirigent les Anges et les Archanges en tout ce qui a rapport au salut de tous les hommes, soit qu'il s'agisse de ceux qui doivent obéir, ou de ceux qui commandent ; soit qu'il s'agisse d'un simple fidèle, ou d'une réunion de fidèles, d'une société. Il est vraisemblable que quelques-uns des Anges du chœur des Principautés prennent soin par eux-mêmes des principaux royaumes de la terre, peut-être aussi des rois et des pontifes les plus capables d'exercer une grande influence.

Les *Puissances* exercent un pouvoir spécial sur les malins esprits, arrêtent leurs efforts, les enchaînent et nous défendent. — C'est par les *Vertus* que Dieu opère le plus ordinairement ses prodiges et ses miracles. Suarez ajoute qu'il est souvent nécessaire, pour gouverner et conserver les hommes, que Dieu agisse en dehors du cours ordinaire des causes naturelles, sans que pour cela nous puissions nous en apercevoir, et il pense que Dieu se sert alors du ministère des Vertus. — Les *Dominations* n'exercent à l'extérieur aucun ministère qui ait rapport au gouvernement de ce monde; mais ils dirigent d'une manière bien relevée tous les ministres invisibles de la providence et de la grâce.

La gloire et la majesté de Dieu reposent sur les *Trônes*. — Les *Chérubins* s'élèvent au-dessus de tous les autres chœurs par la sublimité des lumières que Dieu leur communique et qu'ils communiquent eux-mêmes aux autres anges et à nous, comme les Séraphins communiquent les divines flammes dont ils sont embrasés. — Enfin les *Séraphins* s'élèvent même au-dessus des Chérubins par l'ardeur de l'amour dont ils brûlent sans cesse pour Dieu.

PREMIER JOUR

Unissons-nous au chœur des Anges pour féliciter Notre-Dame de Mont-Roland de l'antiquité du culte dont elle est l'objet.

L'enfant d'une noble famille jette un regard de plaisir sur l'ancienneté de la noblesse de sa mère. Il n'est pas jusqu'au château qu'elle habite qui ne lui plaise par ses preuves irréfragables d'antiquité. — Mais *noblesse oblige*, et, sans s'en rendre compte, il rejette *les pensées basses, une conduite dégradante.*

De même l'antiquité du culte de Notre-Dame de Mont-Roland nous plaît et nous aimons à la voir honorée sur sa sainte montagne à une époque déjà bien éloignée. — Mais si nous aimons à remonter jusqu'à ces temps heureux où les pieux ancêtres lui ont donné les témoignages de la plus tendre piété, et si nous nous souvenons sans peine que la mère de Dieu est aussi notre mère, sommes-nous bien éloignés *des pensées basses et d'une conduite indigne des enfants d'une telle mère et des frères de Jésus-Christ?*

1º Avoir l'esprit presque uniquement occupé de ce qui est terrestre, des biens de la terre, des honneurs, des joies, des plaisirs du monde, de la parure, des lectures frivoles, dangereuses, n'est-ce pas avoir des pensées basses ? — Dieu est notre fin dernière, notre souverain bien. Ne pas vouloir comprendre qu'il faut tout sacrifier à l'acquisition de ce bien éternel, n'est-ce pas avoir l'esprit étroit ? — Ne pas voir que nous devons mettre avant tout le règne de Dieu, que la providence elle-même viendra à notre secours si nous mettons avant tout l'accomplissement de la loi de Dieu, qu'au moins le sacrifice doublera le mérite et la récompense, n'est-ce pas avoir l'esprit étroit et ne concevoir que des pensées basses ? Ne pas avoir assez d'ampleur dans le jugement pour embrasser d'un seul regard et comparer le temps qui fuit et l'éternité qu'il ne faut pas sacrifier à un plaisir passager, éphémère, n'est-ce pas avoir l'esprit étroit ? — Se faire un plan de vie en dehors de celui que Dieu veut que nous suivions ; vouloir les richesses, telle ou telle autre satisfaction, pour cela ne pas reculer devant l'infraction de la loi de Dieu ; laisser de côté ou entendre à son gré ses devoirs d'état, pour éviter la peine ou arriver à un résultat que Dieu réprouve, et ne pas comprendre que la justice infinie saura bien déranger tous ces calculs, toutes ces combinaisons, tous ces arrangements, que l'éternelle malédiction, que la malédiction même temporelle sera le châtiment de l'oubli de Dieu, n'est-ce pas encore avoir l'esprit étroit et livré aux pensées les plus basses ?

Lorsque l'intelligence infinie affirme que le bonheur est dans la pauvreté, dans les larmes, ne louer en quelque sorte une personne qu'à cause de la fortune qu'elle possède, ne parler que des avantages matériels dont elle jouit, l'estimer heureuse parce qu'elle passe sa vie dans les délices et que tout semble lui sourire, n'est-ce pas rejeter les hautes pensées du Fils de Dieu pour ne nourrir son esprit que de pensées basses?

2° Se livrer avec tant de facilité à tant de fautes journalières, n'est-ce pas tenir une conduite indigne d'une telle mère et des frères de Jésus-Christ ? — Voyons bien quels sont nos actes et n'oublions pas que, si *noblesse oblige*, une noblesse infiniment préférable à celle qui ne donne par elle-même aucun droit au royaume des cieux nous oblige incomparablement plus. — Aux pieds de Notre-Dame, pleins de confiance en son secours, demandons pardon pour le passé, prenons pour l'avenir d'énergiques résolutions.

O bonne Dame de Mont-Roland, faites que désormais la terre et tout ce qui est terrestre me paraisse vil et méprisable et que je ne prenne désormais de ce qui est passager que le soin que la providence elle-même demande de moi. « Que sert à l'homme « de gagner l'univers, s'il vient à perdre son âme ? » Obtenez-moi de ne jamais l'oublier.

Le 18 avril 1856, une jeune personne gravissait la sainte montagne, et venait, aux pieds de Notre-Dame de Mont-Roland, la remercier d'une grande faveur. Sa piété filiale ajoutait à sa reconnaissance. — Sa mère était âgée de 80 ans et malade, affligée du triste état d'une mère si respectable, elle s'adresse à sa mère du ciel, fait une neuvaine en son honneur. La neuvaine s'achève et Notre-Dame n'apporte aucun adoucissement à sa peine. Avec cette constance qui contraint en quelque sorte Dieu lui-même à nous exaucer, elle continue ses instances auprès de Notre-Dame, entreprend une seconde neuvaine, et, la neuvaine terminée, la guérison si désirée se fait encore attendre. Avec une foi moins vive elle se serait livrée au découragement ; mais sa confiance sut triompher des résistances apparentes de Notre-Dame, ou plutôt Notre-Dame lui avait obtenu cette confiance qui devait enfin faire violence au ciel. Animée d'une nouvelle ardeur elle commença une neuvaine en l'honneur de Notre-Dame de Mont-Roland. Sa persévérance fut couronnée d'un plein succès et sa vieille mère rendue à la santé. — Nous comprenons sans peine que de tels délais lui ont fait apprécier ce bienfait et ont donné de nouveaux charmes à la joie qu'elle doit à Notre-Dame (1).

(1) Presque tous les faits rapportés dans cette neuvaine sont tirés d'un espèce de journal dans lequel on rend compte, jour par jour, des témoignages que les pèlerins de Mont-Roland rendent à la bonté de Notre-Dame.
En les citant, l'auteur de cette neuvaine n'a pas la prétention de constater des miracles, ce qui n'appartient qu'à l'autorité ecclésiastique. Il veut simplement exposer des traits de protection, des prières exaucées. Tous ces faits, il les rapporte à son tour comme les pèlerins de Notre-Dame ou ses fidèles serviteurs les ont eux-mêmes racontés.

DEUXIÈME JOUR

Unissons-nous au chœur des Archanges pour féliciter Notre-Dame de Mont-Roland de la fécondité du culte dont elle est l'objet.

Gravissons ensemble la colline de Mont-Roland. Suivons ces chemins battus depuis tant de siècles par tant de pieux fidèles. Voyez-les prosternés, absorbés dans la prière. Avec quelle assiduité ils visitent cette sainte montagne ! mais aussi que le culte de Notre-Dame de Mont-Roland produit en eux d'heureux résultats ! — Que de personnes jeunes encore ont trouvé dans son sanctuaire cet esprit de réflexion qui préserve de la séduction des plaisirs, donne naissance à toutes les vertus, prépare les vocations les plus sublimes ! Aux pieds de Notre-Dame de Mont-Roland je vois des riches dégagés de ce qui est périssable, des pauvres saintement résignés. Ils lui doivent cette patience, cette charité que vous admirez.

Le culte de Notre-Dame de Mont-Roland n'aura-t-il pas pour vous la même fécondité ! Ne peut-il pas produire aussi en vous *le recueillement* et *le détachement*, ces deux éléments de sainteté ?

1° Ce culte ne vous fera peut-être pas arriver à cet amour de la solitude et du silence qui aboutit à une vocation religieuse ; mais si vous avez recours à Notre-Dame de Mont-Roland, le calme se fera dans votre esprit, la légèreté et la dissipation en seront bannies ; même au milieu des occupations les plus tumultueuses vous trouverez une extrême facilité à rentrer dans une solitude intérieure qui vous est encore inconnue. Là vous trouverez Dieu lui-même, vous vous entretiendrez avec lui cœur à cœur ; et, quand vous aurez connu l'entrée de ce sanctuaire secret, vous y pénétrerez dans l'instant le plus rapide, au milieu même de la multiplicité de vos devoirs d'état, pour adresser à celui qui y réside une de ces paroles affectueuses qui ouvrent des sources de grâces, sanctifient les actions les plus indifférentes, et font agir avec cette présence d'esprit qui donne, même naturellement, le succès. A quelle sainteté ne pourriez-vous pas parvenir, s'il en était ainsi ! — Si, au contraire, votre esprit est sans cesse égaré, hors de lui-même, entraîné par une curiosité incessante, Dieu fixera-t-il, malgré vous, votre attention sur telle ou telle autre vérité, qui produirait de si salutaires impressions et vous conduirait à une complète réforme ? Pour vous conduire au recueillement, il vous engage à prier Notre-Dame de Mont-Roland. Ne manquez pas de le faire. Que ce culte vous soit cher ! Vous en goûterez les heureux fruits.

2° Le détachement est nécessaire à tous. Même

au milieu des richesses il faut être dégagé de tout, se détacher par l'aumône et les bonnes œuvres, posséder comme si l'on ne possédait pas, « *tanquam non possidentes,* » user des biens de la terre comme si l'on n'en usait pas, « *tanquam non utuntur,* » avoir le cœur pauvre ; le ciel est à ce prix ; « *beati pauperes spiritu : quoniam ipsorum est regnum cœlorum.* » Livrons-nous donc au culte de Notre-Dame de Mont-Roland. Il produira en nous ce détachement qui conduit au ciel.

O bonne dame de Mont-Roland, vous avez fait descendre sur vos bons serviteurs d'abondantes grâces ; vous avez délivré leur esprit de mille pensées inutiles, et brisé les chaînes qui retenaient leur cœur captif. Ne serait-ce que pour moi que vous paraîtriez impuissante ? Il n'en sera pas ainsi, ô bonne mère, et je vous bénirai à jamais.

Notre-Seigneur semble vouloir renouveler l'ancienne ardeur avec laquelle on s'adressait à Notre-Dame de Mont-Roland. C'est sans doute dans ce dessein qu'il multiplie d'une manière extraordinaire les faveurs qu'on reçoit dans son sanctuaire. Pour nous en convaincre, réunissons quelques faits de dates fort rapprochées. — Une personne de Tavaux était malade depuis plusieurs années. Elle entreprit cependant le voyage de Mont-Roland et le fit à pied. Elle ne se contenta pas de ce premier pèlerinage, elle vint une seconde fois, et déjà sa position s'était améliorée. Le 2 juillet 1856, elle fit son troisième pèlerinage ; mais cette fois sa pieuse démarche fut l'accomplissement du devoir qu'impose la reconnaissance. Elle venait remercier Notre-Dame de sa guérison. — Le 6 juillet de la même année une autre personne rendait témoignage à la bonté de Notre-Dame et attestait qu'elle l'avait guérie d'une maladie qui durait depuis longtemps. Elle la priait avec confiance et a été exaucée. Avec quelle ardeur elle cherche à propager sa gloire ! — Le 25 du même mois met sous nos yeux une nouvelle preuve de cette protection si douce que Notre-Dame étend sur ceux qui l'invoquent. Deux personnes, le père et la fille, allaient périr. Leur maison était incendiée et ils avaient voulu sauver quelques objets bien nécessaires en les portant dans une cave où les flammes ne les atteindraient pas; mais, lorsqu'ils étaient en ce lieu, le toit qui était tout en feu tombe devant la porte de cette cave, l'obstrue, l'embrase et leur ferme toute issue. Ils ne pouvaient se faire entendre, la flamme et la chaleur entraient dans cet étroit réduit dont ils ne pouvaient sortir. Ils ne voyaient plus aucun moyen de salut lorsqu'ils appelèrent Notre-Dame de Mont-Roland à leur secours. La délivrance ne se fit pas attendre. Ils furent sauvés d'un si grand danger. — Le même jour une famille entière venait remercier Notre-Dame de la guérison d'une personne qui leur était chère et qu'ils n'avaient plus l'espoir de conserver. — Le mois d'août de la même année n'est pas moins riche en témoignages rendus à la puissance et à la bonté de Notre-Dame. Le père d'une nombreuse famille était très-malade. On fit pour lui une neuvaine à Notre-Dame et il fut bientôt hors de danger. — A la même époque une personne de Besançon s'est reconnue redevable à Notre-Dame de sa guérison et de grâces nombreuses. — Deux autres personnes, l'une de Mont-Roland, l'autre des montagnes du Doubs, ont été guéries par cette Vierge si bonne. A l'une d'elles on a envoyé un peu de l'huile de la lampe placée devant son autel. — Par ces quelques dates vous pouvez juger de l'espèce de courant de piété et de reconnaissance qui s'est formé dans le cours des dernières années et se dirige vers Mont-Roland.

TROISIÈME JOUR

Unissons-nous au chœur des Principautés pour remercier Notre-Dame de Mont-Roland de la protection qu'elle accorde à sa ville bien-aimée et aux paroisses qui l'implorent.

Ce fut un beau spectacle lorsque la ville de Dôle, sous le poids d'une indicible calamité et décimée par le fléau de 1854, ne vit plus de ressource que dans la tendresse de Notre-Dame de Mont-Roland, et la contraignit en quelque sorte à bénir ses murs désolés; lorsque ses nombreux habitants l'accueillirent avec tant de transport, avec une confiance si vive, encombrèrent l'église de Dôle où elle fut reçue, et continuèrent à la visiter avec tant d'assiduité.

La crainte d'incalculables malheurs conduisit alors aux pieds de Notre-Dame. Cette crainte était bien légitime ; mais pourquoi a-t-on si peu de soin de recourir à Notre-Dame pour être préservé de malheurs plus grands encore ? Pourquoi craint-on si peu *les ravages* et *la contagion* du péché ?

1° Le fléau que l'on redoutait alors emportait avec rapidité ses victimes. La mort frappait soudain. Mais la vie de l'âme n'est-elle pas infiniment plus précieuse que celle du corps? Cette vie de l'âme vaut tout le sang du Sauveur. Une éternité de bonheur sans bornes est attachée à sa conservation.

Être victime d'un fléau, lorsqu'on est exempt de fautes graves, c'est être affranchi de toutes les peines de la vie pour aller jouir d'ineffables délices. Dans ce sens le malheur est-il bien grand ? mais commettre le péché grave et s'exposer à passer soudain dans la plus affreuse éternité, n'est-ce pas la plus épouvantable des calamités ? Une personne de bon sens peut-elle de sang-froid braver un tel péril? peut-elle de sang-froid commettre le péché ou le conserver, même un seul instant, dans son cœur? Comprenez-vous que cela soit possible? Ah ! si vous avez péché, hâtez-vous de recourir à Notre-Dame de Mont-Roland, priez-la avec plus d'empressement encore qu'on ne le fait en temps de calamité publique. Récitez en son honneur un *Ave Maria* afin d'obtenir la contrition parfaite, faites de tout votre cœur l'acte de contrition, et proposez-vous de vous confesser au plus vite, si vous ne pouvez pas le faire à l'instant. Contractez la pieuse habitude de ce recours à Notre-Dame et des actes de repentir, afin que vous soyez préservé de la mort éternelle.

Sous l'empire d'une maladie contagieuse ce qui épouvante le plus, c'est la perspective d'une mort instantanée. Par une telle mort le corps est violemment arraché à l'âme qui le vivifie. — Voilà une faible image de ce qui se passe à l'instant d'une faute grave. Un désir pleinement volontaire et gravement coupable est conçu, à l'instant même l'âme est séparée de Jésus-Christ. Être séparé de celui qui est la vie, c'est de droit la mort éternelle. Que faut-il pour qu'il en soit ainsi de fait? Un de ces accidents si communs qui transportent subitement au tribunal de Dieu. Ah! n'en perdez jamais la pensée!

2° Ce qui effrayait encore, c'était la facilité avec laquelle le fléau paraissait se communiquer. La contagion du péché est-elle moins effrayante?

Qu'une seule personne reçoive un mauvais conseil, le mauvais exemple, bientôt cent autres recevront la même leçon d'iniquité et le péché fera d'incalculables progrès; une maison, une communauté, une ville presque entière, un peu plus tôt, un peu plus tard, sera pervertie. «Par une succession « fatale, dit saint Augustin, le scandale d'un mo- « ment devient le scandale de bien des années. Or, « reprend ce saint docteur, tous ces péchés vien- « nent de vous, ils retourneront à vous. Vous serez « puni pour tous les péchés que vous aurez fait « commettre. » — Quel malheur d'avoir à porter non-seulement ses propres fautes, mais encore celles d'un grand nombre de personnes, et d'avoir à répondre au tribunal de Dieu pour toutes les fautes que par faiblesse, par une tolérance coupable, ou par passion, on aura fait ou laissé commettre!

Le péché, ne fût-il pas connu, aurait encore bien souvent sa contagion. Certains péchés passent en quelque sorte des pères aux enfants, leur laissent comme un triste héritage une certaine disposition à commettre des iniquités semblables.

O bonne Dame de Mont-Roland, notre refuge aux jours de calamités publiques et de contagion, préservez cette ville, toutes les paroisses qui vous sont chères, de la contagion du péché ; faites-en cesser les ravages. Votre puissance peut aller jusque-là ; que votre bonté exauce notre prière et obtienne que nous ne soyons jamais assez malheureux pour propager l'iniquité, ou assez peu zélés pour ne pas chercher à en arrêter le torrent.

Allons ensemble à Mont-Roland ! Voyez-vous sur la route qui y conduit cette joyeuse troupe de jeunes écoliers. C'est sans doute quelque délassement, quelque petite partie de plaisir qu'on leur procure. Non ! ils se dirigent vers le sanctuaire de Notre-Dame et conduisent en quelque sorte en triomphe un de leurs condisciples. Ils l'ont sauvé par leurs prières. Le médecin et les parents de leur jeune protégé n'avaient plus l'espoir de le conserver. Le scorbut et la gangrène allaient mettre fin à ses jours. Ils commencèrent une neuvaine en l'honneur de Notre-Dame de Mont-Roland, et dès le premier jour le petit malade se trouva mieux. — Mais vous pensez peut-être que de jeunes enfants ou quelques-unes de ces personnes qui ont le privilège d'être du nombre de celles que vous appelez *personnes pieuses* sont seuls capables de se livrer avec constance aux exercices d'une neuvaine. Jetez les yeux sur cet homme. Il habite Monnières. Dans une chute qu'il fit, il se fracassa le genoux. Vous l'avez vu peut-être vous-même marcher avec des béquilles. Il était en cet état depuis un an, lorsqu'il commença une neuvaine à Notre-Dame de Mont-Roland. Écoutez ; il raconte sa touchante histoire. « Dès le premier « jour de ma neuvaine, dit-il, j'allai mieux ; le se- « cond mieux encore, et le huitième je jetai là mes « béquilles. Depuis, ajoute-t-il, j'ai fait une maladie « qui devait m'emporter. Tout le monde s'y atten- « dait et moi aussi. J'ai reçu les derniers sacrements « et je me suis trouvé comme à l'agonie; mais une « autre neuvaine m'a sauvé. »

QUATRIÈME JOUR

Unissons-nous au chœur des Puissances pour féliciter Notre-Dame de Mont-Roland du secours qu'elle assure à ses bons serviteurs contre les assauts des ennemis du salut.

Notre-Dame de Mont-Roland ne nous obtiendra pas toujours de ne pas avoir à combattre; mais elle nous préparera la victoire. — Ses serviteurs les plus fidèles sont violemment assaillis par les malins esprits; mais leur sainteté ne fait que croître au milieu de la guerre qu'ils ont à soutenir. — Si les tentations sont *une source de péchés* pour l'âme de mauvaise volonté, elles sont *une source de mérites* pour l'âme de bonne volonté.

1° L'âme de mauvaise volonté ne prie pas Notre-Dame, elle ne craint pas la tentation, elle dort au milieu des ennemis qui lui font la guerre, lui dressent des embûches. Les tentations ne l'inquiètent nullement, elle laisse tranquillement le séducteur présenter à son imagination les tableaux les plus révoltants; elle permet à ses sens, à ses yeux de s'égarer; dans sa présomption elle se livre à des lectures licencieuses, dangereuses au moins; les plaisirs mondains, les danses trop libres l'entraînent ; elle ne fuit pas telle ou telle autre personne qu'elle devrait fuir, telle ou telle autre réunion qu'elle devrait éviter. Comment ne commettrait-elle pas une multitude de péchés ? — Celui qui aime le danger y périra. Le Saint-Esprit nous en a assez avertis. *Qui amat periculum in illo peribit.* — Lorsqu'on ne repousse pas la première pensée de l'iniquité, l'horreur que l'on doit en avoir s'affaiblit, une délectation coupable, le désir, se sont bientôt emparés de la volonté. — Lorsqu'on ne redoute pas ce qui n'est pas évidemment mortel, par les fautes légères on arrive bientôt au péché grave.

2° L'âme de bonne volonté, au contraire, dans le danger recourt habituellement à la prière, au moins par un regard du cœur vers Dieu. Les tentations la remplissent de crainte, parce qu'elle se défie d'elle-même. L'agitation, l'inquiétude, qu'elles lui causent, sont à elles seules la preuve qu'elle ne les veut pas, qu'elle n'est point coupable. La tentation peut bien malgré elle agir sur ses sens, un plaisir involontaire peut bien se faire sentir ; mais le déplaisir intime qu'elle en conçoit, aussitôt qu'elle s'en aperçoit, montre assez que le consentement n'est pas donné, que cette âme est encore à Dieu seul. — Si ses yeux s'égarent, dans un moment d'inadvertance, elle s'en afflige aussitôt.

Ah ! qu'elle continue à se défier d'elle-même ; mais qu'elle dise en même temps; « Je puis tout « avec le secours de Notre-Dame, » qu'elle ne se laisse pas épouvanter par un ennemi méprisable et une multitude de mérites seront le résultat de tant de combats. — Elle est soumise à une tentation contre la foi, contre l'espérance, contre la chasteté, que se passe-t-il alors ? Dans le premier moment peut-être de la tentation elle n'a pas cette liberté sans laquelle il n'y a ni faute ni mérite ; mais aussitôt que l'inadvertance a cessé, dès que la réflexion vient l'avertir elle conçoit du déplaisir de la tentation qu'elle endure. Or cet acte de déplaisir est un acte de foi, d'espérance ; de chasteté, si elle est tentée contre cette belle vertu. A chacun de ces actes correspond une nouvelle grâce, une nouvelle gloire pour le ciel. Si la tentation est revenue cent fois à la charge, elle a mérité cent fois le bonheur qui ne finira jamais et l'on peut dire que la vertu mise en péril par de telles attaques a centuplé ses forces. — Comme la tentation humilie, les mérites acquis ne sont point gâtés par la vanité.

O bonne Dame de Mont-Roland, obtenez-moi cette bonne volonté qui me fera acquérir de tels trésors, et, lorsque je serai engagé dans de tels combats, envoyez-moi vos anges pour qu'ils m'assurent un triomphe complet. Venez vous-même à mon secours !

Pour exciter en nous une entière confiance en la bonté de Notre-Dame, groupons encore quelques faveurs dues à sa puissante intercession. Le 30 août 1856 une personne de Dôle écrivait ces quelques lignes qui peuvent bien avoir à nos yeux toute la

valeur d'un ex-voto. « Auriez-vous l'obligeance de
« célébrer une messe d'action de grâces à l'autel de
« Notre-Dame de Mont-Roland, mardi à 7 heures du
« matin ? C'est une dame de Dôle qui la demande
« pour remercier la sainte Vierge de la guérison
« d'un père de famille qui se trouve en Amérique
« et qui a recouvré la santé à la suite d'une pro-
« messe faite par une de ses parentes de faire dire
« une messe en l'honneur de Notre-Dame de Mont-
« Roland. » — Un homme souffrait cruellement
d'une angine qui l'avait presque réduit à l'extrémité. Il ne pouvait plus quitter le lit et les médecins
l'avaient abandonné. Ses sœurs recoururent à celle
qui n'abandonne jamais ceux qui la servent avec
fidélité. Elles firent au chevet du lit du malade une
neuvaine en l'honneur de Notre-Dame. Notre-Dame
exauça leurs prières, comme son divin Fils celle des
sœurs de Lazare. La santé fut rendue à leur frère.
— Une dame de Dôle avait une courbature qui la
faisait cruellement souffrir. Elle commença une
neuvaine à Notre-Dame. Le neuvième jour elle a
été guérie. Le 21 septembre 1856, elle se dirigeait
vers Mont-Roland avec son mari et ses enfants; elle
allait remercier la sainte Vierge. — Une personne
avait un payement considérable à faire. Déjà elle
s'était adressée à quinze personnes et les avait
priées de venir à son secours. Toutes ses démarches
avaient été inutiles ; mais la puissance et la bonté
de Notre-Dame ne manquent pas, lorsque celles des
hommes font défaut. Dans son inquiétude cette

bonne personne se contente d'offrir à Notre-Dame de Mont-Roland une fleur bien simple pour l'engager à la secourir, et le secours arrive presque aussitôt. Ce trait n'est pas le seul de ce genre; en parlant de Notre-Dame, on est obligé de ne dire qu'une partie des bienfaits dont tant de personnes lui sont redevables.

CINQUIÈME JOUR

Unissons-nous au chœur des Vertus pour remercier Notre-Dame de Mont-Roland du secours que reçoivent ceux qui ont recours à sa puissance et à sa bonté.

Tant de personnes ont obtenu ce qu'elles demandaient par l'intercession de Notre-Dame de Mont-Roland, que nous pouvons avoir l'espérance d'être nous-mêmes exaucés. Il importe cependant que nous sachions avec quelles dispositions nous devons nous adresser à elle.

1° Quand nous sollicitons un secours purement *temporel*, nous devons le faire avec une *intention droite* et une *complète résignation*. — Par la droiture de l'intention nous rapporterons à Dieu, notre fin dernière, l'avantage temporel que nous espérons, nous nous proposerons de n'en user que pour sa gloire, notre salut ou celui du prochain. Nous prierons afin que cette résolution soit sincère et mise en pratique. Notre-Dame n'est pas sans doute disposée à s'écarter de l'esprit de son divin Fils et elle veut comme lui que nous cherchions avant tout le règne de Dieu et sa justice, *Quærite pri-*

« *mum regnum Dei et justitiam ejus*. Notre-Seigneur disait à ses apôtres : Vous n'avez encore rien demandé, *usquemodo non petistis quidquam*.
« Mais, nous dit saint Augustin, comment pou-
« vait-il leur tenir ce langage, puisqu'il est évi-
« dent que les apôtres lui avaient déjà demandé
« plusieurs grâces? saint Pierre de demeurer
« sur le Thabor, les enfants de Zébédée d'être
« élevés aux deux premières places de son royaume ?
« Ah! répond ce saint docteur, il est vrai qu'ils lui
« avaient demandé ces sortes de grâces, mais parce
« que ces grâces n'étaient que des avantages
« humains (au moins dans l'intention des disciples),
« et que dans l'idée du Sauveur tous les avantages
« humains ne méritaient nulle estime, il croyait
« avoir droit de compter pour rien tout ce qu'ils
« lui avaient demandé. » Aussi le divin Sauveur dans l'Oraison dominicale nous apprend à demander d'abord que le règne de Dieu arrive et ensuite le pain de chaque jour. — A la droiture d'intention ajoutons la résignation. Car il peut très-bien se faire qu'il soit plus avantageux pour notre salut que ce que nous demandons ne nous soit pas accordé. Tel avantage temporel, au lieu de nous conduire à notre fin dernière, au ciel, nous en détournera peut-être, nous perdra. Dans ce cas ne serait-il pas déraisonnable de ne pas se soumettre?

2° Si nous sollicitons un secours *spirituel*, de deux choses l'une: ou ce secours est absolument nécessaire, comme la conversion, la persévérance;

la perfection à laquelle Dieu veut que nous nous élevions ; ou il n'est pas absolument nécessaire. — S'il est absolument nécessaire, nous l'obtiendrons, n'en doutons pas ; si nous n'étions pas exaucés, ce serait parce que nous ne demanderions pas avec assez de foi. — Si ce secours n'est pas absolument nécessaire, prions encore avec *droiture d'intention* et *résignation,* car il peut se faire que ce que nous demandons ne nous soit pas avantageux, et même expose notre salut. Il peut se faire aussi qu'une autre grâce nous soit plus utile. Soumettons-nous donc, et cependant prions avec ferveur, nous serons heureux si nous recevons, au lieu de la faveur demandée, une faveur plus grande. Nous demandons, je le suppose, la cessation d'une peine intérieure. Peut-être sans elle nous tomberions dans une fausse sécurité. Nous serons trop heureux si nous obtenons, au lieu de notre délivrance, un indicible courage pour porter notre croix. Telle autre grâce nous exposerait peut-être à l'orgueil, nous serons trop heureux si nous recevons une augmentation d'humilité. Donc résignation.

Mais si nous sommes en ces dispositions, demandons avec la plus entière confiance. Souvent nous ne sommes pas exaucés parce que nous hésitons, parce que notre confiance n'est pas sans bornes : *Postulet in fide nihil hæsitans.* — Ne nous lassons pas de demander ; nous nous lasserions peut-être au moment d'être exaucés. Notre-Dame, comme son divin Fils, aime qu'on lui fasse violence, elle se plaît à être vaincue par notre confiance : *Expecta, reexpecta*. Attendez, attendez encore.

O bonne Dame de Mont-Roland, obtenez-moi cette droiture, cette résignation, cette confiance sans bornes, cette constance dans ma prière ; et avec cela je ne doute pas du succès de la demande que je vous fais pendant cette neuvaine ; car je suis assuré que vous m'exaucerez, ou que vous m'obtiendrez mieux encore que ce que je demandais.

Au mois de mai 1857 une jeune personne de Besançon, accompagnée de sa mère, se dirigeait vers Mont-Roland. Elle venait de payer son tribut à une maladie qui a fait des ravages à Besançon. Condamnée par les médecins, elle ne connaissait pas encore Notre-Dame de Mont-Roland. Aussitôt qu'elle la connut, elle eut confiance en sa bonté et se trouva mieux. — Au mois de juin, une autre jeune personne de Besançon montait aussi à Mont-Roland pour remercier Notre-Dame de sa guérison. Que de personnes lui sont redevables de bienfaits semblables! Elles sont en si grand nombre qu'il faut renoncer à les faire connaître. Que de faveurs spirituelles, plus précieuses encore, sont dues à cette Vierge si bonne ! — Un des élèves du collège de Fribourg était atteint d'une fièvre typhoïde. Dans un état désespéré, il fut, dit-on, trois jours à l'agonie. On eut recours à Notre-Dame de Mont-Roland et il fut bientôt hors de danger. — Le 30 août de la même année une mère gravit la sainte montagne. C'est la reconnaissance qui la conduit à Mont-Roland. Son enfant, âgé de huit ans environ, était perclu de ses membres, et il est maintenant entièrement guéri. — Le 13 octobre, une autre mère apporte son enfant en parfaite santé, cette enfant a été guérie par Notre-Dame et la mère vient lui rendre de vives actions de grâces. — Voyez-vous presque à côté de cette bonne mère cette autre personne ? Elle était affligée depuis vingt ans d'une dartre pénible; Notre-Dame l'a délivrée.

SIXIÈME JOUR

Unissons-nous au chœur des Dominations (1) pour demander par l'intercession de Notre-Dame de Mont-Roland un grand abandon à la Providence dans les épreuves de la vie.

Si nous considérons attentivement ce que c'est que l'épreuve, la gloire et le profit que nous pouvons en retirer, nous comprendrons sans peine que *nous ne pouvons pas la rejeter,* que *nous devrions plutôt la rechercher.*

1° L'épreuve est *une loi de notre nature.* Car il est nécessaire que la Providence nous dirige elle-même vers notre fin dernière par des routes qu'elle a tracées pour nous de toute éternité. Elle n'est point tenue de nous les montrer d'avance. Il suffit que nous nous abandonnions à elle, que nous la suivions avec fidélité, après avoir pris de toutes choses le soin raisonnable qu'elle nous commande. — C'est à elle à disposer les événements de la vie et elle ne nous doit aucun compte de cette disposition.

(1) Les Dominations, comme il a été dit plus haut, dirigent d'une manière bien relevée les ministres invisibles de la Providence.

C'est à nous à accepter ces événements, à faire avec générosité les sacrifices que réclament ces dispositions de Dieu. — Cette nécessité, cette obligation de renoncer à telle ou telle autre satisfaction, c'est l'épreuve. Elle résulte de la dépendance dans laquelle nous sommes nécessairement de Dieu notre premier principe, notre souverain maître et notre dernière fin. — Nous ne pouvons pas sans folie rejeter une loi de notre nature. Nous soumettre, nous abandonner à la Providence qui nous l'impose, c'est sagesse, c'est devoir. Par l'épreuve Dieu exerce son souverain domaine et nous fait mériter le ciel. A ce titre elle est indispensable.

Que sera-ce si nous sommes pécheurs ? En notre qualité de pécheurs pouvons-nous rejeter l'expiation ? et ne sommes-nous pas trop heureux que Dieu daigne l'accepter et la relever par les souffrances et la mort, par les mérites infinis de son Fils, qui seuls peuvent rendre cette satisfaction acceptable ? et l'épreuve n'est-elle pas une expiation simple et facile ?

2° Loin de la rejeter, nous devrions la rechercher ; car elle *nous associe à l'œuvre de la sanctification des âmes et nous prépare une indicible et éternelle joie, une ineffable gloire.*

Le Fils de Dieu a été éprouvé de toutes les manières, *tentatum per omnia*, et par la peine il a sauvé la terre. Il continue à le faire en nous. Son sang communique toute sa valeur aux épreuves que nous subissons et par elles il accomplit encore l'œuvre de la sanctification des âmes. Plus nous serons éprouvés, plus nous y contribuerons. Si nous comprenons combien est insigne l'honneur d'être ainsi associés à l'œuvre du Fils de Dieu, nous dirons sans peine que, loin de la rejeter, nous devrions la rechercher.

Quelle indicible et éternelle joie ne nous prépare-t-elle pas ? — Cette âme sauvée qui nous sera redevable de son bonheur ne verra-t-elle pas en Dieu comment nos épreuves lui auront profité ? Nous pouvons bien le penser. N'aura-t-elle pas pour nous des transports de reconnaissance ? Quelle joie lorsque, dans le ciel, elle reflétera sur nous son admirable clarté et nous renverra ces torrents de volupté qui l'enivreront à jamais ! — Quelle gloire l'épreuve ne nous prépare-t-elle pas à nous-mêmes ? « Quel meilleur moyen, dit saint Cyprien, pour nous « enrichir de mérites en cette vie et de gloire dans « l'autre, que de souffrir les peines avec patience ? » — Les tribulations, selon le langage de l'Esprit-Saint, sont comme ces épines dont on entoure la vigne pour sa sûreté. Les délices de la vie nous amolliraient, l'épreuve nous préserve de ce danger et repousse ainsi l'ennemi du salut qui viendrait nous arracher ces fruits de vertu que nous devons donner à Dieu. Qu'ils sont à plaindre ceux à qui tout prospère, qui ne connaissent pas l'épreuve ! Ils s'attachent à la terre, oublient Dieu, tombent dans l'abîme du péché et de cet abîme dans celui du désespoir éternel !

O bonne Dame de Mont-Roland, obtenez-moi d'accepter l'épreuve comme vous l'avez subie au pied de la croix, de la supporter comme vous, pour la gloire de Dieu et le salut des âmes, afin que j'entre avec vous dans cette gloire que la douleur vous a préparée.

Suivons encore la pente de la sainte colline. L'année 1858 a commencé et Notre-Dame continue à être l'objet de la plus vive reconnaissance. Quelle est cette personne qui s'approche timidement pour demander qu'une messe soit dite à son intention ? Interrogeons-la. « Je désire, dit-elle, « une messe d'action de grâces pour un enfant de « Landon. On n'avait plus l'espérance de le conser- « ver ; mais on l'a recommandé à Notre-Dame et « elle a exaucé les prières qui ont été faites pour « sa guérison. »

— Attendez un peu. Une autre personne s'avance à son tour. Elle vient demander deux messes d'action de grâces : Notre-Dame l'a guérie. — Le soleil a déjà fait presque la moitié de sa course. Il est 11 heures. Une personne est au confessionnal. Elle en sort et va s'asseoir à la table sainte. Pourquoi s'est-elle ainsi attardée ? Ah ! c'est qu'elle a déjà parcouru à jeun une distance de cinq lieues. C'est un vœu qu'elle accomplit. Sur ce fait vous désirez sans doute quelques détails : les voici. Une jeune personne de Chissey était en proie à une fièvre typhoïde et vous savez quels ravages exerce cette maladie. Sa famille offrit alors une neuvaine à

Notre-Dame de Mont-Roland et promit un pèlerinage à son sanctuaire si la jeune personne guérissait. Sa guérison a été obtenue et la promesse faite s'exécute sous vos yeux. — Cette autre jeune personne que vous voyez appartient à l'école normale de Besançon. Elle remplit une promesse toute semblable. Dans le cours de l'hiver elle fut malade à l'extrémité ; mais maintenant elle rend grâces à Notre-Dame. — Pendant que toutes ces choses s'accomplissent, Notre-Dame jette un regard de bonté sur une humble servante. Un cierge a brûlé pour elle sur l'autel de Notre-Dame, une neuvaine a été faite, elle aussi a obtenu sa guérison.

SEPTIÈME JOUR

Unissons-nous au chœur des Trônes pour demander par l'intercession de Notre-Dame de Mont-Roland la grâce d'une grande pureté.

La chasteté a élevé Notre-Dame au-dessus des anges et en a fait le trône de la sagesse infinie, *sedes sapientiæ*. Par la chasteté nous deviendrons nous-mêmes des anges et nous serons aussi le trône de la sainte Trinité. *Nous le pouvons* et *nous le devons*.

1° Nous pouvons tous, à un certain degré, chacun selon sa condition, *devenir des anges*. O pensée pleine de charmes! une personne chaste est l'égale des anges, *æquales enim angelis sunt*. Saint Augustin, saint Ambroise, et saint Bernard ne nous disent-ils pas que la chasteté fait de nous des anges? Oui? *hæc est illa virtus quæ nos angelos facit*. Dégagés par elle des affections charnelles, nous ne vivons plus que de la vie de l'esprit, *vos in carne non estis, sed in spiritu;* et cette vie, comme le dit saint Paul, doit être celle de tous les chrétiens. Par la chasteté nous commençons à vivre de la vie des corps ressuscités, de la vie des anges, *erunt*

sicut angeli Dei in cœlo. Les anges diffèrent d'une personne chaste par leur bonheur et non par leur vertu, *felicitate, sed non virtute.* Que dis-je ? saint Bernard affirme que la vertu d'une personne chaste a plus d'éclat que la pureté des anges.
— Par cette vertu *nous serons le trône de la sainte Trinité.* Un corps chaste est le sanctuaire de Dieu ; il y repose. Quelques rayons de la beauté toujours ancienne et toujours nouvelle le pénètrent et commencent cette glorieuse transformation qui s'achèvera au-delà du tombeau. Par le vice opposé à cette vertu Dieu est chassé : il se retire pour préparer ses foudres vengeresses ; *non permanebit spiritus meus in homine in æternum quia caro est.*

2° Nous devons être des anges et le trône de la sainte Trinité ; car nous devons conserver notre dignité *d'homme* et *de chrétien;* et si la chasteté ne fait de nous des anges, nous descendrons au-dessous de la brute.

Comment la dignité d'homme serait-elle conservée ? Quel hideux tableau les hommes de la science eux-mêmes nous ont tracé de celui qui se livre à l'esprit impur ! « Sa mémoire s'affaiblit et s'éteint, « son imagination s'appauvrit, son jugement s'obs-« curcit, et sa physionomie revêt un aspect d'hébé-« tude et d'abrutissement qui lui est propre. Il n'est « plus qu'un être abâtardi, animalisé ; il est moins « encore ; c'est un être qui use sa raison à chercher « les moyens de mieux s'abrutir. » Il n'a plus de cœur. Cette fleur, cette fraîcheur de sentiment qui lui donnait tant de charmes a disparu. Ce péché a pour sa honte la hideuse statistique des maladies les plus graves qu'il enfante et des nombreuses victimes dont il peuple les maisons de fous. Il a à son service l'anéantissement des forces vitales, l'agonie lente, mais précoce, la mort prématurée, l'abrutissement complet. On ne voit plus alors que l'animalité incarnée dans un corps obligé de courber la tête sous la malédiction de Dieu.

Comment la dignité de chrétien serait-elle conservée ? Ce péché ruine la foi, l'espérance et la charité ; de l'image de Dieu fait l'image de la brute, souille, en la personne qui le commet, les membres de Jésus-Christ, le temple du Saint-Esprit, et couvre de honte le corps admis lui-même, au baptême, à participer à la dignité de membre du Sauveur.

O bonne Dame de Mont-Roland, préservez-moi de tomber dans une telle honte, et, si j'avais eu ce malheur, faites que par la franchise la plus complète au tribunal de la pénitence je retrouve la pureté du cœur !

Nous sommes au 31 juillet 1858. Cette dame que vous voyez si courageuse et bravant la chaleur de cette époque est de Besançon. Elle gravit la sainte montagne et se dirige vers le sanctuaire de Notre-Dame de Mont-Roland. Ce que vous ne savez pas peut-être, c'est qu'elle a reçu naguère les derniers sacrements. Elle attribue sa guérison à Notre-Dame et va la remercier. — Le mois d'août ne ralentit pas la pieuse ferveur des pèlerins de Mont-Roland. Vous avez vu peut-être dernièrement sur l'autel de Notre-Dame un cierge qui se consumait sans que personne prît soin de l'éteindre. Ce jour-là deux personnes avaient fait la communion et prié pour un homme malade de la fièvre typhoïde. Depuis ce jour il a senti les heureux effets de la bonté de Notre-Dame. — Prenez maintenant la peine d'écouter cette bonne dame qui vient de Dôle. C'est sa première sortie hors de la ville. « Pendant dix-neuf « jours, dit-elle, j'ai été en proie à mille maux réu- « nis ; la fièvre muqueuse et la fièvre typhoïde « m'accablaient et je ne pensais plus à rien, lors- « qu'on m'a engagée à me recommander à Notre- « Dame de Mont-Roland et à faire en son honneur « un pèlerinage si je guérissais. Je viens à pied « m'acquitter de ma promesse. » — Cette religieuse que vous apercevez, c'est la supérieure de l'hôpital d'Auxonne. A l'occasion d'une maladie qui a duré six mois elle a fait la même promesse, et, suivie de sa fidèle compagne, elle vient l'accomplir.

HUITIÈME JOUR

Unissons-nous au chœur des Chérubins pour demander par l'intercession de Notre-Dame de Mont-Roland une vive lumière qui nous découvre les piéges de l'ennemi du salut.

Dieu verse sur les chérubins la plus abondante lumière, et cette lumière, produit en eux la paix. — Les chérubins communiquent aux autres anges et à nous la même lumière et cette lumière produit encore la paix. — Même dans le pécheur cette lumière tend à établir la paix par la conversion.

La paix est donc le fruit du bon esprit : de Dieu et de ses bons anges ; au contraire, *l'anxiété* accompagne l'action que le mauvais esprit exerce sur l'âme de bonne volonté. Ce caractère de sa redoutable influence nous découvrira quelques-uns de ses piéges.

1° *L'anxiété* est le signe de l'action que le mauvais esprit exerce sur l'âme de bonne volonté. Esprit de ténèbres, il fait naître en elle des doutes continuels, accompagnés d'inquiétude, d'agitation même physique. Même pour l'âme de bonne volonté un doute peut être raisonnable ; mais le doute raisonnable ne détruit pas sa paix : dans le calme elle demande conseil ou agit comme elle le juge convenable. Au contraire, le doute, qui est l'œuvre de l'esprit mauvais, la détruit aussitôt. — Sur quoi fait-il communément porter ces doutes inquiets? Sur les confessions passées. Il représente de mille manières les fautes anciennes, et, profitant de la faiblesse de la mémoire, il affirme que tel ou tel péché, telle ou telle autre circonstance n'a pas été déclarée, qu'il fallait se servir de telle expression plutôt que de telle autre ; et plus l'âme revient sur le passé, plus ces doutes se multiplient. Ces doutes inquiets la livrent à d'indéfinissables angoisses, sa paix est perdue. A ce signe elle doit reconnaître l'ennemi du salut et mépriser ces incertitudes. L'ennemi veut la lasser, afin qu'elle cesse de marcher dans la route de la vertu. Un doute fondé la laisserait dans le calme, elle l'exposerait au prêtre et ne serait pas en de perpétuelles agitations. — L'esprit mauvais profite aussi des tentations pour provoquer en elle des doutes semblables. Lorsque les doutes de ce nouveau genre la jettent en de continuelles anxiétés, elle doit encore les mépriser, reconnaître la ruse de l'ennemi, qui veut la conduire à penser que le joug du Sauveur est trop lourd et qu'il faut le rejeter.

Lorsqu'elle est portée à la mortification, à la fidélité à la grâce, l'esprit de ténèbres se transforme en ange de lumière, paraît seconder ses bons désirs, les exagère, les multiplie ; imite, contrefait les bonnes inspirations et pousse sans cesse l'âme à y être fidèle, ou bien il lui suggère sans cesse de nouveaux actes de mortification, jusqu'à ce qu'enfin il lui fasse perdre le repos, la paix. — A ce signe il faut reconnaître encore l'ennemi. Il veut la fatiguer afin qu'elle abandonne entièrement ses saintes pratiques. Qu'elle ne fasse désormais que ce qu'elle peut faire en conservant la paix, bien assurée que Dieu ne demande pas autre chose.

2° *La paix* est en effet la marque de l'action que le bon esprit exerce sur l'âme de bonne volonté. Esprit de lumière, il éclaire l'âme et lui donne la paix. Même sur le pécheur il répand la lumière, fait briller à ses yeux le flambeau de la raison et celui de la foi, afin de lui montrer son triste état. Pour peu qu'il réfléchisse, il voit clairement qu'il est dans la honte du péché grave et digne de damnation. Il n'est pas dans ces doutes inquiets qui n'indiquent nullement par eux-mêmes ce que l'on doit faire. — Le bon esprit rassure l'âme de bonne volonté, lui fait comprendre que par un effet de la divine miséricorde elle est en bon état. Il la console, double ainsi ses forces, lui fait répandre de douces larmes, et, après avoir aplani les obstacles qui se trouvaient sur sa route, il la fait avancer par les bonnes œuvres sur le chemin du ciel. — Nul sans doute ne peut savoir s'il est digne d'amour ou de haine, nul ne peut avoir une certitude absolue sur l'état dans lequel il se trouve; mais Dieu donnera à l'âme de bonne volonté une certitude de confiance bien éloignée de cette incertitude continuelle et toujours inquiète que produit l'ennemi du salut.

Dieu, il est vrai, demande des sacrifices pénibles à la nature; mais celui qui les accomplit avec générosité goûte une paix d'autant plus profonde qu'il est plus fidèle. C'est tout le contraire qui arrive lorsque l'esprit mauvais se transforme en ange de lumière pour demander sans cesse de nouveaux sacrifices. — Enfin l'esprit mauvais traite durement l'âme de bonne volonté, le bon esprit la traite avec bonté. Comme une goutte d'eau pénètre sans violence et sans bruit l'éponge déjà pleine d'eau, ainsi le bon esprit pénètre cette âme tout imbibée de l'eau de la grâce, sans lui ravir le calme parfait dont elle jouit.

Que conclure de tout cela? Que l'âme de bonne volonté doit accueillir, comme venant de Dieu, tout ce qui lui donne la paix, et rejeter, comme venant de l'esprit mauvais, tout ce qui détruit sa tranquillité. Qu'elle obéisse donc au Prélat qui la guide et qui la rassure !

O bonne Dame de Mont-Roland, obtenez-moi cette bonne volonté que Dieu couronne de la paix la plus profonde, cette bonne volonté qui m'autorise à rejeter avec confiance tout ce qui viendra troubler le calme que l'on doit goûter au service de votre Fils. Qu'avec votre secours je puisse déjouer tous les projets des ennemis de mon salut.

Un des élèves du collége des jésuites de Dôle allait être séparé de son père et le voir engagé dans tous les périls de la dernière campagne d'Italie.

Poussé par sa piété filiale, il recommanda que l'on fit brûler un cierge devant l'autel de Notre-Dame de Mont-Roland. Il voulait attirer ainsi sur un père tendrement aimé les regards affectueux, la protection puissante de Notre-Dame, et il espérait qu'elle le délivrerait des dangers auxquels il allait être exposé. Ce ne fut pas en vain qu'il compta sur sa maternelle bonté. Le père fut constamment préservé, ne reçut pas la moindre blessure, quoiqu'il fût toujours le premier à braver le péril. A Montebello, dont le nom seul rappelle une des journées les plus meurtrières, il vit tomber à ses côtés presque tous les hommes qu'il commandait.

NEUVIÈME JOUR

Unissons-nous au chœur des Séraphins pour prier Notre-Dame de Mont-Roland de nous conduire au ciel, où nous brûlerons, avec ces sublimes esprits, du plus pur amour de Dieu.

La dévotion à Notre-Dame de Mont-Roland a conduit au ciel une multitude d'élus, elle nous y conduira nous-mêmes.

1° N'en doutons pas, Notre-Dame de Mont-Roland a conduit au ciel une multitude d'élus. Elle les a pris dans sa ville bien-aimée et dans les localités voisines, les a marqués de son sceau, et ce sceau est celui des élus. — Que de pécheurs elle a fait arriver à la céleste patrie par une conversion complète et durable ! Lorsqu'ils ne recouraient pas à elle, leurs pensées, leurs affections ne pouvaient pas, ce semble, être enchaînées, n'étaient occupées que des attraits perfides de la créature, s'élançaient à la poursuite des plaisirs coupables, et, dans leur fougue aveugle, ils se précipitaient sans cesse dans l'abîme du péché. Notre-Dame de Mont-Roland a enchaîné leur esprit et leur cœur, les a retenus dans la route du salut et enfin, par une sainte mort, elle les a mis en possession de l'éternel bonheur ; *vincula illius alligatura salutis.* Qui dira leur tendresse pour elle ? Son sanctuaire était pour eux ce que la maison paternelle est aux enfants d'une respectable famille. Il était pour eux l'image du ciel, où ils espéraient voir leur mère sans jamais être obligés de la quitter. — Quelle troupe innombrable de fidèles ont été sauvés par l'amour qu'ils avaient pour Notre-Dame de Mont-Roland, par l'assiduité à visiter son sanctuaire ! Que de bénédictions elle répandait sur eux ! N'en doutons pas, leurs familles étaient du nombre de celles où la foi se conserve intacte et est regardée comme le plus précieux héritage qu'un père et une mère puissent transmettre à leurs enfants. Que d'élus ces familles ont envoyés et enverront encore au ciel ! Si l'amour de Marie est un signe de prédestination, c'est surtout lorsque cet amour est héréditaire et comme un bien de famille.

2° « Un signe éclatant de prédestination, dit « saint Alphonse de Liguori, brille sur le front « des serviteurs de Marie. » « La dévotion envers « Marie, ajoute saint Bernard, est un signe infaillible du salut éternel. » Mais lorsque Notre-Dame fixe en quelque sorte sa demeure dans une contrée, y accepte un sanctuaire, et prend le nom du lieu où elle veut nous accueillir; est appelée ici Notre-Dame de Fourvière, là Notre-Dame de Mont-Roland ; l'on peut dire que l'amour du sanctuaire qu'elle a choisi est d'une manière toute spéciale le sceau des élus. Car c'est bien dans le lieu où elle s'approche le plus de nous qu'elle nous prendra en quelque sorte pour nous conduire au ciel : et lorsque son bon plaisir est qu'on l'honore en ce lieu privilégié, nous lui serons d'autant plus agréables et nous nous assurerons d'autant plus son secours pour aller au ciel que nous exécuterons avec plus d'empressement ce qu'elle désire.

Aussi, lorsqu'on voit à Mont-Roland ces fidèles qui viennent si souvent épancher leur cœur aux pieds de l'autel de Notre-Dame, on ne peut se défendre de penser que l'on a sous les yeux des élus qu'elle prépare pour le ciel.

Ah ! n'en doutons pas, Notre-Dame de Mont-Roland sera pour nous « l'échelle du ciel, comme le « dit saint Pierre Damien, » « le char qui nous « portera jusqu'à la céleste patrie, *vehiculum ad* « *cœlum*, comme le dit saint Bernard; » « la clef du « paradis, comme le dit saint Ephrem, *reseramen-* « *tum cœlestis Jerusalem*. » — N'est-ce pas pour nous faciliter l'entrée de ce séjour éternel qu'elle nous invite à faire partie de ces pieuses associations qui connaissent si bien sa sainte montagne ? N'est-ce pas aussi dans ce but qu'elle vous offre à Mont-Roland le riche trésor, qu'à la prière de saint François elle ouvrit, près d'Assise, dans la petite église de Notre-Dame des Anges, dite de la Portioncule ?

O bonne Dame de Mont-Roland, obtenez que la tendresse que je sens pour vous augmente encore, que ma dévotion pour vous me console pendant la vie, et qu'enfin je puisse vous voir entourée à jamais, dans le ciel, de vos pieux serviteurs !

» Puisque vous aimez à entendre parler des protégés de Notre-Dame de Mont-Roland, je vous ferai connaître une famille protégée d'une manière extraordinaire. Elle est de Sampans. Déjà deux enfants de cette famille ont été guéris par Notre-Dame, l'un du pourpre, l'autre d'une maladie qui l'exposait à perdre un bras et peut-être la vie. Cette personne âgée que vous apercevez, c'est leur respectable grand'mère. Elle remercie Notre-Dame d'avoir échappé aux ravages si prompts et si affreux de la maladie du charbon qui s'était déclarée à une de ses mains. — Nous sommes en 1859. Ce jeune enfant que vous voyez est de Dôle. Il a fait sa première communion cette année. Il était épileptique ; mais il a été guéri, il y a un an, après une messe dite en l'honneur de Notre-Dame.—Ces deux beaux candélabres qui ornent l'autel de Notre-Dame sont un don de la pieuse reconnaissance qu'elle sait si bien exciter par de nombreux bienfaits. Ce don est un véritable ex-voto qui atteste des grâces reçues. — Cet homme qui est pieusement agenouillé devant l'image de Notre-Dame vient accomplir un vœu. Il a fait quinze lieues pour venir à Mont-Roland. Père de six enfants, il était tombé dans la Louhe. Elle était débordée, et, profonde en cet endroit elle roulait ses flots avec fureur. Il ne savait pas nager et personne n'osait le secourir. De combien de dangers

Notre-Dame ne délivre-t-elle pas ses fidèles serviteurs ! — Cette jeune personne vient de demander une messe d'action de grâces pour elle et pour sa mère âgée de soixante et dix ans, toutes deux ont obtenu leur guérison. Elles sont de Loulans (Haute-Saône).

CONSÉCRATIONS

A NOTRE-DAME DE MONT-ROLAND

Consécration pour un père et une mère.

Vierge très-pure, conçue sans péché; Reine de l'univers, parée en ces lieux d'un titre qui vous est cher : ô bonne Dame de Mont-Roland, je suis à vos pieds pour me donner à vous.

En présence de la cour céleste qui vous accompagne, je déclare que je veux être à vous et vous aimer jusqu'à mon dernier soupir. Recevez cet acte de consécration, ce serment de fidélité ; et obtenez-moi d'accomplir la résolution si ferme que je prends de vivre et de mourir, s'il le faut, pour vous et votre divin Fils. Régnez sur moi, vous et votre Fils. Je me soumets à votre aimable empire ; pendant la vie et à la mort faites m'en sentir toute la douceur.

Sanctifiez ma famille. Obtenez-moi la force de maintenir dans ma maison le précieux héritage de la foi, le règne de Jésus-Christ ; de mettre ce règne avant tout. Faites-moi bien comprendre que, si je sais tout sacrifier à la loi de Dieu, la Providence viendra à mon secours. Répandez, sur tous, les flots de votre charité, afin que nous soyons tous unis pour vous aimer.

O bonne Mère, obtenez-moi la grâce que je demande pendant cette neuvaine. Donnez-moi de plus l'assurance que vous me consolerez aux approches de la mort. Lorsque je devrai quitter et bénir une famille éplorée, veillez vous-même sur ceux que je laisserai sur la terre afin que nous puissions tous nous voir au ciel. Ainsi-soit-il !

Consécration pour un enfant, un jeune homme ou une jeune personne.

Vierge très-pure, conçue sans péché ; Reine de l'univers, parée en ces lieux d'un titre qui vous est cher, ô bonne Dame de Mont-Roland, je suis à vos pieds pour me donner à vous.

En présence de la cour céleste qui vous accompagne, je déclare que je veux être à vous et vous aimer jusqu'à mon dernier soupir. Recevez cet acte de consécration, ce serment de fidélité ; et obtenez-moi d'accomplir la résolution si ferme que je prends de vivre et de mourir, s'il le faut, pour vous et votre divin Fils. Régnez sur moi, vous et votre Fils. Je me soumets à votre aimable empire; pendant la vie et à la mort faites m'en sentir toute la douceur.

O bonne Mère, avec la grâce que je demande pendant cette neuvaine, obtenez-moi celle de connaître ma vocation, l'état que votre Fils lui-même m'a choisi. — Bénissez mes parents. Demandez pour moi cette piété filiale, cette brillante parure de la vertu qui fera la consolation de leur vieillesse ; et faites qu'après les avoir aimés sur la terre, je puisse les revoir au ciel. Ainsi-soit-il !

Consécration pour une personne engagée dans la vie religieuse.

Vierge très-pure, conçue sans péché, Reine de l'univers, parée en ces lieux d'un titre qui vous est cher : ô bonne Dame de Mont-Roland, je suis à vos pieds pour me donner à vous.

En présence de la cour céleste qui vous accompagne, je déclare que je veux être à vous et vous aimer jusqu'à mon dernier soupir. Recevez cet acte de consécration, ce serment de fidélité ; et obtenez-moi d'accomplir la résolution si ferme que je prends de vivre et de mourir, s'il le faut, pour vous et votre divin Fils. Régnez sur moi, vous et votre Fils. Je me soumets à votre aimable empire ; pendant la vie et à la mort faites m'en sentir toute la douceur.

O bonne Mère, obtenez-moi la grâce que je demande pendant cette neuvaine. — Bénissez la communauté à laquelle j'appartiens. Faites que je sois fidèle toujours à mes saints engagements, à tous les devoirs de la vie religieuse, que j'imite votre détachement, votre pauvreté parfaite, votre obéissance, votre modestie virginale. — Si mes parents se sont imposé un sacrifice pénible, en me laissant obéir à la voix qui m'appelait, faites qu'ils reçoivent aussi le centuple et que je puisse les revoir au ciel ! Ainsi-soit-il !

Consécration pour une personne qui n'a pas d'obligations bien spéciales à remplir.

Vierge très-pure, conçue sans péché ; Reine de l'univers, parée en ces lieux d'un titre qui vous est cher : ô bonne Dame de Mont-Roland, je suis à vos pieds pour me donner à vous.

En présence de la cour céleste qui vous accompagne, je déclare que je veux être à vous et vous aimer jusqu'à mon dernier soupir. Recevez cet acte de consécration, ce serment de fidélité; et obtenez-moi d'accomplir la résolution si ferme que je prends de vivre et de mourir, s'il le faut, pour vous et votre divin Fils. Régnez sur moi, vous et votre Fils. Je me soumets à votre aimable empire ; pendant la vie et à la mort faites m'en sentir toute la douceur.

O bonne Mère, avec la grâce que je demande

pendant cette neuvaine, obtenez-moi la force de mettre toujours le règne de Dieu avant tout. Faites-moi bien comprendre que, si je sais tout sacrifier à la loi de Dieu, la Providence ne me manquera pas, que le sacrifice au moins doublera la récompense. Qu'enfin je puisse vous voir au ciel ! Ainsi-soit-il !

NOTES

NOTE DE LA PAGE 10.

Saint Lin. — Du Saussay, évêque de Toul en 1647, dans son Martyrologe (*Édition de Paris*, 1637, deux volumes in-folio), ouvrage d'une profonde érudition, nous donne en ces termes le résumé de l'apostolat et de la vie de saint Lin. « Die 23 septembris, natalis Sancti Lini Papæ et martyris, qui vir apostolicus sanctis apostolis Petro et Paulo ædificandæ Ecclesiæ magno adjumento fuit. Missus in Galliam a Sancto Petro, Vesuntionem veniens, apud Onasium Tribunum hospitatus est, quem Christi notitia illustravit : ædificataque ad officia pietatis in ejus fundo sacra ædicula, quam in honorem Dominicæ resurrectionis, Sanctæ Deiparæ Virginis et beati Protomartyris Stephani dedicavit : multos e civitatis hujus incolis cœlesti facundia Christi ovibus aggregavit. Et jam longe plurimi ad veram lucem aspirabant : cum ecce quodam die contigit ut populus diis suis, quos in lapideis columnis erexerat, sacrificaret. Accurrit Linus Dei gloriæ et humanæ salutis zelo æstuans, et per turbam in locum ubi diis flebat irrumpens : *Desinite*, ait, *ejusmodi numina revereri : et uni Deo optimo maximo debitum honorem nolite fictilibus simulacris impendere. Quin potius me duce vere divinam salutaremque fidem amplectemini.* Quorum verborum fulmine una e columnis icta, simulacrum quod sustinebat solo afflicta collisit. Exacerbavit sacrificulos hæc injuria. Extemplo igitur superstitiosam multitudinem in divinum præconem exasperant : unde commota plebs, et christianam perosa fortitudinem, facto impetu suum apostolum ejusque discipulos civitate extrudit. Itaque ad Petrum reversus, ab eo peramanter susceptus est : a quo in Episcopatu Romano factus adjutor, post ejus agonem in ipsius urbis et totius orbis pontificatu proxime eidem successit, spirituque plane Apostolico orbatam Cathedram omnium supremam replevit. Donec tandem ob singulare vereque Pontificium christianæ fidei studium, jussu Saturnini impii ingratissimique consulis, cujus filiam dæmonis æstu agitatam divinitus liberaverat, ipsi caput amputatum est. »

Voici le sens de ce beau passage de du Saussay.

Le 23 septembre on célèbre la fête de saint Lin, homme vraiment apostolique, qui fut d'un grand secours à saint Pierre et à saint Paul pour l'établissement de l'Église. Envoyé dans les Gaules par saint Pierre, il vint à Besançon, et reçut l'hospitalité du tribun Onasius auquel il fit connaître Jésus-Christ. Saint Lin, après avoir élevé sur la propriété d'Onasius une petite église, qui fut dédiée à la résurrection de Notre-Seigneur, à la Vierge mère, et à saint Étienne premier martyr, fit entrer par sa céleste éloquence un grand nombre des habitants de cette ville dans le bercail du Sauveur. Un plus grand nombre encore aspirait à recevoir la vraie lumière, lorsque ce peuple se réunit pour offrir un sacrifice à ses dieux, dont il avait dressé les statues sur des colonnes de pierre. Saint Lin, brûlant de zèle pour la gloire de Dieu et pour le salut des âmes, accourt, et, perçant la foule, arrive jusqu'au lieu du sacrifice : *Cessez,* s'écrie-t-il, *d'honorer de telles divinités!*

Ne rendez pas à des statues faites de main d'homme le culte qui n'est dû qu'à Dieu! Venez! et, sous ma conduite, embrassez la vraie foi. Ces paroles, comme un coup de foudre, renversèrent une de ces colonnes et brisèrent la statue qu'elle soutenait. Les sacrificateurs irrités excitent la multitude, et le peuple soulevé chasse de la ville son apôtre et ses disciples. Saint Lin revint à Rome où saint Pierre lui donna les témoignages de la plus vive affection. Il en fit son coadjuteur. Après la mort de saint Pierre, saint Lin lui succéda, et exerça le souverain Pontificat avec un zèle tout apostolique ; jusqu'à ce qu'enfin, à cause de son ardeur à répandre la foi, le consul Saturnin, dont il avait délivré la fille agitée par le démon, lui fit trancher la tête, accomplissant ainsi tout à la fois un acte d'impiété et d'ingratitude.

NOTE DE LA PAGE 55.

Béatrix. — Quelques auteurs ont insinué fort à la légère que cette princesse n'était pas l'épouse légitime de Frédéric. Ils auraient bien fait de lire Baronius avec quelque attention. Ce savant historien, dans le récit du mariage de Béatrix, rapporte quelques mots obscurs d'un écrivain du quatorzième siècle qui ne sait pas même le nom de Béatrix et l'appelle Agnès. Ce passage écrit deux ou trois cents ans après l'événement peut s'entendre de l'émoi que dut causer l'acte de Frédéric lorsqu'il se sépara d'Adélaïde. Baronius ne paraît pas attacher grande importance à ce passage. — Il cite ensuite des auteurs fort graves. Tous ils affirment que les légats du Saint-Siége déclarèrent nul le premier mariage de Frédéric. La nullité de ce premier mariage résultait d'un degré de parenté qui l'avait rendu invalide.

Ce ne fut qu'après ce jugement que Béatrix épousa Frédéric.

Parmi les auteurs qui établissent la légitimité de l'union de Béatrix se trouve Otton de Frisingue, évêque de la ville qui lui a donné son nom, et oncle de Frédéric. Il rapporte ce qui s'est passé de son temps et sous ses yeux. Évêque et parent de Frédéric, il était bien capable de porter un jugement sur l'invalidité de la première union de ce prince. Il s'agissait d'un empêchement de parenté dont on peut facilement juger quand on appartient à la famille dont il est question. Otton devait savoir exactement ce que les légats du pape avaient décidé. — La cour de Bourgogne devait connaître aussi bien que lui tous ces faits, et l'on ne peut pas supposer que cette cour eût consenti à laisser Frédéric violer une union légitime, pour avoir ensuite le plaisir de lui donner, en la personne de Béatrix, le riche comté de Bourgogne. Raymond III, père de Béatrix, et si porté aux bonnes œuvres, n'avait pas dû s'entourer d'hommes capables de mépriser les lois les plus saintes. — Lors même qu'Otton aurait voulu mentir impudemment, lorsqu'il rapportait le jugement prononcé par les légats, aurait-il osé le faire de leur vivant? et le Saint-Siége aurait-il souffert que l'on jetât sur ses légats une telle calomnie? — Otton a fait la mort la plus édifiante, trois ans après le mariage de Béatrix. S'il avait calomnié les légats du Saint-Siége et couvert d'un mensonge la violation encore flagrante des lois du mariage chrétien, comment ne se serait-il pas rétracté, au moins au moment d'une mort si édifiante? — Il est bon de recueillir ici ce que le P. Longueval, dans son *Histoire Gallicane*, dit de ce prélat :
« Le 22 septembre 1159 (le mariage de Béatrix avait eu
« lieu en 1156), mourut celui des évêques qu'on a cru le
« plus capable de retenir Frédéric sur le bord du précipice,

« le savant et vertueux Otton de Frisingue son oncle. Les
« écoles de Paris l'avaient eu pour disciple, la réforme de
« Cîteaux, pour élève, et la maison de Morimond même
« pour abbé. Il avait gardé constamment son habit reli-
« gieux pendant les vingt années qu'il avait été évêque de
« Frisingue. Il avait vécu dans une régularité conforme à
« sa première vocation, et avait travaillé à la faire régner
« partout où sa naissance et son rang lui en avaient donné
« la facilité. » Le P. Longueval nous dit ensuite qu'Otton
fit l'histoire des beaux jours du règne de Frédéric, qu'il
n'en avait presque rien vu qui ne fût d'un prince recommandable, et que ce qu'il en fait d'éloges n'est point flat-
teur, mais noble et poli. « La mort d'Otton, ajoute le
« même auteur, fut comptée parmi les calamités dont
« Dieu commença à châtier Frédéric. » Ce prince com-
mençait lui-même alors à ne plus écouter que son orgueil,
et la défiance qu'on lui inspirait pour les pontifes de Rome.
« Il chérissait Otton, et connut ce qu'il perdait; mais le
« souvenir de ses sages leçons s'effaça bientôt (1). » Feller
ajoute de son côté qu'Otton abdiqua l'épiscopat pour retourner à son ancienne solitude de Morimond en Bourgogne. Son séjour en cette solitude et sa sainte mort furent
pour les religieux de Morimond un spectacle de grande
édification. — Tel fut Otton. Un tel auteur mérite croyance.

Jamais du reste le souverain Pontife n'a poursuivi Frédéric à cause de son mariage avec Béatrix, et cependant
les Pontifes de Rome se sont toujours montrés les ardents
défenseurs de la sainteté et de l'indissolubilité du lien
conjugal. — Béatrix contribua à la réconciliation de Frédéric avec le Saint-Siège. Lorsque cette réconciliation s'o-
péra, elle reçut du Saint-Père les honneurs que l'on rend

---

(1) Longueval.

à l'épouse légitime d'un souverain. Le Pape Alexandre III fut bien éloigné de lui contester le rang et le titre d'impératrice, et, dans le discours qu'il adressa à Frédéric, il unit, dans les témoignages de son affection, l'empereur, son épouse et leur fils : « Tam ipsum, quam uxorem, et « ejus filium. »

FIN.

TABLE DES MATIÈRES

À Notre-Dame..................................... xi
Au lecteur. Plan de cet ouvrage. Antiquité et efficacité du culte de Notre-Dame.................. xiii
Chapitre I. Considérations générales sur l'antiquité du culte de Notre-Dame. Le chrétien y trouve une nouvelle preuve des grandeurs de Marie sa Mère, de sa propre noblesse, de la divinité de sa foi... 1
Un antique sanctuaire de Notre-Dame est pour une contrée un monument de la piété des ancêtres, un héritage qu'il faut conserver............................... 4
II. Culte de Notre-Dame de Mont-Roland au premier âge de l'Église................. 5
Description de la sainte montagne..... 11
III. Apostolat de saint Lin................ 13
Quelques mots sur la ville de Dôle.... 23

TABLE DES MATIÈRES.

Chap. IV. Notre-Dame de Mont-Roland au quatrième siècle. Saint Martin consacre un autel dans son sanctuaire.......	26
On peut penser qu'il laissa quelques religieux à Mont-Roland.............	35
V. Notre-Dame de Mont-Roland au huitième siècle. Roland...............	36
VI. Notre-Dame de Mont-Roland du huitième au douzième siècle. Les Bénédictins à Mont-Roland. Béatrix, Prieuré de Jouhe...................	51
VII. Chronique de Mont-Roland...........	61
VIII. Notre-Dame de Mont-Roland de 1302 à 1606. Dons offerts à Notre-Dame. Fondations. Processions venues d'endroits éloignés......................	71
IX. Notre-Dame en 1606. La fondation des Ursulines de Dôle est l'œuvre de Notre-Dame de Mont-Roland...........	82
X. Notre-Dame de Mont-Roland en 1620. Les revenus du prieuré de Jouhe servent à la fondation du collége de l'Arc.	91
Réforme Bénédictine à Mont-Roland...	97
XI. Notre-Dame de Mont-Roland de 1620 à 1630. Nouvelles fondations...........	100
Dom Antoine le Clerc. Françoise de Santans..............................	102

Faits extraordinaires.................. 105

Chap. XII. Notre-Dame de Mont-Roland en 1636.
Siége. Victoire de Dôle, exil de Notre-
Dame. Sa statue transportée à Au-
xonne........................... 110

XIII. Notre-Dame de Mont-Roland de 1646 à
1649. Description de la chapelle de
Mont-Roland restaurée après le siége.
Statue de Roland.................. 114

XIV. Continuation du même sujet. Dons, *ex-
voto*, conservés après le siége...... 120
Quelques mots sur Jean de Vienne.... 121

XV. Notre-Dame pendant l'absence de son
Image miraculeuse continue à exau-
cer les prières qu'on lui adresse à
Mont-Roland...................... 132

XVI. Notre-Dame de Mont-Roland en 1649.
La statue de Notre-Dame rendue à
Mont-Roland...................... 138

XVII. Continuation du même sujet. Dôle fête
le retour de Notre-Dame............ 147
Description de la sainte Image........ 151

XVIII. Notre-Dame de Mont-Roland en 1649 et
1650. Enquête sur les miracles de Notre-Dame......................... 153
Déclaration de l'autorité ecclésiastique. 165

TABLE DES MATIÈRES.

 Discussion sur le séjour de Notre-Dame à Dôle.................................. 167

Chap. XIX. Nouvelles faveurs obtenues de Notre-Dame de Mont-Roland................ 170

 XX. Notre-Dame de Mont-Roland de 1651 à 1717. — Le château de Parthey. Nouvelles faveurs. Reconnaissance des fidèles....................................... 181

  Ornementation intérieure du sanctuaire. 189

  Louis XIV et les Bénédictins de Mont-Roland...................................... 196

 XXI. Notre-Dame de Mont-Roland en 1717. Reconstruction de l'église de Mont-Roland. Nouvelle statue de Roland.. 197

 XXII. Notre-Dame de Mont-Roland de 1725 à 1742. Marie-Anne Blanjean............. 203

 XXIII. Notre-Dame de Mont-Roland de 1742 à 1765. La dévotion aux Cœurs de Jésus et de Marie et à Marie conçue sans péché..................................... 209

  Congrégations d'ouvriers................ 214

  Inventaire des pieux trésors de Mont-Roland...................................... 216

  Monastère des Bénédictins de Mont-Roland....................................... 220

 XXIV. Notre-Dame de Mont-Roland de 1765 à 1793. Les religieux du collége de l'Arc

sont les premières victimes, de l'es- prit irréligieux de cette époque. Les Bénédictins de Mont-Roland ne tardent pas à être confondus avec eux dans la même infortune. Requête de Dôle en faveur des gardiens de Notre-Dame. 220
Processions à Mont-Roland............ 229

Chap. XXV. Notre-Dame de Mont-Roland de 1793 à 1843. Mont-Roland vendu nationale- ment. La statue de Notre-Dame à Jouhe................................ 231

Récit de M. Pallu. *Ex-voto* portés à Jouhe................................ 237

XXVI. Notre-Dame de Mont-Roland de 1843 à 1851. Petit sanctuaire de 1843. Em- pressement des fidèles à y aller hono- rer Notre-Dame...................... 245

XXVII. Notre-Dame de Mont-Roland en 1851. Pose de la première pierre d'une splen- dide chapelle....................... 253

Plan de ce futur sanctuaire........... 263

XXVIII. Notre-Dame de Mont-Roland de 1851 à 1854. Témoignages rendus à la puis- sance et à la bonté de Notre-Dame... 267

XXIX. Notre-Dame de Mont-Roland en 1854. Elle délivre sa ville bien-aimée...... 270

TABLE DES MATIÈRES.

Chap. XXX. Notre-Dame de Mont-Roland de 1854 à 1858. Prières exaucées................ 287

XXXI. Notre-Dame de Mont-Roland en 1858. Inauguration de sa statue sur le fronton du nouveau sanctuaire, nouvelles faveurs........................... 297

XXXII. Notre-Dame de Mont-Roland le 2 août 1859. Consécration de sa nouvelle église, fête du matin............... 300

XXXIII. Fête du soir........................ 311

XXXIV. Notre-Dame de Mont-Roland en 1859. Prières exaucées..................... 328

XXXV. Efficacité du culte de Notre-Dame..... 331

XXXVI. Conclusion......................... 346

Neuvaine à Notre-Dame de Mont-Roland. 351

Consécrations à Notre-Dame de Mont-Roland........................... 397

Note sur saint Lin.................... 403

Note sur Béatrix..................... 405

CORBEIL, typ. et stér. de CRÉTÉ.

www.ingramcontent.com/pod-product-compliance
Lightning Source LLC
Chambersburg PA
CBHW070621230426
43670CB00010B/1607